MÉMOIRES

DU

GÉNÉRAL BRO

(1796-1844)

RECUEILLIS, COMPLÉTÉS ET PUBLIÉS

PAR SON PETIT-FILS

LE BARON HENRY BRO DE COMÈRES

Avec un portrait

PARIS

LIBRAIRIE PLON

PLON-NOURRIT ET Cⁱᵉ, IMPRIMEURS-ÉDITEURS

8, RUE GARANCIÈRE — 6ᵉ

1914

MÉMOIRES

DU

GÉNÉRAL BRO

LOUIS BRO

EN CAPITAINE DE HUSSARDS

(D'après une miniature de H. Jacques.)

MÉMOIRES

DU

GÉNÉRAL BRO

(1796-1844)

RECUEILLIS, COMPLÉTÉS ET PUBLIÉS

PAR SON PETIT-FILS

LE BARON HENRY BRO DE COMÈRES

Avec un portrait

PARIS

LIBRAIRIE PLON

PLON-NOURRIT ET Cⁱᵉ, IMPRIMEURS-ÉDITEURS

8, RUE GARANCIÈRE — 6ᵉ

1914

A MON FILS LOUIS.

*Ce livre est dédié, en exemple de courage
et de patriotisme.*

BARON HENRY BRO DE COMÈRES

MÉMOIRES

DU

GÉNÉRAL BRO

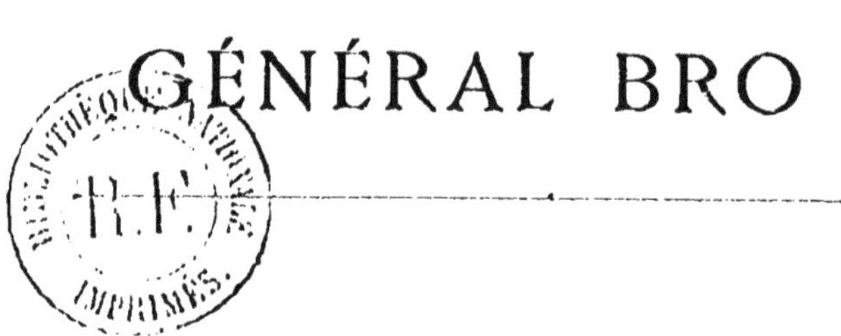

CHAPITRE PREMIER

EXPÉDITION DE SAINT-DOMINGUE

Encore adolescent, j'ai assisté dans Paris aux scènes de la Révolution. Je ne referai pas le tableau de ces spectacles hideux ou terribles tant de fois décrits déjà par tant d'auteurs, puisque, au surplus, nulle personne de ma famille n'a péri pendant la tourmente. Elle se déroula alors que je faisais mes études, et le calme ne revint que lorsque les Marat et les Robespierre eurent disparu, l'un sous le couteau vengeur de Charlotte Corday, l'autre sous le couperet de la sinistre machine du docteur Guillotin. Non, personne de ma famille, pourtant nombreuse, ne connut la geôle ni le terrible échafaud; mais plusieurs de nos meilleurs amis disparurent, et il nous fallut les pleurer discrètement, car il était défendu d'afficher publiquement sa douleur, sous peine d'incivisme, délit réprimé, comme on le sait, avec la dernière rigueur.

Le régime de la liberté enfin consolidé en France,

nous eûmes de grandes joies à la nouvelle des succès
de nos armées. On chantait à tous les carrefours et
jusque sur les tréteaux élevés dans le jardin du Palais-
Royal, devenu Maison-Égalité, les exploits fameux des
citoyens-généraux Jourdan, Hoche, Bonaparte. Ce
dernier avait pourtant mitraillé le peuple de Paris
devant l'église Saint-Roch, mais ses succès en pays
d'Italie lui faisaient bien pardonner la mort de quelques
centaines de ravageurs qui voulaient piller et brûler les
maisons des bourgeois.

Bonaparte devint pour notre jeunesse le demi-dieu à
qui on élevait des autels. On racontait beaucoup d'aventures sur lui. Dans l'étude de mon père, l'un des notaires les plus estimés d'alors, les clercs s'amusaient
tous à faire son portrait et à lui dédier des poèmes
épiques en le comparant au fameux Alexandre. Un
seul, nommé Garponnet, voulut, certain jour, dénigrer
notre Jupiter. La discussion prit un tour très vif et le
Garponnet reçut des horions.

Je pus apercevoir enfin notre héros. C'était lors de
son triomphe au Luxembourg, le 10 décembre 1797.
J'étais si près de son passage que je me précipitai pour
lui toucher la main. Son regard très dur me fixa un
instant; et, comme je criais : « Vive Bonaparte! » il
eut un léger mouvement du corps et me dit : « Jeune
homme, criez vive la République! » Puis, sur ses
lèvres blanches, un sourire passa. Mon père, à qui je
fus raconter cet incident, me félicita de ma hardiesse et
me dit : « Il faudra t'enrôler dans la suite du général,
s'il recommence à faire la guerre. »

Puisqu'il m'était permis de disposer de ma personne,
je songeai aux moyens d'agir pour arriver à gagner
quelque réputation dans le métier des armes. Mes premiers essais ne furent pas heureux. Nestor Dessole,
cousin du général de ce nom, me dissuada de tenter

l'aventure. C'est qu'il avait vu partir beaucoup d'hommes instruits qui étaient morts de misère dans les camps. Ses avertissements étaient sinistres : « Jeune homme, ne sais-tu pas que les victoires d'Italie nous ont coûté cent mille hommes enterrés par delà les grandes Alpes? Vois-tu, mon ami, ç'a été de tous temps que le piédestal qui porte la statue d'un grand capitaine est établi sur des monceaux de cadavres. »

Cela ne put faire fléchir mon courage. Des lectures et des récits m'avaient rendu belliqueux. Bonaparte ayant touché au rivage de l'Égypte, je demandai à faire partie des troupes de renfort qu'on devait lui expédier de Toulon. Au bureau des enrôlements, il me fut annoncé, le 6 décembre 1798, que, la croisière anglaise ayant fermé à nos bâtiments la route maritime, je ne pouvais suivre la destination choisie. A la vérité, il m'était loisible d'aller en Italie, où la guerre avait recommencé. Mais cela ne faisait pas mon affaire, car c'était Bonaparte que je voulais rejoindre. Dans cette conjoncture, je restai donc encore quelques mois croque-notes, tout en préparant les examens d'entrée à l'École Polytechnique... où malheureusement j'échouai, ce qui m'obligea à demeurer plus longtemps que je n'eusse voulu chez mon honoré tabellion.

Cependant, Bonaparte étant de retour, il s'ensuivit les événements politiques de Saint-Cloud, qui, ce 18 brumaire an VIII (9 novembre 1799), firent du général victorieux un Premier Consul de la République française une et indivisible, et un magistrat qui s'employa aussitôt à ramener l'ordre dans un pays que les révolutions avaient si cruellement déchiré.

Lorsque Bonaparte se mit en marche vers Marengo pour forcer d'abord le passage des Alpes au Grand-Saint-Bernard, j'étais bien souffrant après une chute de cheval au manège. Et je ne repris tous mes moyens

physiques qu'au moment où j'étais conscrit. Conscrit
de l'an IX ou de 1801, mon père put obtenir de M. le
Gouverneur de Paris, qui se nommait Junot, mon
incorporation au 1" régiment de hussards, qui se trouvait en garnison à Saumur. Dessole croyait que ce corps
était destiné à passer aux colonies, ce qui ne m'effraya
point, car la guerre en Allemagne ou en Amérique,
c'est toujours, en fait, la guerre.

Mon départ étant fixé au 16 octobre, ma belle-mère
donna la veille, le jeudi, un grand dîner. J'y eus la
compagnie de mes deux frères et de mes deux sœurs.
La plus jeune me montrait une grande affection et
pleurait dans la crainte qu'embarqué pour les Antilles
je n'en pusse revenir. Dessole, avec lequel nous avions
été compagnons d'enfance, lui disait : « Ne te chagrine
pas ainsi, ma chère Adélaïde. Louis te rapportera des
pays tropicaux quantité de diamants et un petit né-
grillon qui portera dans les soirées la queue de ta robe
quand tu seras devenue une grande dame. » Alors, six
personnes me firent la commande de négrillons, et deux
dames me recommandèrent de leur envoyer des plumes
d'oiseaux rares. Ensuite, on se divertit beaucoup de
musique et de danses.

Une heure avant de me mettre en route, j'eus à
entendre les dernières recommandations, en vérité très
sévères, de mon père, ennemi de toute dissipation. Il
me consentit une pension de cent cinquante livres par
mois, sur laquelle je touchai tout de suite une avance
de six mois. Tel bénéfice devait être supprimé à la
moindre faute. J'étais homme, observait-il, et devais
en tous lieux me conduire comme tel. Il augurait, sa
générosité aidant et la guerre forçant chaque jour à
créer des emplois, que je serais assez vite fait officier
et m'assurait qu'alors il jugerait des dépenses nécessaires pour tenir convenablement mon rang.

Je sortis de Paris, placé ou plutôt tassé dans le coche de Rennes. Long et bien fatigant voyage, fait entre un bonnetier et un marin. Enfin, j'entrai le 28 vendémiaire an X (mardi 20 octobre 1801) à la caserne de Rennes. L'officier, chef d'un détachement de trente et un hommes, du 1er de hussards, venu de Saumur, me fit donner l'uniforme, armer et placer dans la grande chambre d'un ancien couvent. Enfin, le soir, j'étais hussard et je pourrais donner des coups de sabre aux gens qui me provoqueraient. On me donnait à dîner le repas ordinaire du soldat, peu substantiel. Mon brigadier, qui répondait au nom de Turlot, me défendit d'acheter des vivres en supplément dont j'avais besoin, et ce butor me malmena pendant les premiers exercices, quoique je susse monter mieux que lui à cheval, ce que l'officier dut reconnaître et ce qui me valut bientôt un avantageux classement.

Le 6 novembre, ma compagnie était dirigée sur Brest. Une grosse pluie nous incommoda fort en chemin. Nous trouvâmes dans cette cité un grand encombrement de troupes et de matériel. Des femmes, qui avaient suivi leurs maris, officiers ou employés, occupaient les auberges, si bien que je ne pus trouver, même en offrant de l'or, un lit disponible. Il me fallut coucher au camp, dans la paille, ce qui, après tout, n'était pas pour effrayer un soldat, mais ce qui me valut néanmoins un gros rhume, lequel m'ôta presque l'usage de la voix pendant plusieurs jours.

Les nouvelles les plus contradictoires se répandaient sur notre destination. Des gens nous croyaient chargés d'aller soumettre le Portugal à nos lois. Un ordonnateur, qui avait fait l'expédition d'Égypte, assurait que nous y retournerions pour aller, en passant, détruire à Alger le nid des pirates barbaresques. Mais Bonaparte avait décidé et nous envoyait son beau-frère. Le général Leclerc, natif de Pontoise, et sa très jolie femme nommée Pauline (quelques-uns disaient Paulette) arrivèrent en grand équipage à Brest le 19 de novembre. Ils furent reçus magnifiquement par toutes les autorités et s'embarquèrent deux jours plus tard sur le navire *Océan*, de quatre-vingts canons, qui portait aussi l'amiral Villaret-Joyeuse. Le général Leclerc avait à sa suite une foule d'officiers et d'employés, ce qui pouvait laisser croire aux soldats que nous allions tenter de conquérir les deux Amériques.

Cinq de mes camarades étant tombés malades et rendus à l'hôpital, vingt-six hussards passèrent sur le *Cisalpin*, vaisseau commandé par le capitaine Bergevin. C'était un loup de mer peu commode et qui faisait mettre, pour la moindre peccadille, les gens aux fers ; mais entre ses sévérités il plaisantait grossièrement et avait la manie de donner des sobriquets. C'est ainsi qu'il dénommait notre officier *Double-flûte*, à cause de ses longues jambes, ce qui lui valut un soir un bon coup de cravache à la suite duquel il y eut branle-bas de première classe à bord. Étant regardés, nous, comme passagers, nous couchions sur le pont, entre les mâts ; mieux traités, les chevaux étaient abrités dans la batterie. On nous servait de la mauvaise eau-de-vie et deux biscuits à six heures du matin. A midi, vingt hommes s'assemblaient autour d'un baquet qui contenait de la soupe, des légumes et quelques morceaux de viande. Les plus voraces bataillaient aux dépens des faibles. A sept heures du soir, le baquet revenait, plein de riz ou de pommes de terre. Par jour, chaque homme recevait un litre d'eau. Un cambusier vendait très cher du mauvais vin et quelques liqueurs.

Des vents impétueux nous casernèrent dans le port pendant près d'un mois. Les matelots ne parlaient que de naufrages, voulant nous effrayer; ils firent si bien que plusieurs soldats désertèrent en allant à l'approvisionnement sur la côte. Enfin, dans la nuit du 13 au 14 décembre, les vingt navires de l'escadre quittèrent la rade au bruit des musiques et du canon, et nous courûmes vers Belle-Isle. La troupe ignorait en quel lieu on la portait, les instructions de Bonaparte ne devant être décachetées qu'au large, disait-on. Mais à peine étions-nous à l'ancre en vue des Canaries, pour attendre les autres flottes expédiées de Rochefort, Lorient, Toulon et Cadix, on communiquait à l'armée la nouvelle que l'isle Saint-Domingue était notre but.

Le lieutenant nous fit un petit cours. Nous apprîmes qu'en l'an 1789 la France possédait la partie occidentale de cette terre des Antilles, tandis que les Espagnols occupaient la partie orientale. On comptait dans notre territoire un demi-million de noirs, quarante mille blancs et autant de créoles. Les noirs, asservis à l'esclavage, avaient abattu le drapeau du roi Louis XVI, proclamé la république et fait cause commune avec l'équipage du navire *Le Léopard*, commandé par M. La Galissonnière. Cet officier avait été maltraité, et des désordres avaient mis partout l'anarchie. Ils n'avaient cessé en partie qu'à l'arrivée des troupes du général Rochambeau, venues en toute hâte de la Martinique. En 1794, les Anglais avaient donné leur appui aux noirs révoltés. Le général Lavaux les avait forcés de se retirer vers la fin de 1798. Alors un ancien domestique nègre, Toussaint-Louverture, s'était accordé dans l'isle des pouvoirs extraordinaires, au nom du gouvernement français; puis, resté sans communications avec la France, il avait pris une autorité qu'il était devenu nécessaire de réduire si nous ne voulions pas être finalement dépouillés de tous nos droits.

Les escadres attendues ne paraissant pas aux Isles

du Cap-Vert, le général Leclerc se résolut à aborder à
Saint-Domingue avec les douze mille hommes embarqués à Brest. On nous a rapporté depuis qu'il eut de
vives discussions avec l'amiral. Un officier marinier
ayant intentionnellement bousculé un aide de camp,
celui-ci se plaignit au beau-frère de Bonaparte, qui
envoya l'ordre de punir le brutal à Villaret-Joyeuse.
Celui-ci le prit de très haut et fit répondre « qu'il ne
devait considérer le général Leclerc qu'en passager
venu en simple citoyen à son bord ». Colère et indignation du général, qui envoie des témoins. Villaret
leur montra la porte de son salon et dit : « Allez prévenir votre chef que, s'il veut faire éclater un scandale
sur mon vaisseau, je le ferai mettre à bord d'une
embarcation qui le conduira en France. Ensuite, je
m'expliquerai avec le Premier Consul. » Leclerc dut
renoncer à exercer une autorité que sa situation de
général en chef lui avait fait obtenir. Son apparente
soumission apparut aux yeux de quelques gens comme
un acte de faiblesse.

Nous arrivâmes devant Saint-Domingue, en vue du
Cap-Républicain (ancien Cap des Français), le matin
du 4 février. Un général noir, Christophe, tenait les
forts, la ville, ne connaissait plus le drapeau français
et gardait prisonnier pendant une nuit le capitaine
Georges Lebrun envoyé demander l'autorisation de
débarquer. Cette entrée nous étant refusée, les trans-
ports remirent à la voile, coururent vers l'ouest et
s'embossèrent au Port-Margot le 5. La mer étant
calme, deux mille hommes furent mis à terre. Le 6,
après-midi, le général Leclerc monta à cheval, se plaça
au milieu des hussards et nous partîmes dans la direction du Cap, au travers d'un très beau pays. La troupe
ne rencontra dans les quatre lieues de mauvais chemins qu'elle parcourut que quelques ennemis faisant le

coup de feu. Nous les sabrâmes sans pitié et je débutai assez crânement au cours de cette première affaire. Je me souviens qu'un nègre couvert de haillons, atteint au pied d'un mancenillier et l'épaule traversée d'un coup de pointe, me cria : *li mové francé, li périr tous.* Le hussard qui me suivait lui fendit la tête ; le malheureux put dire encore : *li périr tous.* Cette menace ou prédiction me causa, je dois le dire, une singulière impression. Vers onze heures, nous aperçûmes de grandes lueurs devant nous. C'était la ville du Cap qui brûlait, incendiée par Christophe. Nous n'y trouvâmes plus qu'une centaine de maisons. Il fallut camper entre des ruines, sous la protection des marins qui, entrés dans la cité avant midi, avaient pu sauver un quartier.

Le 7 février, le général Dugua, chef de l'état-major, forma la garde de Leclerc en y faisant entrer tous les hussards. Elle eut pour commandant le chef d'escadron Abbé, qui nous dit : « Mes enfants, vous êtes un corps d'élite, et je ne veux pas avoir besoin de stimuler votre zèle. Je serai le bon camarade des soldats valeureux et le bourreau des indisciplinés. » Il vint me dire des choses aimables en particulier et me promit de l'avancement.

Nos gens allaient répandre des proclamations qui affirmaient la bonne amitié des Français envers tous les habitants de l'isle. Autant aller chanter la *Marseillaise* dans les déserts de l'Arabie, aux oreilles des Bédouins nomades, car le fameux Toussaint-Louverture avait déjà commandé l'égorgement de tous les blancs. Son fils et son beau-fils, ramenés de Paris, Isaac et Placide, accompagnés du citoyen Coisnon, directeur du collège de La Marche, allèrent le supplier d'entendre la voix de la raison. Il se déclara dictateur et nous porta des défis qu'on allait relever et punir.

Le général Leclerc s'était logé au Cap, dans la maison Destaing. Une cargaison de vivres et de vins de Bordeaux lui donnait l'abondance. Mme Leclerc s'entourait d'une nombreuse domesticité et se montrait fort gracieuse. Son caractère un peu enjoué lui valait de nombreux admirateurs. La médisance n'atteignit pas pourtant la sœur de Bonaparte, dont le mari était jaloux à tel point qu'il lui reprochait d'avoir voulu épouser Fréron, un jacobin. Elle était bonne et charitable jusqu'à faire distribuer du vin aux soldats qui gardaient le quartier général. J'eus ses attentions, une fois qu'elle eut appris que j'étais fils de tabellion, et de Paris; elle me dit, en jouant gentiment de l'éventail, près de mon épaule : « Quand nous aurons quitté cette isle, je vous ferai entrer dans la garde particulière de mon frère. »

Quoique j'eusse lieu de me féliciter d'un avancement aussi rapide, ce ne fut pourtant pas sa protection qui me valut d'être nommé brigadier dès le 10 février.

Dans le baraquement où nous étions installés, sur le port, j'avais pris contact avec deux Corses qui se disaient cousins de Bonaparte, bien que Mme Leclerc ne les connût pas. Pour eux, ils attribuaient cette « méconnaissance » au rang qu'elle devait tenir auprès du Gouverneur général de la colonie.

L'un, nommé Paolo Versini, qui paraissait muni de sommes importantes en or, se donnait des aises. Il avait loué un petit logis au bout de la ville et avait engagé comme servante une mulâtresse que nous trouvions fort jolie. Elle répondait au nom de Tricola et se chargeait de nous approvisionner de fruits. Elle se vantait de bien connaître Dessalines, premier lieutenant de Toussaint-Louverture. Le général Hardy voulut l'envoyer en parlementaire vers ce nègre. Versini s'opposa à son départ en lui représentant quel triste rôle d'espionne on voulait lui faire jouer. Dénoncé, le cavalier fut arrêté et emprisonné. Les lamentations de Tricola remplirent notre camp pendant une nuit. Au jour, la garde s'aperçut qu'elle avait forcé la porte du réduit de Paolo. Tous deux s'étaient enfuis dans les montagnes, dans les mornes, et jamais plus nous ne revîmes Versini, qui avait péri dans l'extermination des blancs ou gagné, grâce à son argent, les possessions anglaises où les déserteurs étaient bien accueillis.

Notre Garde s'exerçait tous les jours sur la plage et j'eus bientôt appris à conduire mes hommes, parmi lesquels on comptait plusieurs mauvaises têtes. Il y avait, entre autres, un joueur qui ne pouvait plus exercer la dextérité de ses doigts depuis qu'un ordre du jour avait décrété : « Toutes les maisons de jeu sont défendues. Les commandants de place feront arrêter tout individu tenant des maisons de jeux; ils seront exposés sur la place publique pendant vingt-quatre heures, avec une inscription portant ce mot : *Escroc.* Ils seront ensuite renvoyés en France pour être soumis à l'action de la police correctionnelle. » Mon cavalier trouva un partenaire parmi les employés, tricha et reçut un coup de pistolet qui le mit pour un mois à l'hôpital.

Les quatre mille hommes campés au Cap furent prévenus le 16 février que des reconnaissances seraient faites dans l'intérieur. C'était la guerre qui allait recommencer, et chacun de nous en prévoyait les horreurs, car nous n'ignorions pas que les noirs s'étaient juré de ne pas faire quartier. Des conscrits laissaient voir leurs inquiétudes. Mais les vieux soldats qui avaient fait la guerre en Allemagne et en Égypte, et qui en avaient rapporté des cicatrices, étaient impatients d'avancer et se promettaient de traiter les nègres ennemis très durement. Nous en avions nous-mêmes quelques-uns dans notre armée; ils étaient doux, serviables et courageux

La seule récompense qui comptât pour eux, c'était le tafia.

Nous fûmes mis en route le 17, vingt-quatre heures après l'avis du départ. L'infanterie nous précéda vers le canton du Dennery, pays très accidenté dans lequel Toussaint avait réuni tous les révoltés. Quel singulier pays, couvert presque partout de fougères et, par endroits, de beaux arbres ! Mais les cultures n'occupaient que les vallées et quelques revers de collines, au levant. On ne trouvait que des sentiers pour relier des maisons isolées. Nos équipages, formés de voitures longues et basses à quatre roues, nommées cabrouettes, traînées par des mulets, n'avançaient dans ces chemins que difficilement.

On campa le soir au bord d'un ruisseau et les officiers rappellèrent aux soldats, toujours prêts à satisfaire leurs fantaisies, les précautions hygiéniques que le climat du pays imposait : « Ne pas marcher pieds nus pour éviter les piqûres des scorpions ; en cas de soif ardente, prendre des boissons rafraîchissantes, de la limonade avec un peu de tafia ; se méfier de certains poissons de rivière, très mauvais ; griller la banane qui n'est pas mûre ; se rappeler que les pommes de mancenillier renferment des sucs vénéneux ou poison ; éviter les femmes... »

Le 18, bien reposés par une bonne nuit, nous arrivons au pied d'un morne : le Boispin. Quelques centaines de noirs y étaient retranchés. Ils montraient un drapeau rouge et répondaient à nos paroles de paix : « Guerre à outrance ! » L'infanterie du général Hardy marche droit sur eux pendant que la Garde, manœuvrant dans un vallon, tourna leur gauche et tomba sur une compagnie de leur réserve. Nous jouâmes joliment du sabre et nos chevaux, poursuivant les fuyards, coururent jusqu'à un fort, celui de la Marmelade. On fit bombance, le soir, avec toutes les bonnes provisions prises sur l'ennemi.

Nous avançâmes, le lendemain, à l'ordre du général Leclerc que nous devions escorter, vers une haute position dite : la Crête à Pierrot. Marche lente et pénible entre des abîmes, sous le feu des embuscades. Cela dura jusqu'au 2 mars, pour tomber dans un pays d'enfer nommé Les Cahos. La Garde fut engagée au morne de la Coupe, perdit vingt-sept hommes, mais elle put arrêter les nègres qui avaient brûlé huit villages et égorgé une centaine de blancs. On leur donna un dîner au plomb et pour logement une longue fosse bientôt recouverte de terre, juste punition infligée à des assassins. Nous eûmes du repos ensuite. Les pauvres blancs qui, pour échapper au massacre, s'étaient cachés dans les cavernes, vinrent se placer sous notre protection. Ils suivirent nos colonnes jusqu'à la Crête à Pierrot, où une vraie bataille fut donnée le 25 mars. Leclerc y fut blessé ; une balle m'érafla le cou, mais le noir qui me tira à bout portant, abattu par les pieds de mon cheval, reçut un coup de pistolet qui l'étendit mort. La troupe de Toussaint se retira pendant la nuit. Il nous vint, le lendemain, de plusieurs côtés, des offres de soumission.

Toussaint lui-même prononça des paroles de paix. Mais il avait préparé, en secret, une nouvelle révolte. Connaissant ses agissements, Leclerc chargea le général Brunet d'opérer son arrestation, faite le 8 avril. Le dictateur, envoyé en France, devait mourir de froid dans sa prison du Mont-Joux ; il expiait les crimes qui avaient ensanglanté la colonie.

La Garde du général en chef dut le suivre dans l'ouest. Les inspections terminées, nous rentrâmes au Cap, le 17 avril. On nous y reçut comme des vainqueurs qui ont gagné vingt batailles. Mme Leclerc

s'était portée à notre rencontre. Elle appelait son mari
« Mon joli gamin ». C'était, il est vrai, un poupon de
jolie figure, aux moustaches naissantes, blond et de
petite taille. Nos joies, animées par une grande distribution de vin, furent troublées par les lamentations de
deux femmes qui avaient perdu leurs maris. L'une se
jeta à la mer; l'autre trouva, au bout de quelques
jours, un consolateur.

Je procédais à l'aménagement de mon quartier,
lorsque la Garde reçut l'ordre de préparer son départ.
C'était pour aller à Port-au-Prince, ville où je devais
quitter Leclerc, ainsi qu'il est rapporté dans la lettre
que j'écrivis à mon père le 20 avril 1803 :

Pour la première fois depuis mon arrivée en Amérique, le
départ d'un ami sûr me fournit l'occasion de te rendre un
compte exact de la manière dont j'ai employé mon temps
depuis près d'un an, et ce sans déroger à la loi que je me
suis imposée de ne jamais parler d'affaires publiques dans
une lettre exposée à être lue du premier venu; ici, c'est
bien différent, et je puis écrire librement et sans risques.

Comme tu le sais déjà par mes précédentes lettres, après
avoir terminé la campagne par la réduction de Toussaint et
des principaux chefs noirs, nous venions de rentrer à Port-
au-Prince, où le général Leclerc avait provisoirement établi
le siège du Gouvernement, lorsque le hasard ou plutôt mon
bon génie amena M. Dalvimare au quartier général. M. Dalvimare est l'un de ces hommes (malheureusement si rares
dans nos armées) qui réunissent aux qualités d'un militaire
les talents d'un diplomate; et il venait, en cette qualité, de
remplir une mission à la Havane; il était question d'obtenir de l'argent; il avait parfaitement réussi; il ne pouvait
donc manquer d'avoir du crédit et de jouir de la faveur de
son général.

Il s'informa de moi, me fit prier de passer chez lui et me
proposa de l'accompagner dans le voyage qu'allait lui faire
entreprendre un nouvel ordre du général; il s'agissait d'ob-

tenir du gouvernement de la province de Vénézuéla la permission d'extraire deux mille mulets pour le service de l'armée de Saint-Domingue. Cette proposition m'était si avantageuse que je n'hésitai pas à accepter, sans trop savoir sur
quel pied je devais l'accompagner. Combien je fus surpris
agréablement quand il m'annonça que, devant emmener
avec lui un officier à son choix, il fallait, puisqu'il me choi-
sissait pour en tenir le rang auprès de lui, en porter l'uniforme.

Nous nous rendîmes le plus promptement à Caracas, résidence du gouverneur espagnol de la province de Vénézuéla,
où nous fûmes reçus avec la plus grande considération, où
nous jouîmes, moi particulièrement, de tous les agréments
de la vie pendant le temps que se traita l'affaire. Je dis moi
particulièrement, parce que, n'ayant d'autre soin que de
veiller à faire succéder nos plaisirs du lendemain à ceux de
la veille, je te laisse à juger si monsieur le Brigadier de la
Garde à cheval devait jouir, lui qui sortait de la caserne et
qui troquait sa gamelle contre la table d'un gouverneur de
province, du nouveau bien-être.

Enfin, au bout d'un mois, cette affaire de mulets fut terminée, et terminée comme ne l'eût jamais osé espérer le
général Leclerc. Il avait chargé son envoyé de demander la
permission d'exporter, en payant, *deux mille mulets ;* eh
bien, M. Dalvimare obtint du gouverneur permission
d'exporter, pour subvenir aux besoins de Saint-Domingue,
jusqu'à concurrence de *vingt mille animaux* qui seront payés
par les trésoriers de Sa Majesté Catholique (le roi d'Espagne), et il m'expédie avec le traité auprès du général
Leclerc, dont je ne fus pas mal reçu, comme tu penses bien.

J'avais d'ailleurs trouvé là mon ami Bachelu, par qui je
fus présenté au général ; il m'accueillit parfaitement, et tout
le temps que je restai au Cap, je fus commensal de l'habita-
tion Destaing où était établi le quartier général depuis le
commencement de l'épidémie. Je comptais alors au corps
depuis mon départ comme maréchal des logis, et ce fut
encore en cette qualité que je fus réexpédié par le général
auprès de M. Dalvimare, pour lui porter de nouveaux

ordres. Parmi les papiers que je lui portais, il y avait un certain billet dans lequel le général laissait à sa disposition de m'apprendre ou non ma promotion au grade de sous-lieutenant, suivant qu'il continuerait ou non à être satisfait de ma conduite.

Les nouveaux ordres de Leclerc obligeaient M. Dalvimare à entreprendre un voyage bien pénible, mais le succès de cette nouvelle mission devait le dédommager des fatigues qu'il allait endurer ; il était question d'aller réclamer des secours pécuniaires du vice-roy de Santa-Fé de Bogota, capitale du nouveau royaume de Grenade. J'écrivis plusieurs lettres lors de notre départ de Caracas, pour aller remplir nos devoirs, et si je ne m'expliquai pas clairement, alors, sur le but du voyage que j'annonçais devoir durer plusieurs mois, c'est, comme je te l'ai dit au commencement de cette lettre, que je me suis fait une loi d'exclure de ma correspondance à découvert (c'est-à-dire celle qui chemine par la poste) toute nouvelle qui ne m'est pas personnelle.

Nous partîmes donc pour Carthagène, l'un des ports du nouveau royaume de Grenade, où nous fûmes bien reçus. M. Dalvimare sut donner au gouverneur particulier de cette ville une telle idée de l'importance de sa mission (en lui répétant toujours qu'il ignorait la teneur d'un pli dont il était porteur) que celui-ci, croyant le but du voyage tout autre que le véritable, prit sur lui de donner à l'envoyé du général Leclerc permission de se rendre à Santa-Fé.

D'après les difficultés que présentait ce voyage, à entendre les Espagnols, il fallait au moins deux mois et demi pour aller et quelques jours de moins pour revenir. Aussi furent-ils bien surpris de nous voir revenir au bout de trois mois apporter au trésorier de Carthagène l'ordre de compter à M. Dalvimare 400 000 gourdes (deux millions quatre cent mille francs) et au gouverneur de fournir un bâtiment pour les transporter à Saint-Domingue ; mais leur surprise ne fut rien en comparaison de celle que j'éprouvai lorsque, me présentant à bord de la corvette de la République : *La Bayonnaise*, pour prendre les dépêches que M. Dalvimare croyait y trouver (ce bâtiment était arrivé de Saint-Domingue deux jours avant), j'y fus retenu et j'appris que ce bâtiment, dont le capitaine avait reçu l'ordre de s'emparer de M. Dalvimare ainsi que de sa suite, devait nous transporter à Saint-Domingue. J'appris alors que le général Leclerc était mort, que les nègres étaient de nouveau révoltés et que le général Rochambeau commandait en chef. M. Dalvimare était toujours libre de ses actions à Carthagène et moi consigné à bord de la *Bayonnaise* lorsque, un mois après mon arrestation, le gouverneur, au mépris de la protection qu'il avait publiquement accordée à l'ambassadeur, le fit arrêter et conduire à bord de la corvette.

Peu de jours après, nous mîmes à la voile pour venir à Port-au-Prince, où nous arrivâmes après quarante-cinq jours de traversée.

L'intrigue qui était parvenue à faire soupçonner M. Dalvimare paraît perdre sa force. Déjà, les ordres du général à son égard sont beaucoup moins sévères, et il voit librement qui bon lui semble. L'officier qui te portera cette lettre est le frère de M. Dalvimare, à qui j'ai tant d'obligations. Je n'en dois pas moins à celui-ci, car, si l'un a disposé le général Leclerc à me nommer sous-lieutenant, l'autre m'a fait donner au moment même de mon arrivée ici mon brevet provisoire et m'a obtenu un ordre pour rentrer dans la Garde avec mon grade. De plus, il a eu l'obligeance et la confiance de me prêter trente Portugaises, faisant deux cent quarante plastres fortes (quatorze cent quarante livres) pour acquitter les dettes que j'avais contractées malgré moi pour me monter et m'équiper. En cela il m'a vraiment rendu un très grand service, car, bien qu'il me soit dû quelque argent au corps, je n'en ai pas encore touché, et sans M. Dalvimare, je serais absolument sans le sou et dans l'impossibilité la plus réelle de me montrer, faute d'habits... Pardon, mon bon papa, si j'ose te prier d'acquitter cette dette, que tu regarderas sans doute, ainsi que moi, comme une dette d'honneur.

J'avais ajouté quelques renseignements à cette lettre, qui sont trop particuliers pour que je les puisse citer ici. Je n'avais pas dévoilé que M. Dalvimare, agent du général Leclerc, était accusé d'avoir trafiqué des emprunts, au profit de ce général et au sien. Le général Rochambeau croyait tenir un voleur ; il ne tenait qu'un brave homme qui présenta des comptes justes.

M. Rochambeau, après m'avoir interrogé, me mit hors de cause et me fit l'éloge du capitaine Dalvimare. Ce dernier avait traversé bien des aventures. Petit-fils de Dupont, conseiller d'État, intendant général des Écoles militaires de Paris sous la royauté, il était le fils de M. Dalvimare, gouverneur des pages de feu Louis XVI. Louis Dalvimare avait une commission de sous-lieutenant au régiment de Dillon quand éclata la Révolution ; il avait émigré et pris du service comme capitaine dans le corps anglais d'York. Il avait fait pour sa nouvelle patrie l'expédition de Saint-Domingue, en 1793 ; blessé et pris l'année suivante, le Directoire l'avait fait déporter aux États-Unis en 1796. Il s'en était évadé et avait rejoint la troupe anglaise à la Jamaïque. La paix d'Amiens conclue, Louis était allé offrir au général Leclerc ses services. Il rentrait dans sa patrie pour la servir fidèlement. Et Bonaparte pouvait lui demander tous les dévouements.

Si Leclerc avait pu dominer les généraux noirs, Rochambeau manqua d'habileté pour les tenir dans l'obéissance. L'armée d'occupation, décimée par la fièvre jaune, était réduite à cinq ou six mille combattants. Les vieux soldats de l'armée du Rhin traitaient durement le nouveau chef. On trouva sur sa porte, un matin, une affiche portant ces mots : « Rochambeau de la parade des États-Unis, de la promenade de Saint-Domingue, muscadin et incroyable, les compagnons de la Tour d'Auvergne te crachent leur mépris. »

Le terrible Dessalines rentrait en campagne. Il comptait justement sur la coopération des Anglais qui venaient de rompre la paix. Partout, la trahison des noirs nous desservait, et des hôpitaux, chaque jour, on tirait des douzaines de cadavres. La grande rencontre entre l'armée française et l'armée des nègres eut lieu le 16 novembre 1803, en vue de la ville du Cap. On se battit du lever du jour jusqu'au soir, un homme contre quatre. Rochambeau ne manqua pas de déjeuner copieusement, comme le faisait Mayenne pendant la bataille d'Ivry... Sa Garde, réduite à deux cents combattants, fut décimée. Et je reçus, devant la Tannerie, où je venais d'enfoncer les rangs d'un bataillon nègre, un coup de feu. La balle de fer m'atteignit quand mon sabre venait de traverser le corps du capitaine mulâtre qui ralliait des hommes; ce projectile me fracassa le bras droit au-dessus du coude, dévia et pénétra assez profondément dans le sein droit. J'éprouvai comme un éblouissement. A force d'énergie, restant bien en selle, je ramenai mon cheval en arrière et je tombai évanoui. Des soldats de la ligne me transportèrent, la nuit venue, dans une maison et m'abandonnèrent sur le carreau. Je fus bientôt couvert de grosses fourmis noires. A mes appels, des mulâtres vinrent et me donnèrent de l'eau pour étancher ma soif. Ce ne fut qu'après minuit qu'on me transporta à l'hôpital. Le bon chirurgien Laforgue opéra un premier pansement et ne m'arracha la balle que le lendemain.

Rochambeau venait de consentir l'évacuation de Saint-Domingue. Après avoir satisfait Dessalines, il traitait avec le commodore anglais Lorring pour rapatrier les troupes, qui, en somme, devaient demeurer prisonnières jusqu'à parfait échange. L'Anglais était à bord du navire *Le Bellérophon*. En dix jours, huit mille hommes valides partirent... Il restait au bas Cap environ dix-sept cents blessés et malades alités, qui devaient être singulièrement traités. Mais on va voir la barbarie exercer ses ravages. Le 2 décembre, un nommé Instamont, qui se disait médecin chargé provisoirement du service de santé de la division du nord, écrivait aux officiers de santé des hôpitaux français : « Je vous préviens, mes camarades, que vous devez, d'après les ordres du général en chef de l'armée indigène, opérer l'évacuation des malades français qui ont été abandonnés à vos soins, et que les officiers de santé sous vos ordres, employés, sous-employés et infirmiers doivent suivre cette destination. Votre zèle et votre humanité m'assurent d'avance des efforts que vous ferez pour accélérer ce travail. Je vous salue d'amitié. » Instamont désigna lui-même les cinq navires qui devaient transporter les douze cents malades qui consentaient à partir. Ils partirent le 7 décembre, à cinq heures du soir, et coulèrent au large pour noyer ces malheureux. Ceux qui restèrent cloués à leur couche furent massacrés. Il ne s'échappa que trois officiers, sauvés par des femmes de couleur, et qui purent s'embarquer sur des bâtiments américains.

Le commodore anglais nous avait réservé un bon traitement, par l'article IV de la Convention : « Les malades qui sont à bord de la *Nouvelle Sophie* et de la *Justice* seront directement envoyés en France; et les Anglais s'engagent à ce sujet à leur fournir tout ce qui leur sera nécessaire tant en provisions qu'en médicaments... » Je fus porté à bord de la *Justice*, qui mit à la voile dans la matinée du 1ᵉʳ décembre. Le même jour, à quatre heures du soir, cinquante matelots montaient sur notre navire, nous maltraitaient et nous dépouillaient. Une faible résistance, car j'étais sans forces, me valut de voir arracher mon pansement. L'infirmier de ma cabine put laver ma blessure avec

de l'eau de mer. Le 2, j'étais interné avec trois cents
de mes camarades à Port-Royal de la Jamaïque, dans
le souterrain d'un fort, et insulté. Un commissaire
anglais promit les pontons de Plymouth à ceux qui gué-
riraient. Nous ne fûmes tirés de cette affreuse position
que le 24 et relégués dans l'hôpital en planches. Le
second médecin, Smith, nous visita dès lors régulière-
ment. Le 10 janvier, il nous donna des étrennes. Jugez
de notre indignation en recevant la proclamation que
Dessalines adressait à la population de Saint-Domingue :

Citoyens, ce n'est pas assez d'avoir expulsé de votre pays
les barbares qui l'ont ensanglanté depuis deux siècles, ce
n'est pas assez d'avoir mis un frein aux factions toujours
renaissantes qui se jouaient tour à tour du fantôme de
liberté que la France exposait à vos yeux ; il faut, par un
dernier acte d'autorité nationale, assurer à jamais l'empire
de la liberté dans le pays qui vous a vus naître ; il faut ravir
au gouvernement inhumain, qui depuis si longtemps tient nos
esprits dans la torpeur la plus humiliante, tout espoir de
nous réasservir. Il faut enfin *l'Indépendance ou la Mort.*

Que ces mots sacrés nous rallient autour du drapeau et
qu'ils soient partout le signal de notre réunion.

Citoyens, mes compatriotes, j'ai rassemblé, le 1ᵉʳ janvier,
dans ce jour solennel, ces militaires courageux qui, à la veille
de recueillir le dernier soupir de la liberté, ont prodigué leur
sang pour la sauver. Ces généraux qui ont guidé vos efforts
contre la tyrannie n'ont point encore assez fait pour votre
bonheur. Le nom français est encore lugubre dans ces
contrées.

Tout y retrace le souvenir de ce peuple bourreau ; nos
lois, nos mœurs, nos villes, tout porte encore l'empreinte
française ; que dis-je ? Il existe encore des Français dans
notre isle, et vous vous croyez libres et indépendants de
cette République qui a combattu toutes les Nations, il est
vrai, mais qui n'a jamais vaincu celles qui ont voulu être
libres.

Eh quoi ! victimes pendant quatorze ans de notre crédu-

lité et de notre indulgence ; vaincus, non par des armées
françaises mais par la trompeuse éloquence des proclamations
de leurs agents, quand nous lasserons-nous de respirer le
même air qu'eux ? Qu'avons-nous de commun avec ce peuple barbare ? Sa cruauté, comparée à notre patiente modération, sa couleur à la nôtre, l'étendue des mers qui nous sépa-
rent, notre climat vengeur nous disent assez qu'ils ne sont
pas nos frères, qu'ils ne le deviendront jamais, et que, s'ils
trouvent un asile parmi nous, ils seront encore les machina-
teurs de nos troubles et de nos divisions.

Citoyens indigènes ! hommes, femmes, filles et enfants,
portez vos regards sur toutes les parties de cette isle. Cherchez-y vos épouses, vos maris, vos frères, vos sœurs, que
dis-je ? Cherchez-y vos enfants à la mamelle, que sont-ils
devenus ? Je tremble de le dire... la proie de ces vautours.
Au lieu de ces victimes intéressantes, *votre œil étonné
n'aperçoit que leurs assassins*, que des tigres encore dégout-
tant de leur sang, et dont l'affreuse présence vous reproche
votre insensibilité et votre coupable lenteur à les venger.
Qu'attendez-vous pour apaiser leurs mânes ? Songez que
vous avez voulu que vos restes reposassent un jour auprès
de ceux de vos pères. Quand vous avez chassé la tyrannie,
descendrez-vous dans la tombe sans les avoir vengés ? Non.
Leurs ossements repousseraient les vôtres.

Et vous, hommes précieux, généraux intrépides, qui, insen-
sibles à vos propres malheurs, avez ressuscité la liberté en
lui prodiguant tout votre sang, sachez que vous n'avez rien
fait si vous ne donnez aux nations un exemple terrible mais
juste de la vengeance que doit exercer un peuple fier d'avoir
recouvré sa liberté et jaloux de la maintenir. Effrayons tous
ceux qui seraient encore tentés de nous la ravir. Commençons par les Français, remplissons ce but, sinon par le souvenir des cruautés qu'ils ont exercées, au moins par la résolution terrible que nous allons prendre de vouer à la mort
quiconque, né Français, souillera de son pied sacrilège le
territoire de la liberté.

Nous avons osé être libres. Osons l'être par nous-mêmes ;
imitons l'enfant qui grandit ; son propre poids brise la lisière

qui lui devient inutile et qui l'entrave dans sa marche. Quel peuple a combattu pour nous ? Quel peuple pourrait recueillir le fruit de nos travaux ? Et quelle déshonorante absurdité que de vaincre pour être esclave ? Esclave ! Laissons aux Français cette qualification ; ils ont vaincu pour cesser d'être libres.

Marchons sur d'autres traces ; imitons ces peuples qui, portant leur sollicitude jusque sur l'avenir et appréhendant de laisser à la postérité l'exemple de la liberté, ont préféré être exterminés que rayés du nombre des peuples libres.

Gardons-nous cependant que l'esprit de prosélytisme ne détruise notre ouvrage ; laissons en paix respirer nos voisins ; qu'ils vivent paisiblement sous l'égide des lois qu'ils se sont faites, et n'allons pas, boute-feu révolutionnaire, nous ériger en législateurs des Antilles et faire consister notre gloire à troubler le repos des isles qui nous avoisinent ; elles n'ont point, comme celles que nous habitons, été arrosées du sang innocent de leurs habitants ; elles n'ont point de vengeance à exercer contre l'autorité qui les protège, heureuses de n'avoir jamais connu les fléaux qui nous ont détruits, elles ne peuvent que faire des vœux pour notre prospérité. Paix à nos voisins ! Mais anathème au nom français ! Haine éternelle à la France ! Voilà notre cri.

Indigènes d'Haïti, mon heureuse destinée me réservait à être un jour la sentinelle qui doit veiller à la garde de l'idole à laquelle vous sacrifiez. J'ai veillé, combattu quelquefois seul, et si j'ai été assez heureux pour remettre en vos mains le dépôt sacré que vous m'avez confié, songez que c'est à vous maintenant à le conserver.

En combattant pour votre liberté, j'ai travaillé à mon propre bonheur. Avant que de le consolider par des lois qui assurent votre libre individualité, vos chefs que j'assemble ici et moi-même, nous vous devons la dernière preuve de notre dévouement.

Généraux et vous, chefs réunis ici près de moi pour le bonheur de notre pays, le jour est arrivé, ce jour qui doit éterniser notre gloire, notre indépendance. S'il était parmi nous un cœur tiède, qu'il s'éloigne et tremble de prononcer le serment qui doit nous unir. Jurons à l'Univers entier, à la postérité, à nous-mêmes, de renoncer à jamais à la France et de mourir plutôt que de vivre sous sa domination, de combattre jusqu'au dernier soupir pour l'indépendance de notre pays.

Et toi, Peuple trop longtemps infortuné, témoin du serment que nous prononçons, souviens-toi que c'est sur ta constance et ton courage que j'ai compté quand je me suis lancé dans la carrière de la liberté pour y combattre le despotisme et la tyrannie contre lesquels tu luttais depuis quatorze ans. Rappelle-toi que j'ai tout sacrifié pour voler à ta défense : parents, enfants, fortune ; et que maintenant je ne suis riche que de ta liberté ; que mon nom est devenu en horreur à tous les peuples qui veulent l'esclavage, et que les despotes et les tyrans ne le prononcent qu'en maudissant le jour qui m'a vu naître ; et si jamais tu refusais, ou recevais en murmurant les lois que le Génie qui veille sur tes destinées me dictera pour ton bonheur, tu mériterais le sort dû aux peuples ingrats ; mais loin de moi cette affreuse idée ; tu seras le soutien de la liberté que tu chéris et l'appui du chef qui te commande.

Prêtez donc tous entre ses mains le serment de vivre libres et indépendants, et de préférer la mort à tout ce qui tendrait à nous remettre sous le joug. Jurez enfin de poursuivre à jamais les traîtres et les ennemis de votre indépendance.

Je fis remarquer à un officier anglais : « Comment Dessalines, qui ne sait ni lire ni écrire, a-t-il pu dicter un pareil factum ? Il a eu vraiment cette fois des conseillers sanguinaires... Cet homme sera un tyran... » La réponse fut la menace de me jeter en prison. Les sujets du roi George n'aiment pas à entendre parler librement. Et je pris le sage parti de m'abstenir devant eux, désormais, de toute réflexion, car mon triste sort dépendait uniquement de leur volonté.

La sévérité de nos geôliers redoublait à la nouvelle que M. de Noailles, colonel d'un régiment français, avait forcé les matelots du navire portant ses troupes à couler un bâtiment britannique. Ensuite, il s'était fait sauter pour échapper aux attaques d'une escadre. Cet acte d'héroïsme nous consolait un peu dans notre détresse.

Ma blessure, qui n'avait pas reçu les soins nécessaires pendant quelques jours, inquiétait le chirurgien. Il prit pitié de ma jeunesse et dépensa ce qu'il savait de mots français à me consoler dans l'affreux état que donnent la douleur et la fièvre. En payant une guinée par mois, j'eus une case et des livres, ce qui m'a fait relire quatre fois *Paul et Virginie* au moment où commençait ma convalescence.

Comment vins-je à parler de M. Dalvimare? Le chirurgien Dalton était l'ami de son frère, le capitaine. Nos communes relations me valurent l'entrée de la maison du chirurgien. Sa femme était fort jolie et parlait bien ma langue. Elle ne détestait qu'un Français : Bonaparte, celui que j'admirais le plus; et nous eûmes à ce sujet quelques petites disputes. Je reçus de sa bouche la plus heureuse nouvelle : l'amirauté anglaise avait blâmé le commodore Lorring de son attitude envers les blessés et les malades; le gouverneur de la Jamaïque devait renvoyer tous ceux qui ne paraissaient pas propres à reprendre les armes avant long-temps; et la mesure serait large. M. Dalton me reconnut *impropre*. Nous fûmes comptés cent cinquante-sept à rapatrier par un navire américain au pavillon neutre, le *Potomac,* qui devait quitter le Port-Royal le 17 juin.

La veille de notre départ, le soir, je me rendis chez Mme Dalton pour lui remettre, en souvenir, une pierre précieuse achetée à Santa-Fé. Elle ne voulut accepter que des fleurs, et détachant une rose du bouquet, elle la plaça dans sa Bible en me disant : « Monsieur, j'ouvre tous les jours ce tome et tous les jours je me rappellerai que vous avez été l'ami de mon mari. »

Que dire de notre traversée? Elle fut heureuse et rapide. Notre plus grand ennui fut causé par une quarantaine imposée en vue des côtes de France. Le 17 messidor an XII (vendredi 6 juillet 1804) nous débarquions à Bordeaux, et la première grande nouvelle que nous recueillîmes « Le Consul Bonaparte est nommé Empereur des Français » causa de l'étonnement parmi les hommes qui avaient servi la République. Nous allâmes, le samedi 7, nous présenter à l'autorité militaire. J'en obtins un congé de deux mois et un passeport pour Paris.

CHAPITRE II

DE BREST A TILSIT

Je reçus avec joie les témoignages d'affection d'une famille qui avait cru un moment à ma mort. On m'adressa en deux ou trois maisons le reproche de n'avoir pas rapporté les négrillons promis. Notre médecin, Thonon, ordonna les soins d'une blessure qui pouvait se rouvrir et un régime sévère auquel je m'accoutumai, malgré l'invitation au plaisir que m'envoyèrent plusieurs amis.

Paris, ou plutôt le caractère français, avait déjà oublié les orages de la Révolution. Une fiévreuse activité de travail y régnait. On bâtissait de grands hôtels sur les ruines des vieilles maisons. Les étrangers, accourus d'Allemagne et d'Italie, rendaient chaque nuit la ville bruyante, sans que la police eût d'ailleurs à réprimer de graves désordres. Une nombreuse garnison mettait l'éclat des uniformes les plus variés entre les toilettes recherchées des gens de bonne compagnie ; et les cabarets à la mode ne désemplissaient guère de midi à deux heures du matin. On ne parlait plus, en fait de guerre, d'après les gazettes, que d'une expédition en Angleterre, pour mettre enfin cet odieux Pitt à la raison. Ensuite, les Français devaient jouir d'une paix universelle... illusion entretenue dans le peuple qui fournissait le gros des armées.

Mon père, que sa qualité de notaire recommandait

auprès des pouvoirs publics, obtint une audience du
général Junot, afin de solliciter mon entrée dans la
Garde. Il plaida ma cause avec chaleur. Mais le Gouverneur de Paris déclara que l'honneur d'entrer dans
la Garde était réservé aux officiers ayant fait au moins
trois campagnes. Et je n'avais fait (selon l'expression
de Dessole) qu'un « voyage », peu profitable du reste,
en Amérique. Je me rendis, de mon côté, au Ministère de la guerre. Vignole daigna m'écouter, et à force
d'instance, j'obtins ma nomination de lieutenant le
28 vendémiaire an XIII (20 octobre 1804) et le bénéfice d'aide de camp du général Jean-Pierre Augereau.
Mais je devais rejoindre, à Brest, sans retard.

J'éprouvai quelque plaisir à refaire une route déjà
parcourue en 1801, dans la saison froide, avec des pos-
tillons gais. C'était cette fois *Monsieur* l'officier qui
occupait une bonne place, non plus le citoyen conscrit
qu'un bonnetier écrasait de sa corpulence. Nous eûmes
quelques divertissements à Rennes, par une troupe de
bouffons, parmi lesquels je reconnus Paolo Versini le
déserteur, et la mulâtresse Tricola. Versini vint me
joindre au coche et me supplier de ne pas le dénoncer.
« C'est un métier répugnant, lui répondis-je, qu'il me
serait impossible de pratiquer. Mais n'allez pas rencontrer le général Boyé, qui vous livrerait au Conseil
de guerre... à moins que le cousin Bonaparte ne vous
prenne sous sa haute protection. » Mon ironie le fâcha,
car il repartit d'un pas rapide en murmurant quelques
paroles inintelligibles pour l'officier.

A Brest, je trouvai un logement devant le port,
chez une dame Masset, veuve d'un capitaine de marine.
Cette mère de deux jeunes filles charmantes avait de
l'esprit et la passion du loto. Ma société aurait plu, et
j'aurais peut-être subi de petites tyrannies féminines,
celles qui plaisent beaucoup aux désœuvrés, si je

n'avais dû, de par mes fonctions, être trop souvent occupé ailleurs.

Le général Augereau m'accueillit froidement. Quoiqu'il fût bon homme, on lui trouvait toujours un front sévère. Employé dans les bureaux du maréchal, son frère, il était l'officier que nous devions plus particulièrement servir. Je venais à peine de pénétrer chez l'aide de camp Nicolas que l'aîné y arriva dans une tenue assez débraillée et des taches de graisse sur son gilet. « Voilà le nouveau. Vous venez des isles... Dites donc, citoyen (il prononçait citoilien), est-il vrai que pour coëffer ce pauvre général Leclerc... entendez-moi bien, pour le coëffer mort, après l'embaumement, Pauline Bonaparte ait donné ses cheveux ?... — Monsieur le Maréchal, cette nouvelle a été publiée. — Elle l'aimait donc bien ? — Je le crois, d'après ce qu'il m'a été permis de voir. — Lieutenant, savez-vous que Pauline a déjà épousé un prince italien nommé Borghèse ? Larmes de femmes sont séchées par le premier vent... Ne vous laissez pas enjôler par ces drôlesses. Vous aurez du travail plus profitable... car l'Empereur prépare une grande affaire... Lisez la conquête de l'Angleterre que fit Guillaume de Normandie. C'est l'œuvre que nous allons reprendre... Mettez-vous vite au courant du service. Adieu ! »

Augereau (Charles-Pierre) était un homme de quarante-cinq à cinquante ans. De taille moyenne, ses épaules larges et son cou énorme dénotaient sa force musculaire. Le regard était perçant dans les yeux gris. Véhément dans ses discours et criard dans ses ordres, ses lèvres minces tremblaient lorsqu'il parlait. Il avait le menton osseux, le nez très long, le front étroit, ce qui n'empêchait pas qu'il fût très intelligent, fin politique et prompt à profiter de tous les avantages que lui offrait la guerre. Il était soldat depuis 1774, et que

d'aventures ce fils de petit marchand, devenu maréchal
de France comme M. de Villars, eût à nous raconter !
Ses champs d'action avaient été nombreux. Enrôlé au
régiment Clark-Irlandais, insulté, battu, malade, une
femme de grande noblesse lui achète, trois mille livres,
son congé en 1776. Il va mettre en ordre la comptabi-
lité de cette dame et s'évade une nuit du château,
court à Mayence pour se vendre très cher aux recru-
teurs de Frédéric II. Il fait, dans le régiment de Brunswick, deux campagnes contre l'Autriche. Il abandonne
Frédéric, va guerroyer sous les drapeaux de Catherine,
contre les Turcs, déserte, revient en France, se fait
admettre aux dragons de Damas, s'ennuie, obtient
d'être envoyé à Naples comme instructeur, devient
maître d'armes, donne quelques soufflets à un courti-
san, se cache à bord d'un navire, débarque à Marseille... La Révolution le trouve prêt à tout risquer. Il
gagne des grades, sert et étonne Bonaparte, et reçoit
en janvier 1804 le commandement du camp de Brest.
Voilà l'homme étrange, mais courageux, habile, plein
de talents, que je voulais servir de toutes mes forces...
et qui devait m'accorder son amitié, laquelle me fut
très précieuse dans les grandes épreuves que nous
eûmes à traverser ensemble.

Ma qualité de jeune lieutenant me valut la charge
d'adjoint du général Donzelot, chef de l'état-major,
homme nerveux et susceptible qui confiait à ses aides
toutes les besognes de l'extérieur. Heureusement, un
soutien me vint dès le premier jour : celui de Marcellin
Marbot, aide de camp et surtout homme de confiance
du maréchal. Garçon aimable autant qu'éveillé, il avait
aussi la passion de réussir ; et il me donna, je lui rends
cette justice, les conseils les plus éclairés. Marbot avait
assisté au siège de Gênes avec le terrible Masséna, et
connaissait la sauce propre à accommoder un plat de

souris. Un peu Gascon, sa verve était intarissable, mais quelle obligeance, toujours mise au service de ses camarades ! Je lui fis connaître les demoiselles Masset. Antoinette, qui était la plus jeune, parut éprouver bientôt pour mon camarade une inclination qu'il encouragea pendant quelque temps, puis sa fantaisie le fit courir ailleurs. Nous fûmes à cause de cela quelques jours brouillés... car je lui avais reproché de voir dans une honnête fille la Manon qui court les rues jour et nuit, la nuit surtout. Sa réplique fut : « Épouse donc cette vertu et rends-moi la paix. » Je ne pensais guère à m'engager à subir l'étreinte de pareils liens. Mme Masset connaissait là-dessus mon opinion et me permettait de traiter ses demoiselles en camarades, qui payaient mes attentions d'une franche amitié.

Nicolas, premier aide de camp du général de brigade Augereau, garçon dissipé, ce qui ne l'empêchait pas d'être brave homme, connaissait tous les cabarets et tous les plaisirs de Brest. Nous rencontrions alors beaucoup d'anciens émigrés très attachés à la marine. Ils feignaient d'adorer Bonaparte que Nicolas n'aimait point. Son plaisir était de dénaturer les circulaires lues en ordre du jour à propos des fêtes. Ainsi, nous allions fêter le 18 Brumaire. Donzelot avait rédigé les instructions que Nicolas corrigeait, dans sa chambre; il faisait dire : « Demain 17, quand le soleil daignera se coucher, la grosse voix du canon annoncera aux populations de la sainte Bretagne que, voilà cinq ans des calendriers républicains et catholiques, un jeune général et deux mamelucks chassèrent d'un endroit nommé Orangerie un tas de députés fainéants et se proclamèrent ensuite dictateurs. Le général s'appelle Corsica, les mamelucks Sieyeza et Lebrunola. A cause de l'action de leurs bottes, il y aura parade ledit 13, sur le champ de bataille; toutes les troupes se mettront en grande tenue et S. E. Mgr le Maréchal n'aura pas son plumet de travers. Après la revue, les quatre mille huit cents hommes du camp, commandés par clopin-clopant Gimot-Durpaire, recevront quelques tonneaux d'eau-de-vie, et le soir tout le monde sera gris, Donzelot surtout. » L'humoriste devait rédiger un autre texte plaisant à l'occasion du couronnement de l'Empereur : « On fait assavoir au bon peuple de France que le dimanche 2 décembre de la bienheureuse année 1804, Monsieur et Madame Bonaparte, tous deux venus des isles, se rendront bras dessus bras dessous en l'église Notre-Dame. Le Sénat fournira les domestiques. MM. les Députés feront la cuisine, et le sieur Berthier (qui ne nous donne guère d'avancement) conduira la mule du pape. Tous les curieux sont invités à ce spectacle qui ne coûtera que cent livres la fenêtre à qui voudra bien voir de haut. »

Le maréchal traversa les bureaux le 16 novembre et dit aux aides de camp : « Messieurs, je partirai demain pour Paris, allant assister au sacre. Je compte que vous travaillerez en mon absence comme si j'étais là... Le général Desjardins commandera en mon absence... Je vous rapporterai peut-être l'ordre de passer en Angleterre. Nous ne pouvons pas rester à moisir dans ce goulet... Au revoir, mes enfants, je compte bien sur votre sagesse... » Le lendemain, Desjardins nous rassembla : « Je vous connais pour de mauvaises têtes. Le premier de vous qui se permettra de faire ma caricature, je l'envoie sur les pontons, entre les galériens. » Il s'éleva une protestation très vive du général Bonardi Saint-Sulpice, qui allait être nommé écuyer cavalcadour de l'impératrice Joséphine. « Monsieur, nous ne sommes pas des esclaves, mais des hommes libres. Nos oreilles peuvent entendre des ordres de service, non des menaces. » M. Desjardins prit la porte et nous ne le revîmes plus de longtemps.

Le brigadier Augereau partit rejoindre son frère. Donzelot resta le maître dans la place qu'il administrait « avec le zigzag de ses rhumatismes », disait Noury, commissaire ordonnateur de la 27ᵉ division militaire. Ses lettres, adressées au maréchal, eussent, lues au théâtre, remporté du succès. Il commençait souvent : « Inspiré par la haute et saine raison » ou « m'étant replié en moi-même jusqu'au tréfonds de mon esprit ». Il osait dire : « Vous êtes maintenant débarrassé d'une grande partie de vos cérémonies ; je vous félicite de bon cœur », puis il mandait le 23 décembre : « Avez-vous eu une audience particulière de l'Empereur et savez-vous enfin ce que nous deviendrons ici ? Que projette-t-on pour le printemps ? Quel est le système adopté pour la campagne ? »

J'eus grand plaisir à voir rentrer le maréchal et ses trois aides de camp : Sicard, Mainvielle et Marbot. Ce dernier avait reçu de mon père un bon accueil, et il trouvait ma sœur Adélaïde fort à son goût. Il nous fit une relation pompeuse des fêtes. Nicolas lui dit alors en manière de raillerie : « Tu n'as oublié qu'une chose : c'est de demander au Saint-Père la masse d'indulgence dont nous avons besoin. » Ce propos fâcha Marbot, et nous dûmes séparer les deux lieutenants qui auraient tiré le sabre.

La croisière anglaise nous inquiétait en attaquant les convois qui sortaient de Lorient et de Rochefort. Cette insulte journalière de Brest par un ou deux bricks ennemis nous énervait. Nous brûlions du désir de courir à l'insulaire, le sabre d'abordage à la main. Il eût fallu braver les ordres du maréchal, qui n'entendait point que l'on risquât et perdît des hommes inutilement. Nous en vînmes cependant à négliger les instructions qui nous contrariaient. Voici dans quelles circonstances. Un nommé Giraud, ancien chef de bataillon, condamné aux galères et enchaîné à Brest, avait inventé un explosif qui, selon son calcul, devait produire de très puissants effets. Naturellement, il visait d'abord la destruction de la flotte britannique. Le service de l'artillerie fabriqua cinq bombes à expérimenter sur les remparts. Nicolas en déroba une, connut le système d'allumage et décida une expédition. Y devaient prendre part : le chef d'escadron Donadieu, Nicolas, moi et un lieutenant du régiment de marine, Gachot, que j'avais connu à Saint-Domingue. Nous devions quitter Brest par une nuit noire et joindre, sur les côtes de Camaret, un navire anglais qui louvoyait. Trois intrépides marins nous louaient leur barque et devaient nous conduire. Au moment d'embarquer, Donadieu nous demande la permission d'aller embrasser sa femme. Dès qu'il se fut éloigné, ne voulant pas d'un homme trop sentimental parmi nous, Nicolas donna le signal du départ. La mer était calme, ce qui nous permit d'arriver sans danger auprès du brick britannique qui était à l'ancre auprès d'une terre. La vigie ne nous aperçut pas, et nous pûmes longer la muraille de poupe. Nous arrivons sous une fenêtre ouverte. C'était la prise d'air du réfectoire des officiers du bord et il nous parut qu'ils étaient huit ou dix à souper. Nicolas lança la bombe par l'orifice ; elle éclata aussitôt, tuant ou blessant les Anglais. Nous jetâmes à la hâte dix grenades sur le pont, et nous prîmes très vite le large, si bien que, lorsque l'artillerie du brick se mit à tonner, nous étions déjà hors portée. Nous fûmes dénoncés pour cet acte de bravoure et, sans Marbot qui apaisa la colère du maréchal, nous eussions gardé les arrêts pour avoir quitté le port sans ordre.

Des officiers colportaient la nouvelle que nous embarquerions, au printemps, à Cherbourg, pour aller à Plymouth. L'armée des côtes était de deux cent cinquante mille hommes, dont seize mille pour le camp de Brest; et nous ne trouverions, en Angleterre, que cent vingt mille soldats environ, disséminés dans les provinces et peu propres à lutter contre les Français. Napoléon faisait ses plans au camp de Boulogne. Le printemps passa sans qu'on nous appelât. Notre distraction consistait à mettre en vers nos leçons de théorie.

J'eus, en mai de l'année 1805, quelques difficultés avec mon père, qui avait décidé, un peu trop brusquement, de supprimer ma pension. Je lui écrivis le mardi 4 juin les lignes suivantes :

Ta lettre du 1ᵉʳ prairial me prouve que tu n'as pas une juste idée de ce qu'est ici mon arrangement pécuniaire. Il me paraît voir un jugement précipité dans l'opinion ferme que je suis un dissipateur. Oui, j'ai dépensé, depuis que je suis à Brest, quelques louis de 25, crédit que tu m'as avancé lors de mon départ. Le reste fut employé à compléter le prix dû pour mon cheval, à payer son voyage. Quoique la table ne me coûte rien, j'ai des dépenses forcées, y compris les ports de lettres, au moins cinquante écus par mois. La nourriture seule de notre domestique coûte cinquante francs pour trois décades... Je te demande aujourd'hui de me faire une avance sur une bonne créance maritime... J'ai de l'ordre et je sais régler ma dépense à mes moyens. Pardon, mon bon papa, si j'ai l'air de faire mon éloge moi-même. J'y suis obligé par tes soupçons. Tu conviendras que ton intention était bien de me faire sentir que j'ai jetté l'argent par les fenêtres, dans mon dernier voyage. Je pense que tu n'entendais pas parler du passé et que tu n'as pas trouvé étonnant qu'à ma rentrée en France, après autant de misères et de privations que j'en ai essuyées, j'aie eu un moment d'étourdissement qui t'a coûté sans doute beaucoup d'argent; encore, me dois-je de te dire que j'ai partagé mes moyens et quelque peu de ceux de mon frère avec un ami malheureux

qui n'avait pas, comme moi, la ressource d'un bon père ; et
depuis, je me suis acquitté avec mon frère Alexandre. Tu te
rappelleras aussi à quelle occasion tu m'as avancé vingt-cinq
louis. Il ne faut donc compter, à présent, le déficit dans mes
finances qu'à trente-trois louis... Je sais que je devrais recevoir avec reconnaissance et respect et ton secours et tes
reproches, mais j'ai encore plus besoin de ton estime que de
tes bontés, et je ne puis consentir à te laisser prendre de
moi l'idée d'un homme sans ordre et sans retenue. Je termine par une réflexion bien simple : c'est qu'un homme qui
n'a jamais eu la réputation d'un coureur de filles, qui ne
joue jamais, et qui passe la moitié du jour chez lui, ne peut
devenir un dissipateur.

Je désire être le premier qui t'apprenne le départ pour la
seconde fois de la flotte de Rochefort. Les troupes de Boulogne sont prêtes à embarquer, et je pense que le mois de
messidor nous amènera aussi du nouveau. Les Anglais se
montrent toujours sur notre côte, mais, pour les empêcher de
venir allonger le cou dans le goulet, on va établir une ligne
d'embossage composée d'une trentaine de chaloupes canon-
nières.

Je ne sais si tu as connaissance de la circulaire du ministre
de la guerre, datée d'Alexandrie ; elle fait faire de terribles
réflexions à la plus grande partie des officiers et fonde désormais l'avancement sur l'ancienneté, uniquement ; de sorte
que si malheureusement nous avons la paix, il ne nous reste
plus qu'à tâcher de nous faire admettre dans un des couvents
qu'on travaille, dit-on, à rétablir. Il vaudra beaucoup mieux
être moine qu'officier.

Ce dernier trait me valut une réponse sévère :
« Laissez les gens vivre à leur guise et d'après leurs
sentiments. Le Concordat nous a donné la paix religieuse ; admirez cette œuvre de Bonaparte. Vos aïeux
ont toujours respecté les prêtres ; ne vous écartez pas
de cette voie comme certains traîneurs de sabre qui
furent des domestiques de feu Robespierre. » Ma
sœur Angélique ajoutait un mot : « Nous avons

retrouvé le bon père Baru ; il t'envole ses bénédictions. » Je me promis de rester neutre entre les deux camps qui tenaient pour ou contre Rome.

Messidor s'écoula sans que nous fûmes embarqués. On montra quelque déception dans les camps. Nicolas écrivit pour amuser les aides de camp : « La grande aventure du marquis de Bonaparte qui craint de tomber à l'eau en passant le Pas de Calais. » Le maréchal Augereau en fut avisé. Nous accusâmes Donzelot de la révélation. L'auteur se vit tirer les oreilles, et il fut, en récompense d'une si belle prose, contraint à loger pendant quinze jours à bord d'une péniche échouée dans la baie des Trépassés. Nous le vîmes rentrer aussi gai qu'en ses bons moments ; et au maréchal, qui lui demandait :

« — Eh ! bien, plaisantin de mauvais goût, j'espère que vous avez bien passé votre temps ?

« — Excellence, répondit-il, j'ai collectionné des crabes ; j'en ai réuni de dix-huit espèces ; les plus beaux sont de pauvres honteux qui rougissent en voyant l'eau bouillante.

« — Parfait, mais je vous en prie, lieutenant, ne vous occupez plus des entreprises de l'Empereur qui vous paie pour son service.

« — Votre Altesse sait bien que nous n'avons pas touché notre solde depuis deux mois... »

Augereau, cette fois, tourna le dos, et notre frondeur lui fit, derrière le dos, une longue grimace.

La nouvelle nous arriva comme un coup de tonnerre que l'Empereur tournait ses armes contre l'Autriche. Nous apprîmes que les troupes du camp de Brest devaient marcher vers Bâle, laissant la garde des côtes aux vétérans. Chacun préparait son équipage. Quel chagrin nous ressentîmes, à l'arrivée du courrier qui vint nous annoncer : « Vous êtes maintenus dans

votre position. » Augereau fut des plus en colère et
laissa échapper des propos amers : « Alors, il ne me
voit plus bon qu'à diriger des gardes nationales ; il n'a
donc pas oublié que j'ai gagné malgré lui la bataille de
Castiglione ? » Il se trouva dans l'état-major un misérable espion qui écrivit « cette bile » au sieur Fouché,
ministre de la police. Cela put servir Augereau, car il
fut quelques jours plus tard chargé de commander le
7e corps de la Grande Armée, qui allait sur le haut
Rhin combattre et anéantir des bandes d'Allemands
qui voulaient passer en France ; et aussi infliger une
correction à la Prusse, si elle osait prendre les armes
contre nous.

La brigade Augereau quitta Brest sans aucun
regret... Nous cheminâmes avec toute la célérité possible par Rennes, Orléans, Troyes et Chaumont pour
arriver à Belfort le 4 novembre. Une partie de l'armée
courut à Landau. Ma fraction se dirigea vers Mayence.
Nous y passâmes l'hiver fort agréablement, Nicolas se
livrant aux facéties et moi apprenant la langue allemande.

Nos victoires avaient inspiré les Bulletins pompeux
qui célébraient Wertingen, Ulm, Caldiero, Vienne,
Austerlitz. Lannes, Ney, Masséna et Murat s'étaient
couverts de gloire. Deux empereurs s'étaient humiliés
devant le nôtre. Napoléon avait dicté des lois à l'Europe, effacé notre désastre maritime à Trafalgar, et la
paix semblait assurée sur le continent. Elle aurait pu
être durable si la reine de Prusse n'avait prêché la
croisade pour éprouver la valeur de nos vieux soldats.

Logés au couvent de Seligenstadt, non loin de
Francfort-sur-le-Mein, un vieux moine nous entretenait du réveil de l'Allemagne. Il admirait Napoléon et
ne s'expliquait point que, continuateur de la Révolution, il refusât la liberté aux autres peuples. Il voyait

dans la reine Louise un rude adversaire. Son peuple l'adorait et la suivrait au dernier des sacrifices. « Vous aurez sur les bras tous les compagnons d'armes du grand Frédéric. » L'aide de camp Nicolas trouvait une solution : « Vous dites : sur les bras, révérend Père, qui prêchez pour Sa Majesté prussienne? Eh ! bien, nous les mettrons par terre ; et, comme ils se retourneront pour voir si les Cosaques n'arrivent pas à leur aide, nous les botterons, et ils se mettront à courir comme si le feu était à leurs culottes. »

M. le maréchal Augereau commandait le 7ᵉ corps qui portait ses lignes jusqu'à Wurtzbourg, pays gouverné par un frère de l'empereur d'Autriche, prince devenu notre allié. Le général de brigade Augereau s'était blessé au commencement d'août, très gravement, en montant à cheval. Ses troupes passèrent sous un autre chef et, le 6 octobre, Nicolas et moi, nous étions reçus aides de camp du maréchal. Nous le trouvâmes occupé à lire la proclamation que, de Bamberg, Napoléon adressait aux troupes qui allaient combattre.

Soldats! l'ordre qui devait assurer votre rentrée en France était parti ; vous vous en étiez déjà rapprochés de plusieurs marches. Des fêtes triomphales vous attendaient, et les préparatifs pour vous recevoir étaient commencés dans la capitale. Mais, lorsque nous nous abandonnions à cette confiante sécurité, de nouvelles trames s'ourdissaient sous le masque de l'amitié et de l'alliance. Des cris de guerre se sont fait entendre à Berlin ; depuis deux mois, nous sommes provoqués avec une audace qui demande vengeance. La même faction, le même esprit de vertige qui, à la faveur de nos dissensions intestines, conduisit, il y a quatorze ans, les Prussiens au milieu des plaines de la Champagne, domine encore dans leurs conseils. Si ce n'est plus Paris qu'ils veulent brûler et renverser jusque dans ses fondements, c'est aujourd'hui leurs drapeaux qu'ils se vantent de planter dans la capitale de nos alliés ; c'est la Saxe qu'ils veulent obliger à renoncer, par une transaction honteuse, à son indépendance, en la rangeant au nombre de leurs provinces ; c'est enfin vos lauriers qu'ils veulent arracher de votre front. Ils veulent que nous évacuions l'Allemagne à l'aspect de leur armée. Les insensés ! Qu'ils sachent donc qu'il serait mille fois plus facile de détruire la grande capitale que de flétrir l'honneur des enfants du grand peuple et de ses alliés. Leurs projets furent confondus alors ; ils trouvèrent dans les plaines de Champagne la défaite, la mort et la honte ; mais les leçons de l'expérience s'effacent, et il est des hommes chez lesquels le sentiment de la haine et de la jalousie ne meurt jamais. — Soldats ! il n'est aucun de vous qui veuille retourner en France par un autre chemin que celui de l'honneur. Nous ne devons y rentrer que sous des arcs de triomphe. Eh quoi ! aurions-nous donc bravé les saisons, les mers, les déserts, vaincu l'Europe plusieurs fois coalisée contre nous, porté notre gloire de l'Orient à l'Occident, pour retourner aujourd'hui dans notre patrie comme des transfuges, après avoir abandonné nos alliés, et pour entendre dire que l'aigle française a fui épouvantée devant des armées prussiennes ? Mais déjà ils sont arrivés sur nos avant-postes. Marchons donc, puisque la modération n'a pu les faire sortir de cette étonnante ivresse. Que l'armée prussienne éprouve le même sort qu'elle éprouva il y a quatorze ans ! Qu'ils apprennent que, s'il est facile d'acquérir un accroissement de domaines et de puissance avec l'amitié d'un grand peuple, son inimitié, qu'on ne peut provoquer que par l'abandon de tout esprit de sagesse et de raison, est plus terrible que les tempêtes de l'Océan !

Le maréchal nous dit dans son langage un peu libre : « Hein, mes enfants, c'est tapé cet ordre du jour ! Je compte que vous vous conduirez bien. Nicolas, pas d'espiègleries ni de galanteries envers les dames allemandes. Bro, je vous tiens pour un homme sérieux. Il vous faut prendre de bons chevaux, car nous aurons de rudes affaires. » Ce fut Marbot qui nous en procura. J'eus un silésien nommé *Biscot,* qui

se montra infatigable, et un vigoureux hongrois qui
n'avait pas peur de la nuit, ni du canon, sécurité pour
un officier d'état-major allant porter les ordres de son
général au milieu du feu. Le hongrois répondait au
nom de *Bon Transylvain*.

Nous allions former, avec le corps du maréchal
Lannes, l'aile gauche de la Grande Armée. Nous
fûmes assez rapidement rendus à Schweinfurt, où les
habitants nous firent un accueil assez glacial. Nous ne
les ménageâmes guère. Plus loin, à Neustadt, un boulanger avait frappé un hussard isolé venu lui acheter
du pain, et il osa me menacer d'un vieux mousquet. Je
l'eus bientôt désarmé et, pour le punir d'outrages que
rien ne justifiait, l'officier de gendarmerie qui me suivait le fit déshabiller, lier et placer sous le robinet de
la fontaine publique. Il supplia qu'on lui pardonnât...
Au bout de deux heures, comme il faisait grand froid,
on le retira bien lavé, mais... mort. Le maréchal
approuva cet exemple qui effraya la population. Je
n'aurais pas été si cruel.

Il fallut entrer dans les montagnes et sabrer quelques paysans qui nous attaquaient à coups de fourches.
Plusieurs montaient dans les arbres et nous tiraient
des hautes branches, avec leurs pistolets. Chargé de
porter un pli à un général de division, j'essuyai ainsi,
étant seul, le feu d'un partisan. Furieux d'une égrati-
gnure à la jambe, je cherche à le découvrir. Il montre
sa tête entre les ramures. Je l'ajuste et le descends. Ce
n'est plus, sous l'arbre, qu'un cadavre. Je tire de ses
vêtements dix thalers (donnés plus loin à un mendiant
estropié), deux poignards et un portrait de la reine
Louise. Cette mauvaise guerre de partisans m'avait
rendu sévère, peut-être cruel, mais, suivant l'expression de l'Empereur, nous ne faisions pas la guerre pour
nous amuser.

Les Prussiens, qui avaient promis de nous reconduire jusque devant Paris, à coups de fouet, perdirent
très vite leurs illusions. Notre intrépide Murat avait
chassé, le 8, de Saalburg, ces présomptueux. Le 9,
Bernadotte expulsait l'ennemi de Schleitz. Notre
corps, Lannes en tête, écrasait un corps devant Saalfeld, le 10. Guindé, maréchal des logis au 10ᵉ régiment
de hussards, tuait le fameux prince Louis de Prusse.
Celui-ci, la veille, dans une soirée dansante donnée en
son honneur à Rudolphstadt, disait à une jeune fille de
la noblesse assise au piano :

« — Jouez-nous quelques mélodies !

« — Combien, Altesse ? Autant, voulez-vous, que
de ces maudits Français que vous tuerez demain, de
votre épée ? »

Il acquiesça et fixa lui-même le chiffre, sans avoir
hésité : « Vingt ! » Elle joua jusqu'à cinq heures du
matin. Ensuite, Louis ordonna à ses officiers : « A
cheval, messieurs, pour aller cravacher Napoléon ! »
Nous vîmes le soir son cadavre exposé, à Saalfeld, dans
une salle du château des Cobourg, et, veillant sur cet
insulteur de nos gloires, deux grenadiers du général
Loison lui rendaient les honneurs funèbres, ce qui établit notre supériorité, en politesse et décence, sur ces
Allemands.

Il nous resta, dans cette affaire, bon nombre de prisonniers. Parmi eux se trouvait un major. Cet officier
osa réclamer la protection du maréchal Augereau. On
nous l'amena le 12. Le Prussien rappela au chef du
7ᵉ corps qu'ils avaient été, ensemble, enseignes au
régiment de Brunswick. Le maréchal lui montra de la
bienveillance et lui parla de la folie des entreprises de
son roi. « Je reste plein de confiance, répliqua-t-il.
Les succès d'avant-garde n'ont pas toujours de bons
lendemains. Notre reine Louise arrive en Thuringe

avec une armée de cent mille hommes et les plus habiles généraux de la monarchie. Et deux cent mille Russes suivent nos troupes de près... — Mettons cinq cent mille hommes, dit plaisamment Augereau. L'armée de l'empereur Napoléon ne les craint pas. Dans quinze jours, nous serons à Berlin. Je vais vous recommander, mon ancien collègue, au commandant de la place de Mayence, où vous serez interné... Ne cherchez pas à le duper et à fuir, car si je vous retrouvais encore devant nous, votre sort serait définitivement réglé ! »

Chargé de le conduire au quartier des prisonniers, il m'avoua sa détresse. Je lui comptai vingt thalers, sans vouloir d'ailleurs qu'il les reçût à titre de prêt.

Le 7ᵉ corps gagna la ville d'Iéna en passant par Rudolphstadt, Ortmunde, Kaola et Koed. Quelques escadrons avaient balayé les chemins. Toutes les maisons étaient fermées. Au village de Gœsell, un pasteur protestant, le drapeau noir arboré sur son clocher, sonnait le tocsin, pour appeler ses paroissiens à l'égorgement des soldats. Un général, Lasalle, le fit saisir et attacher sur une porte, au-dessous d'un écriteau d'infamie.

Nous passâmes la Saale entre le petit et le grand Iéna, dans l'après midi du 13. L'Empereur se montra, comme nous défilions à gauche de la cité, et il donna ses instructions au maréchal Augereau qui laissa auprès de lui un aide de camp. Le gros de l'infanterie arrêté, les chasseurs prirent la route de Weimar et ne rencontrèrent, dans une longue vallée, le Müthenthal, que quelques dragons, qui déchargèrent leurs carabines et s'enfuirent. Un peu avant la nuit, le quartier général s'établissait, à deux kilomètres de la ville, dans un vieux moulin couvrant un petit ruisseau qui coulait, plus bas, entre des peupliers. Nos gardes touchaient, au bout du vallon, à des bivouacs ennemis qu'on croyait être saxons, et des patrouilles assuraient la sécurité autour de nous.

L'avisé Marbot constata que nos provisions de bouche étaient maigres. Il fallut courir aux vivres de divers côtés, et on ne ramena en comestibles qu'une charcuterie de goût douteux. Heureusement que Salvin, adjoint à l'ordonnateur, possédait dans ses bagages un filet. Nous fûmes pêcher au-dessous du moulin et prîmes une quantité de poissons que le cuisinier chef fit griller dans l'huile. Le maréchal s'en régala avec nous. D'excellente humeur ce jour-là, il nous rappela les fredaines de Brest et m'informa qu'il avait, lors des fêtes du couronnement, parlé de moi à la princesse Borghèse, veuve de Leclerc. Dans ses souvenirs confus, elle me croyait mort de la fièvre à Saint-Domingue. Cela fut dit très vite, car nous avions à travailler pour la réception et l'envoi des ordres, chacun jugeant que l'Empereur voulait « brider » les Prussiens dès le lendemain.

Mon tour de marcher vint à onze heures. Le maréchal me remit un pli et prononça : « A remettre à Sa Majesté; vous me rendrez la réponse verbale ou écrite. Allez vite! la route est sûre. » Dix minutes plus tard, j'étais en selle sur *Transylvain*, et Louis, mon ordonnance, suivait avec un autre cheval. Nous descendîmes, au bon trot, la route d'Iéna, entre des bois peuplés des bivouacs d'une partie de la division Desjardins. De grandes lueurs rougeoyaient le ciel devant moi. Je trouvai dans Iéna un quartier de maisons en bois qui brûlait, le feu mis imprudemment par nos soldats qui s'empressaient de secourir les malheureux habitants. Dans la rue du charron, je trouvai le poste de renseignements. Un officier bleu me demanda si je cherchais l'Empereur ou le maréchal Berthier. Il

monta un grand alezan pour me guider. Nous dûmes
mettre pied à terre à mi-hauteur d'une grande montagne, dite du Landgrave, tant l'encombrement des
équipages d'artillerie fermait le passage. Je laissai là
mes deux chevaux et fis cinquante pas pour joindre un
groupe de travailleurs. Aux lueurs de vingt torches
tenues par des sapeurs, des pionniers ouvraient un
passage dans le roc. Jugez de mon étonnement lorsque
je reconnus, besognant dans le peloton, l'Empereur,
qui, son uniforme déboutonné, frappait du pic comme
un simple ouvrier. Il ne quitta le pic que lorsqu'on
l'eut informé qu'un aide de camp du maréchal Augereau apportait des dépêches. Je m'avançai au bord du
talus et tendis la lettre qui fut lue rapidement. « Bien,
monsieur, retournez. Vous direz au maréchal qu'il doit
se tenir prêt à suivre la route de Weimar. Le major
général enverra, à trois heures du matin, des instructions détaillées... » Je saluai. L'Empereur fit un geste.
« Monsieur, le 7ᵉ corps a-t-il laissé des traînards en
arrière? — Sire, pas un homme. — La troupe a reçu
ses vivres?— Oui, Sire, et de l'eau-de-vie. — Je suis
content! Partez, monsieur l'aide de camp. » En me
retournant, vingt pas plus loin, j'aperçus l'Empereur
assis sur une pièce d'artillerie. Ma course du retour fut
rapide, et le maréchal, une fois informé, me permit de
prendre du repos, dans le coin d'un bâtiment humide,
et sur la terre à défaut de paille.

« Ah! çà, tu te crois donc dans la chambre bleue de
la bonne maman Masset? » Voilà les premières paroles
que j'entendis, à cinq heures du matin, le 14 octobre 1806, date à jamais mémorable dans les annales de
France. C'était Nicolas qui me secouait assez fortement. Le maréchal me demandait. Il écrivait aux
lueurs de deux chandelles. La lettre pliée, il me la
tendit en disant : « Pour M. le général Desjardins. —

Je le trouverai? — Sur notre droite. Et vous resterez auprès de lui jusqu'au moment où il aura à me communiquer quelque chose d'important. » Il me fallut gravir, la bride de mon cheval passée sous le bras, une pente très roide, derrière un sergent que j'avais pris pour guide. Deux régiments d'infanterie reposaient encore, les soldats allongés entre les feux. Un épais brouillard enveloppait le pays et donnait le frisson. Je trouvai le général Desjardins sous la tente, déjà réveillé. La lettre lue, il me dit : « Lieutenant, je ne commencerai mon mouvement qu'au point du jour. Prenez cette couverture et allongez-vous. Nous causerons de Paris. » Et M. Desjardins me raconta sur Junot des aventures amusantes, et aussi sur Bernadotte qu'on avait fait prince de Ponte-Corvo pour cette seule raison qu'il avait épousé une demoiselle Clary que l'Empereur aimait. Puis il me demanda : « Quelles sont vos relations avec le maréchal Augereau? — Bonnes, et je le sers fidèlement. — Il paraît que l'Empereur songe à le nommer duc. Un homme qui a été domestique, barbier, maître d'armes et associé à deux coups d'État... Nous sommes nés pour voir les choses les plus extravagantes... Je reconnais de grands talents militaires au maréchal... mais lui entendre donner de l'Excellence, voilà de quoi amuser un vieux républicain... Lieutenant, vous prendrez le café avec nous... »

Le jour devait paraître vers sept heures, mais un épais brouillards empêchait d'y voir à dix pas devant soi, et toutes nos troupes avaient déjà pris les armes quand des coups de feu éclatèrent vers la droite. On risqua des cavaliers en reconnaissance. Ils revinrent bientôt annoncer un succès du général Lannes et l'arrivée de sa gauche au sommet du plateau. Desjardins fit rejoindre ses troupes et m'envoya dire que la liaison était faite et qu'il s'avancerait parallèlement au Müthenthal.

Nous marchâmes sur Isserted, village que les Saxons défendirent énergiquement. Quatre fois, je fus envoyé en mission auprès de l'Empereur, de Ney et de Murat qui, le soir, nous vint en aide. Nos ennemis se montrèrent très braves, s'accrochant au sol, s'acharnant à nous faire le plus de mal possible, et hurlant des injures. On les refoula néanmoins vers Weimar par une terrible poussée et, après un massacre qui laissa dix ou douze mille des leurs sur le champ de bataille, nous campâmes sur le plateau et nous apprîmes que le maréchal Davoust avait battu le roi de Prusse à quatre ou cinq lieues de là, car l'Empereur ne s'était engagé que contre les troupes du prince Hohenlohe et de Ruchel. Ces deux succès furent fêtés bruyamment. Cette fois, les prisonniers prussiens ne montrèrent plus d'arrogance. Plusieurs demandèrent à s'enrôler dans nos troupes. Napoléon refusa en disant : « qu'il ne pouvait pas obliger des soldats à tirer sur leurs frères et qu'il avait assez de monde pour mettre à la raison, et très promptement, ce qui lui restait d'ennemis orgueilleux entre le Rhin et la Vistule. » Marbot nous rapporta ces propos dont il certifiait l'exactitude, mais ses camarades ne s'y fiaient qu'à demi, lui accordant un peu trop d'imagination. Ce qui est sûr, c'est que, finalement, les prisonniers furent conduits en France.

Notre 7ᵉ corps, à lui seul, avait eu à garder sept ou huit mille Saxons. L'Empereur décida de renvoyer ces pauvres gens dans leur patrie, se faisant ainsi du roi de Saxe un allié. Puis, il nous ordonna de prendre la direction de Bilta, Halle et Vittenberg. Nous déjeunâmes à Rambourg des vivres d'un convoi capturé. Je fus, de ce lieu, dépêché à Weimar auprès du major général Berthier afin de lui remettre un rapport. Une escorte de vingt chasseurs m'accompagnait. La précaution n'était pas inutile, car, à quelques cents mètres d'Apolda, nous nous trouvâmes en présence d'un bataillon prussien qui semblait couvrir la ville. Un vieux brigadier de mon escorte courut droit à l'officier qui le commandait, lui cassa la tête d'un coup de pistolet et cria violemment : « Rendez-vous, canailles, ou vous êtes tous morts! » Les autres crurent qu'une division nous suivait et, abandonnant la partie, ils jetèrent vivement leurs armes en tas. Nos chasseurs placèrent dessus des broussailles, y mirent le feu et nous entendîmes bientôt les détonations des fusils chargés et des cartouchières pleines. Dix cavaliers conduisirent les prisonniers à Iéna et je continuai ma course.

Weimar était rempli de troupes françaises. Il y avait de sept à huit mille habitants, tous logés dans de belles maisons entourées de jardins. Le château appartenait à un général de division du roi de Prusse qui s'était battu la veille contre nous. Sa femme, qu'on disait sœur du tsar de Russie, venait s'humilier devant Napoléon et se dire sa servante, après avoir prédit, deux jours auparavant, que les Français seraient égorgés jusqu'au dernier. Brack me raconta qu'il avait vu, dans la soirée du 16, un mariage suivre les rues. C'était celui d'un poète, nommé Gœthe, qui profitait du désordre pour épouser sa servante et pour narguer les bourgeois.

A la vérité, notre cavalerie avait bien un peu pillé en arrivant dans cette ville, mais l'Empereur s'y montra magnanime. Il commanda tout un régiment aux obsèques du général prussien Schmettau, mort des suites de ses blessures, et de tirer le canon en son honneur. Le même jour, le général Blücher, assistant à l'agonie d'un officier français qui avait demandé à être enterré au cimetière, ordonnait à des dragons : « Jetez au fumier ce vil esclave de Bonaparte. » Nous étions représentés,

en effet, dans ce pays, comme des barbares, mais ces
gens que nous combattions avaient, eux, bien peu
d'honneur et de dignité, puisque, à la manière de quelques peuplades africaines, ils ne craignaient pas de
violer leurs engagements et de renier leurs traités.

Cela explique les humiliations que nous fûmes con-
traints de leur faire subir. Le maréchal dicta aussi de
sévères mesures de répression, qui atteignirent même
des vieillards ayant préparé indignement le massacre
des soldats logés chez eux. Nous étions sans cesse sur
le qui-vive. Deux fois, nous trouvâmes des barils de
poudre, destinés à nous faire sauter, dans la cave de
gens qui avaient fait mine de nous bien accueillir. Près
de Thorn, un vieil invalide avait eu l'idée burlesque
de provoquer le maréchal Augereau en duel. Nicolas
intercepta la lettre, et nous nous promîmes de donner
une leçon à ce sot. Un vieux maître d'armes des hussards accepta de jouer le rôle du maréchal. Rendez-vous
fut pris, un matin, au carrefour d'un bois. Servant
d'interprète, je déclarai alors au provocateur : « Son
Excellence a voulu vous faire l'honneur de croiser le
fer avec vous. Elle n'entend pas recevoir de ménagements. » L'invalide fit deux signes de croix et s'écria
avec arrogance : « Mânes du Grand Frédéric, vous
allez tressaillir d'allégresse dans votre tombeau de
Potsdam, car je veux immoler ce Welche (Français)
en votre honneur ! » Les deux adversaires engagèrent
le fer. Puis, après avoir laissé un peu son Prussien
s'agiter, notre maître d'armes fit soudain joliment sauter son sabre. Se voyant désarmé, l'autre demanda
Ausspruch (arrêt), mais le hussard lui cingla le corps
du plat, et, comme il fuyait, le poursuivit en continuant
à le caresser de sa latte jusque dans le village, devant
les paysans étonnés de voir leur *tapfer* (brave) n'ayant
que son pantalon pour vêtement et courant à perdre

haleine en criant grâce chaque fois que le fer lui écor-
chait les côtes. On l'abandonna enfin pantelant, devant
sa chaumière. Je présume qu'il dut avoir, après cela,
une singulière idée des façons d'agir d'un maréchal de
France! Heureusement que ledit maréchal ne fut point
mis au courant de cette histoire, sans quoi nous aurions
pu nous préparer à garder les arrêts pendant un bon
laps de temps!

Je n'ai pas l'intention d'écrire l'histoire complète de
cette belle campagne, mais je dois noter que, régu-
lièrement, chaque jour était marqué par un combat et
par une victoire française, si bien que le 27 octobre
l'Empereur put entrer triomphalement à Berlin par la
porte de Brandebourg. Chose curieuse : les habitants,
qui eussent dû pleurer sur les malheurs de leur roi et
de leur armée, acclamèrent le vainqueur.

Le service me conduisit dans cette ville au commencement de novembre. J'y eus logement dans la rue
Frédéric, chez un commerçant natif de Strasbourg, et
je m'amusai à prendre des notes sur le pays. Berlin
compte environ deux cent mille habitants. La plupart
sont loin d'être aussi vertueux que le publient les
gazettes. Les cabarets, très nombreux, abritent des
femmes peu recommandables. Le vice le plus honteux
s'étale en plein jour dans les jardins et dans les places
publiques. M. le maréchal Davoust avait donné à ces
filles qui poursuivaient nos soldats le nom de « Nym-
phes de la Sprée. » Il fallut employer une police
brutale pour modérer leur effronterie, et ce qui
m'étonna, c'est que les invalides, qui sont chez nous
des gens très respectables, servaient pour la plupart
de « gardes de corps » à ces dépravées. Un aide de
camp du comte Daru m'informa qu'il y en avait plus
de seize cents dans les prisons. J'aurais encore bien
des choses à dire sur les femmes de la haute société,

mais l'honnêteté me commande ici de déposer ma plume.

Le roi de Prusse eût fait la paix, sans les conseils perfides que lui donnaient la reine Louise et quelques illuminés comme Blücher et Massenbach. Les Russes, de leur côté, promettaient au monarque malheureux de nous exterminer. L'Empereur se résolut, avec regret, à aborder les fameux guerriers moscovites déjà mis en déroute à la célèbre journée d'Austerlitz, et nous marchâmes d'un pas rapide vers la Pologne, qui nous attendait, disait-on, en libérateurs. Ce fut Murat qui nous en ouvrit la route, à coups de cravache plutôt qu'à coups de sabre. Nous passâmes par Castron et Landsberg, en tenant la gauche du maréchal Davoust. Le maréchal Augereau se montra impitoyable envers les maraudeurs, sévère envers les habitants qui prétendaient pouvoir arrêter le 7ᵉ corps et rigoureux même envers ses aides de camp. Nous traversâmes, entre Driesen et Schneidmühl, un pays tellement pauvre que les officiers se trouvèrent réduits à manger des racines et de la bouillie de seigle. Heureusement l'Empereur nous envoya, après cinq jours de diète, des caissons de pain. Comme on servait d'abord les soldats, je fus au bivouac mendier une ration. Notre chef disait chaque matin : « L'abondance, messieurs, est au bout de cette route difficile ; j'ai vécu autrefois d'un biscuit par jour et je me battais du lever au coucher du soleil. Vous mangerez des dindes truffées et vous boirez du bourgogne quand vous rentrerez à Paris. En attendant, remontez vos énergies. Un centurion romain restait à cheval pendant vingt heures sans manger. Nous devons imiter les héros. »

Nous fîmes pourtant bombance à Thorn et, de là, nous suivîmes la Vistule pour aboutir à Varsovie, où régnait la famine, les Russes ayant emporté toutes les provisions. Nous dûmes alors avoir recours à des Juifs, qui parvinrent à tirer des subsistances de la Galicie autrichienne. Dans cette capitale de la Pologne, une noblesse pauvre mais intrigante suppliait Napoléon de rétablir l'ancien royaume. L'Empereur la jugea-t-il indigne de sa confiance ou de son estime qu'il refusa de l'émanciper?

Ce pauvre roi de Prusse s'était retiré à Kœnigsberg. Nous n'avions plus en présence que les Russes. Le général Bennigsen les commandait. Il nous envoyait des défis et se vantait d'avoir « cent mille cavaliers pour piétiner nos cadavres. » Nous manœuvrâmes afin de le joindre au bord du fleuve Narew. Le 25 décembre, à dix heures du matin, l'Empereur parut dans nos rangs. Sous la neige fondue qui tombait, dans la terre où l'on enfonçait jusqu'aux genoux, les soldats l'acclamaient. Le 26, nous rencontrâmes les Russes à Kolymin. On en fit un beau carnage; mais, le soir, nous vîmes paraître devant nous une importante réserve. Le maréchal m'envoya prévenir Davoust. En longeant, la nuit venue, la lisière d'une forêt de pins, un vacarme d'artillerie se fit entendre. Un obus roula sur le sol et, rebondissant, vint éclater sous le nez de mon cheval *Transylvain*. La pauvre bête eut, du coup, la tête emportée. Je restai un moment étourdi du choc. Puis, à peine relevé, je vis accourir des loups dont les intentions ne me semblaient pas trop bienveillantes. Un coup de pistolet les fit rentrer sous bois, et je continuai ma course, à pied, le plus rapidement que je pus. Au premier bivouac où campaient des dragons, on me donna un nouveau cheval, ce qui me permit de mener à bien ma mission.

Bennigsen avec ses Russes et Lestocq avec ses Prussiens étant en pleine retraite, cherchaient des quartiers d'hiver. Notre brave 7ᵉ corps prit aussi ses cantonnements et le maréchal eut son quartier à Plonsk, entre la Vistule et la rivière Ukra. Là, nous connûmes

la rapacité et la saleté polonaises. Moyennant trente
écus de Prusse (3 fr. 25 l'un) par semaine, les aides de
camp mangeaient et logeaient chez un nommé Isaac
Baurer. Avec son nez crochu, ses lèvres épaisses et ses
yeux chassieux, cet individu ne pouvait dissimuler
qu'il appartenait à la tribu de Judas. Il remuait avec
difficulté un corps cuirassé de graisse, et Nicolas l'avait
surnommé *Herr Tonneau.* Quand nous dûmes le quitter, les comptes réglés, Nicolas lui joua un assez vilain
tour. Il le grisa abominablement, le coucha et lui mit
trente sangsues qui se mirent en devoir de pomper son
sang Comme nous partions pendant la nuit, nous ne
pûmes assister au réveil d'Isaac, mais j'emportai la
conviction qu'elle ne dut pas être agréable.

Le maréchal, en signalant ma conduite dans l'affaire
de Kolymin, avait demandé la croix de légionnaire pour
son aide de camp. Berthier, qui ne me connaissait pas,
me porta pour l'avancement. Je fus donc nommé, le
12 janvier 1807, capitaine au 7ᵉ régiment de hussards
et maintenu à l'état-major, ce qui était une grande
faveur. Augereau plaisanta : « C'est la princesse Borghèse qui vous a mis le pied à l'étrier ; vous finirez
chambellan ou général. Quant à moi, je préfère vous
voir un sabre au bout du poing qu'une clef cousue dans
le dos. »

Nous quittâmes fin janvier nos cantonnements. Le
7 février, nous fûmes à Eylau. Quelle terrible journée
dans la neige! Ney nous sauva le soir, et nous couchâmes sur le plus horrible champ de bataille, gelés,
sans feu et presque sans pain. Ce pauvre Desjardins y
fut tué et le glorieux 4ᵉ de ligne presque anéanti, car
notre corps resta immobile, pendant trois heures, sous
le tir de soixante-douze pièces de canon. Je vis Napoléon
dans le cimetière. Il m'apparut impassible, même dans
le moment où nous courions les risques d'être tous tués,

et je l'entendis crier à Murat : « Eh quoi! mon frère,
nous laisseras-tu dévorer par ces gens-là? » Le lendemain, les Russes avaient disparu, abandonnant vingt
mille cadavres, mais ils n'en continuaient pas moins à
se dire vainqueurs.

Cependant, les fatigues et la maladie avaient éloigné
de nous le maréchal Augereau. Ses aides de camp
furent envoyés auprès du maréchal Masséna qui arrivait d'Italie. Napoléon lui recommandait ces auxiliaires
dévoués. Il me reçut le 17 mai à Ostrolenka, dans une
vieille chapelle qui lui servait de logement. Je le trouvai assis devant une table, mangeant du pain noir et
vêtu d'un uniforme que l'usage avait rendu vert. Ses
yeux noirs, qui éclairaient un visage rond, brûlé au
soleil de la Calabre, m'examinèrent. Puis, après avoir
ouï ma demande de servir sous un guerrier valeureux,
il me répliqua : « Je n'ai fait que des choses très ordi-
naires, monsieur. Je n'emploie d'ailleurs que trois
aides de camp, ceux qui m'ont suivi. Vous pouvez servir Reille, mon chef d'état-major. La besogne y sera
aussi pénible qu'à mes côtés et, à la guerre, l'avancement est accordé aux officiers qui se sont bien battus.
Adieu, capitaine. »

Je rentrai donc à mon régiment qui allait passer sous
les ordres de Murat. Nous nous battîmes encore devant
Heilsberg et à Friedland. En ce dernier lieu, quel
spectacle! Nous chargions des cavaliers russes de la
Sibérie qui tiraient des flèches. Une centaine furent
sabrés, les autres se rendirent. Beaucoup s'étaient
peint le visage en bleu pour nous effrayer.

Dantzig et Kœnigsberg pris, nous poursuivîmes les
Russes vers le Niémen. Ces gens qui avaient tant crié
victoire après l'affaire d'Eylau, se turent après la
bataille de Friedland, signe évident de leur démora-
lisation complète. Le grand général Bennigsen, qui

devait nous pulvériser, n'avait plus quarante mille hommes à opposer aux cent quatre-vingt mille dont disposait notre Empereur, et la moitié de ses soldats couraient vers leur pays, en bousculant les officiers qui voulaient reformer des compagnies. Nous en vîmes venir à nous quelques centaines qui désertaient pour éviter la terrible correction du knout. Ceux qui parlaient allemand nous renseignèrent sur le désordre qui régnait chez l'ennemi, désordre faisant des fuyards une troupe désorganisée et apeurée que nous espérions pouvoir anéantir facilement. Mais, au moment de joindre l'infanterie moscovite, le 18 juin, elle disparut, et nous vîmes bientôt sa retraite soutenue par une nuée de Cosaques, dont les « sotnias » n'étaient vraiment pas de méprisables escadrons.

Murat conduisait dix mille cavaliers. En tête, c'était la cavalerie légère, brigade Pajol de la division Lasalle. Le 7ᵉ de hussards formait l'avant-garde. Mon escadron, de cinquante bons cavaliers, dont trente vieilles moustaches, avait campé dans un village situé entre Osweden et Tilsit, au sud d'une assez grande forêt de pins qui se continue jusqu'à la mer. Nous avions surpris chez le pasteur luthérien deux seigneurs moscovites ou boyards que l'ivresse avait couchés sous la table. Une douche d'eau froide les dégrisa. Ils se montrèrent insolents et prétendirent être de la suite de l'empereur Alexandre et des agents diplomatiques. Je les fis enfermer dans un bâtiment qui ne sentait pas l'eau de rose; ils confondirent leurs injures avec les grognements des bêtes à groin et nous les laissâmes, en partant, sous les verrous.

Nous n'avions pas fait trois kilomètres qu'un colonel parlementaire se présenta. « Je parie, dis-je à mes deux officiers, que ce gaillard vient nous annoncer que la paix est signée entre l'empereur Napoléon et l'empe-

reur de Russie, et qu'il faut nous arrêter. — Il vient
plutôt, dit Hamelin, réclamer les deux diplomates que
vous avez laissés en si mauvaise compagnie. » Je
me portai incontinent à la rencontre du Russe, dont
l'habit et les armes resplendissantes paraissaient valoir
une fortune. Il fit signe à son trompette de ne plus
sonner et, saluant militairement, il commença : « Monsieur, je suis aide de camp de Sa Majesté le tsar de
toutes les Russies. Mon illustre maître vient d'annoncer la cessation des hostilités, et Son Altesse le prince
Bagration m'a chargé de vous prier d'arrêter ici votre
cavalerie. — Je ne possède pas un tel pouvoir, répondis-
je. Mes ordres, formels, sont de sabrer votre arrière-
garde et de la précipiter dans le Niémen. — En ce cas,
veuillez, monsieur, faire passer cette lettre à Son Excellence le général Murat et souffrez que je demeure
parmi votre cavalerie en attendant sa décision. » Un
quart d'heure plus tard, Murat arrivait. A cause de la
chaleur, il avait quitté ses fourrures et portait un costume bizarre de nankin blanc et un chapeau rond que
décorait une aigle impériale d'or. Un manteau bleu,
d'un tissu léger, lui tenait aux épaules par un cordon
noir et brillant. Il avait un pistolet d'arçon passé dans
sa large ceinture tricolore et un yatagan égyptien à la
poignée enrichie de pierreries. Son cheval bai portait
les harnais rouges et un plumet blanc sur la tête. Le
parlementaire mit pied à terre et tint l'étrier de Murat
qui ne parut point étonné de cette servilité d'un grand
seigneur russe. Autoritaire et dédaigneux des formes de
politesse habituelles, Murat dit à l'aide de camp d'un
ton sec : « Monsieur, vous allez retourner auprès de
Bagration et lui faire savoir que la générosité des Français se plaît toujours à entendre la prière des vaincus.
Mais, dans la circonstance, il faut qu'à midi le dernier
Cosaque ait évacué Tilsit. Autrement mes hussards

vous sabreront... Nous allons vous suivre à petite allure... Je vous préviens que toute embuscade de votre part serait punie de l'exécution de tous les hommes qui nous tomberaient sous la main. Partez, monsieur! » Et, se tournant vers moi, Murat ajoutait : « Capitaine Bro, vous venez d'entendre mes instructions. Vous voudrez bien les exécuter à la lettre. »

Un bon galop nous porta jusque sur les talons de l'arrière-garde russe. On y remarquait nombre d'hommes en haillons, escortés de plusieurs chariots qui semblaient avoir été tirés du fin fond de l'Asie. Des femmes s'y tenaient assises sur de petits tonneaux vides. Dans le premier, un pope montrait une image coloriée, quelque icone sainte sans doute, et prêchait d'une voix qui s'entendait à cinq cents pas. Le Polonais qui nous servait de guide dans le grand chemin de traverse m'assura que ce pope ne faisait que recommander la fidélité au Petit Père le tsar et la résignation à accepter le sort que Dieu leur infligeait, pour les punir de leurs péchés et les mieux récompenser plus tard.

Nous fûmes en vue de Tilsit vers dix heures. Cette ville de dix mille habitants nous apparut bien bâtie et riante sous le soleil. On nous montra le château du roi où le tsar Alexandre avait passé la nuit après un souper qui n'était pas, à ce qu'on dit, aussi lugubre que les bivouacs de son armée. Une grande fumée s'élevait derrière. Nous sûmes plus tard que c'était un amoncellement de bagages russes que Bagration faisait brûler pour qu'ils ne pussent tomber entre nos mains.

Les Cosaques s'étant arrêtés, le général Pajol envoya prévenir leur chef que, s'ils ne se retiraient pas à l'instant, il allait diriger sur eux le feu de deux batteries. Une telle menace produisit de bons effets. La cavalerie repartit, chaque cheval ayant sa musette d'avoine au nez, chaque homme mangeant en selle, et

le pope criant plus fort, pour chanter, cette fois, des
cantiques. Cette troupe passa la porte d'Elbing, et mes
premiers cavaliers se trouvèrent à la queue des derniers
chevaux russes. Pour ne pas les inquiéter, car mes
hussards bouillaient du désir d'en venir aux mains, je
fis arrêter. Et quand midi sonna au beffroi de la cité,
quelques bourgeois se présentèrent pour nous souhaiter la bienvenue. Je les fis conduire auprès de M. le
général Lasalle, mon divisionnaire, qui les expédia à
Murat, et celui-ci à l'Empereur, si bien que ces braves
gens firent plusieurs lieues pour aller placer leur
dévouement aux pieds de Napoléon qui avait battu
leur roi.

Quelques minutes avant une heure du soir, nous
avions envahi Tilsit. Le gros de l'arrière-garde russe,
le Niémen passé, brûla le pont. Mais il restait, engagés
à gauche, vers Memel, une centaine de cosaques de la
mer Noire. Je fus à eux et les sommai de franchir le
fleuve ou de déposer leurs armes. Ils sautèrent dans le
Niémen et le passèrent sans perdre un cavalier. Nous
fîmes entendre des acclamations ; ainsi éclatait notre
joie de voir envahi le dernier lambeau du territoire
prussien et de voir s'ouvrir enfin les perspectives d'une
paix après laquelle nous soupirions depuis longtemps.

L'honneur d'être entré le premier à Tilsit me valut
un bon logement et l'avantage d'être présenté, le
21 juin, à l'Empereur : « Monsieur, me dit-il, vous avez
bien conduit votre détachement et forcé les Russes à
respecter nos conventions. Je sais que vous avez servi,
aux Antilles, dans la garde du général Leclerc. Le maréchal Augereau m'a écrit sur vous en termes très flatteurs. Élevé à l'école de Lasalle, vous deviendrez un
excellent officier. Bientôt, du reste, vous recevrez l'aigle de la Légion d'honneur. » (A la vérité, celui-ci ne
me vint que le 1er octobre.) Après quoi je sortis pour

laisser entrer un diplomate, M. Lobanoff, venu pour
signer l'armistice.

Nous eûmes alors des distractions, des spectacles.
D'abord, le 25 juin, l'entrevue des deux empereurs, ce
qui fit chanter :

> Sur un radeau,
> J'ai vu deux maîtres de la terre,
> J'ai vu le plus noble tableau,
> J'ai vu la paix, j'ai vu la guerre,
> Et le sort de l'Europe entière
> Sur un radeau.

On neutralisa Tilsit. La moitié devint quartier de la
garde impériale russe, l'autre partie fut réservée aux
Français, qui reçurent leurs adversaires de la veille avec
beaucoup de politesse. Grâce à ces voisins, nous
obtînmes des productions de tous les pays, tirées des
navires anglais qui croisaient sur la côte. Le café, prohibé
par Napoléon à l'occasion de son fameux blocus continental, fit les délices de nos soirées. Je crois que l'Empereur ferma volontairement les yeux sur l'inobserva-
tion de ses ordres. Une fois qu'il passait auprès du
général Lasalle, il s'arrêta brusquement et dit : « Savez-
vous, monsieur le comte, que le grand Frédéric payait
des renifleurs qui s'en allaient par la ville de Berlin
chercher les brûleurs de café, en ce temps soumis à
une taxe? — Sire, j'ignorais cette particularité de la
vie de Frédéric. — Il paraît que votre quartier général
est un café? — Sire, c'est un cadeau du prince Bagration. — En ce cas, monsieur, buvez le café les fenêtres
ouvertes... mais quand nous partirons d'ici, quittez ces
mauvaises habitudes qui pourraient avoir de fâcheuses
conséquences. »

L'Empereur se montra souvent dans les camps établis devant Tilsit. César, l'empereur romain, faisait

jeter dans une noire prison et mourir, des supplices les
plus cruels, les chefs qui l'avaient combattu. Napoléon,
au contraire, les promenait parmi nous et les comblait
de politesses. Le tsar de Russie, un jeune homme,
paraissait avoir oublié ses défaites, pourtant terribles,
cependant que Guillaume de Prusse, mal habillé comme
un homme pauvre, portant des plumes fanées à son
chapeau, toujours l'air morose, suivait sur un mauvais
cheval les deux empereurs toujours prêts à s'étourdir
de paroles vives et gaies. En les voyant paraître, nos
vieux grenadiers grognaient et disaient : « Voilà Napoléon, Alexandre et leur valet. » Nous vîmes aussi venir
en ville la reine Louise, celle qui avait déchaîné la
guerre. Elle était vraiment belle, cette princesse, et
fort affligée des malheurs qui accablaient son pays. La
nouvelle courut qu'elle vit Napoléon en particulier et
le supplia, à genoux, d'accorder une paix avantageuse.
Mais l'Empereur ne voulut rien lui céder, n'oubliant
pas que cette *houzarde* avait, par ses folles excitations,
causé la mort de plus de cinquante mille Français.

Notre séjour se prolongea assez agréablement au
bord du Niémen. Les dames de la ville se montrèrent
sensibles à nos attentions. Nicolas, entre autres, que
je retrouvai parmi les dragons, s'offrit quelques fredaines et connut les arrêts. Bref, pour la plupart, nous
éprouvâmes vraiment du regret quand nous arriva
l'ordre d'évacuer le pays.

CHAPITRE III

Le 7ᵉ régiment de hussards, dix-sept fois engagé dans la campagne de 1807, n'avait eu que treize hommes tués et quarante-neuf blessés. Il était commandé supérieurement par le baron Édouard de Colbert, officier qui joignait aux qualités d'un homme merveilleusement doué, la bravoure du héros qui ne dénombre jamais les adversaires qu'on lui oppose. Le colonel traitait ses subordonnés en camarades ou en inférieurs, suivant leur conduite. Il daigna, après avoir suivi très attentivement mes faits et gestes, me traiter en ami. Je répondis à sa confiance par un dévouement absolu et la tenue parfaite de mon escadron.

Nous quittâmes Tilsit le 20 juillet. Ce fut sous un soleil de plomb que nous exécutâmes des marches, assez longues, dans un pays aride et ingrat. Les rares paysans restés au logis barricadaient leurs portes, pour ne rien fournir à ces soldats qui avaient vaincu leur roi et fait oublier aux peuples les exploits fameux pourtant du grand Frédéric. Une bande de traînards se crut assez forte pour nous barrer le chemin. Vingt-cinq cavaliers tombèrent dessus à coups de sabres. Plus de trente brigands restèrent sur le sol; les autres gagnèrent un bois, abandonnant une voiture couverte et chargée du produit de leurs pillages. On y trouva de l'argenterie et des lettres interceptées. Deux d'entre

elles étaient destinées à l'Empereur. L'impératrice
Joséphine lui écrivait pour lui affirmer qu'elle aimait
toujours « son cher Bonaparte »; et le médecin Corvi-
sart sollicitait la faveur d'être autorisé à chasser dans
les bois de Saint-Germain, près Paris. Nous les lûmes,
librement, il est vrai, parce qu'elles étaient décachetées. Joignez à cela quelques billets d'une actrice de
l'Opéra, au général P... La pauvre fille demandait deux
cents louis à un homme qui s'était engagé à lui payer
des meubles. Le soir, nous vîmes paraître un cavalier
de belle mine, habillé à la mode de 1750, poudré, et
d'une politesse affectée. Il se donna comme étant le
châtelain auquel l'argenterie avait été dérobée, et dont
il venait réclamer instamment la restitution. A la
vérité, c'était le chef des brigands, qui, payant d'audace, avait imaginé ce subterfuge pour reprendre le
fruit de son larcin. Malheureusement pour lui, reconnu
par un blessé que nous avions secouru, il passa aussitôt en jugement dans les formes militaires et fut condamné à être pendu. Et, ce jour-là, les corbeaux qui
croassaient sans cesse au-dessus de nous eurent un
fameux régal!

Nous campâmes ensuite aux environs de la bourgade
appelée Puskolten. Du poisson et du pain de seigle
formaient l'unique nourriture de nos hussards. Nous
subissions également, nous autres officiers, toutes
sortes de privations. Il en fut de même à Ortelburg, et
cela dura jusqu'au 15 août... Nous n'eûmes, pour célébrer la fête de l'Empereur, que du biscuit et d'assez
mauvaise eau-de-vie, ce qui fit dire à un vieux cavalier : « Vraiment, la Saint-Napoléon a manqué de con-
fitures! »

Le 15 août, nous levions le camp pour rentrer en
Pologne. Nous prîmes logement à Radorn, petite ville
de l'ancien Palatinat de Sandomir, située à vingt lieues

de Varsovie. Nous devions passer là cinq longs mois,
ce qui nous permit de reconnaître que ces bons Polonais, qui gémissent d'être asservis, ont besoin plutôt
du joug qui les oppresse. Libres, ils boiraient et dor-
miraient tout le long des jours! Et quels comédiens!
Ils ne cessent de crier au voleur. Le colonel recevait
constamment des nobles venus réclamer contre le
vol d'une poule, contre une déprédation domestique
quelconque. Mais, pour peu qu'on surveillât ces
« comtes » pour rire, on s'apercevait qu'ils faisaient
eux-mêmes main basse sur tous les objets à leur convenance et que, la nuit, ils volaient jusqu'à nos chevaux. Leurs paysans nous fournissaient de vermine
en quantité, et leurs mœurs n'étaient guère recommandables. C'est à croire qu'ils avaient pris tous les
vices des Prussiens, des Russes, des Autrichiens,
« nos bourreaux », disaient-ils, sans s'assimiler aucune
des qualités de ces peuples. Depuis que Napoléon les
a placés sous la protection du roi de Saxe, ce prince,
notre allié depuis Iéna, en a reçu, me dit-on, plus de
demandes que de services.

Nous les quittâmes heureusement le 20 décembre,
pour nous rendre à Friedberg, pays silésien, devenu
célèbre par la victoire que Frédéric y a remportée, le
4 juin 1745, sur les Autrichiens. Deux mois de séjour
parmi de braves gens remirent le 7ᵉ de hussards sur un
bon pied, ce qui lui permit d'aller, fin février 1808,
passer fièrement à Breslau l'inspection du général
Félix Dumay. Heureux les soldats logés en cette ville
de l'abondance! Nous n'y séjournâmes malheureusement que très peu, obligés de tenir garnison à Tost,
canton de quarante mille habitants, situé dans la prin-
cipauté d'Oppelin. Là, d'ailleurs, les festins et les bals
compensèrent un peu les privations que nous avions
subies pendant l'hiver. Comme nous parlions tous l'al-

lemand, nous étions arrivés aux ententes les plus amicales avec les bourgeois, et nos hussards faisaient un commerce lucratif en vendant le portrait de Napoléon, en particulier une curieuse image coloriée qui représentait l'Empereur baisant fort civilement la main de la reine Louise de Prusse.

Nous ne trouvions pas dans les gazettes allemandes, toujours réservées ou hostiles, des renseignements bien précis sur les affaires d'Espagne, auxquelles Napoléon mettait alors la main. Colbert avait en vain demandé l'envoi du *Moniteur*. Nous écoutions le récit des nouvelles colportées; il nous en venait d'étranges et d'invraisemblables. L'Allemagne alors était peuplée de pamphlétaires, qui déversaient les plus grossières injures sur la famille impériale. Payés par le roi de Prusse, par le ministère anglais et par l'empereur d'Autriche qui se laissait gouverner par le vil ministre Stadion, leurs colporteurs s'égaraient parfois dans nos lignes. J'en pus saisir un qui portait un ballot important. Le feu ayant consumé sa marchandise, puisqu'il était Prussien, je lui fis donner, à la mode prussienne, cinquante coups de bâton et le laissai partir; mais, après cela, il ne courut guère en s'en allant.

Les lettres envoyées de Paris ne parvenaient pas toutes à destination. Celles de mon père m'informaient toutefois de quelques faits concernant ma famille et mes amis. Mais, comme aucun officier ne pouvait obtenir de congé, nous manquions malgré tout de nouvelles sûres et nous devions vivre dans la confiance la plus aveugle accordée au génie de l'Empereur, ainsi que dans l'espoir qu'une bonne paix nous rapprocherait enfin de nos foyers.

Était-il dit que nous serions d'éternels voyageurs? Il nous fallut bientôt, en effet, quitter les bons habitants de Tost. Un vieux moine, le père Frank, qui m'honorait de son amitié, versa des larmes et nous accompagna sur son bidet jusqu'à trois kilomètres de la ville. Des jeunes filles du pays commençaient à se mettre en tenue de voyage pour suivre certains de nos hussards qui, bien légèrement, avaient promis de s'établir dans la contrée. Notre colonel leur représenta l'inanité des sentiments qu'elles manifestaient, et, en les engageant à les reporter sur les garçons de la ville, il les contraignit à rentrer chez elles, ce qui ne s'accomplit pas sans sanglots. Sachez que nos lestes cavaliers avaient appris à danser à ces Allemandes un peu lourdes, assez jolies et ne manquant que de cette distinction, de ce chic qui rend la Française mutine et irrésistible.

Nous défilâmes alors sur une longue route, provoquant la curiosité des populations. Partis le 11 juillet de Tost, nos hussards arrivèrent le 13 à Ratibor, sur l'Oder, avec mission de surveiller la frontière autrichienne. Ces déplacements avaient l'avantage de faire voir à nos ennemis des soldats français dans tous les cantons de l'Allemagne, empêchant ainsi les illuminés ou volontaires de *La Vertu* de se réunir en troupes pour nous couper les communications.

Ratibor est chef-lieu de district. On évalue sa population à quatre mille habitants. Cette ville manufacturière a un beau château où nous fûmes logés. La table et la cave furent parfaites. Nos divertissements consistaient en promenades aux environs qui sont très beaux et bien cultivés, et l'on faisait des pêches miraculeuses dans un étang. Je ramenai un jour un saumon de vingt-quatre livres; il forma le régal d'un déjeuner que nous donna le comte Colbert. Dans les parties de chasse, nous avions pour guides des jeunes gens du pays, qui mettaient leur coquetterie à parler notre langue. L'un d'eux avait eu l'occasion de se rendre à

Erfurt pendant que Napoléon y traitait de la nouvelle organisation des États de l'Europe avec le tsar
Alexandre. A son retour, il nous offrit un grand dîner,
et ses éloges sur l'Empereur et notre armée étaient si
sincères qu'il s'engagea aux chasseurs. J'appris malheureusement plus tard qu'il avait été tué pendant la campagne de Russie.

Le royaume de Westphalie ayant été organisé et
donné au frère de l'Empereur, Jérôme, le ministre de
la guerre décida de nous transférer à Magdebourg,
place très importante sur l'Elbe. J'y fus envoyé, en
reconnaissance des logements. Il s'y trouvait déjà un
régiment français d'infanterie, qui se donnait des
licences qu'on n'aurait pas tolérées aux hussards. Je
dois dire que ses trente mille habitants nous étaient en
partie hostiles et que plus d'un soldat avait été égorgé
la nuit dans les ruelles. L'évêque y entretenait les
haines contre nous et se plaignait à tout propos des
manques d'égards de l'autorité française. J'eus le spectacle de son indignation un matin que, s'étant rendu à
l'église cathédrale Saint-Maurice, il avait trouvé la
grande porte barbouillée d'un étrange dessin. Le
peintre avait représenté la reine Louise, la tête exac-
tement copiée et penchée sur un plan de Magdebourg
qu'elle arrosait de ses larmes. Dans le bas, on lisait
cette légende : « Belle ville, je t'ai perdue à Iéna! »
Notre prélat demandait la recherche, l'arrestation et
l'exécution du coupable. Ironique, le gouverneur lui
répondit : « Monsieur, est-ce que dans le culte luthérien on ne vous apprend pas, suivant le saint évan-
gile, à pratiquer le pardon des injures? Si donc vous
manquez d'humilité et de miséricorde, vous n'êtes pas
digne de diriger les fidè'es. Et comme, d'autre part,
vous abhorrez les Français, il ne vous reste d'autre
ressource que de vous en aller, sur l'autre rive de

l'Elbe, prendre un fusil contre nous... » Le belliqueux évêque, assagi, se contenta de faire effacer le dessin qui l'offensait.

Le maréchal Davoust, commandant les troupes stationnées en Allemagne, — pour assurer le recouvrement des contributions imposées au roi Frédéric-Guillaume, — avait fixé au 7e de hussards le séjour d'Ascherleben, ville de sept mille individus, ancien chef-lieu du célèbre comté d'Ascanie et terre, autrefois, des princes d'Anhalt. Sur l'ordre du général Colbert, je m'empressai de rejoindre ce poste. Nous devions concourir à maintenir l'ordre dans le nouveau royaume, en évitant autant que possible les violences. Il fallait aussi prêter main-forte aux Français de Magdebourg et de Hambourg. Je me rendis même à Cassel avec trente cavaliers. En route, je croisai un équipage de cinq voitures venues de Brême. Un rapide examen me fit reconnaître des marchandises anglaises prohibées. J'ordonnai aux charretiers de me suivre dans la capitale de Westphalie. Mais, au lieu de brûler les épices, ainsi que l'avait ordonné Napoléon, Jérôme les emmagasina dans son palais, et il eut la bonté — je ne dirai pas la générosité — de m'accorder, pour mes peines,... trois livres de café, dont, à mon retour, je fis profiter mes camarades.

Nous devions passer en Westphalie le rude hiver de 1808-1809. Obligés de rester sans cesse sur nos gardes, nous n'y trouvâmes ni plaisir ni complet repos; et chaque jour on nous faisait pressentir une prochaine rentrée en campagne. Le cabinet de Vienne, abusé et payé par l'Angleterre, se promettait de désarmer Napoléon, d'humilier la France. C'était pour nous une affaire d'honneur, et chacun se promettait de frapper des coups terribles.

La nouvelle organisation d'une armée du Rhin —

comme en 1792 — nous réunissait au 6ᵉ de hussards et au 11ᵉ de chasseurs. Nous formions la 2ᵉ brigade de cavalerie légère commandée par le général Jacquinot. Cette troupe débouchait, au commencement de mars, dans le pays de Bayreuth, afin de longer les frontières de la Bohême où l'ennemi accumulait des forces considérables.

Le corps des officiers s'affligea à la nouvelle que le comte Colbert avait, le 16 mars 1809, été promu général de brigade. Ses touchants adieux augmentèrent les regrets que nous avions tous de le voir partir. J'eus sa promesse qu'il ne me perdrait pas de vue et les preuves de sa sollicitude dans une lettre qu'il m'écrivit le 2 avril, quand les hostilités allaient commencer. Le major Domont fut nommé colonel et me continua son amitié.

Les alarmistes, assez nombreux, répandirent la nouvelle que nous aurions à combattre les Prussiens, gens pressés de prendre une revanche, les Russes et les Bavarois, bien décidés à abandonner Napoléon, leur allié. Ces gens-là ne m'inspiraient guère confiance. Je disais mon opinion au général Pajol, qui m'accompagnait au cours d'une reconnaissance. Il me répondit : « Les Prussiens ne bougeront pas, parce que, à l'heure présente, ils n'ont pas un sol. L'empereur de Russie veut aller jusqu'à Constantinople et ne peut le faire qu'avec l'agrément de notre souverain. Les Bavarois ne feraient défection que si nous étions vaincus; ce sont de singuliers mendiants, à qui l'Empereur a déjà donné le Tyrol et le pays de Ratisbonne, après avoir fait roi leur électeur, du reste tout à fait impropre à conduire un bataillon au feu... Nous n'avons rien à craindre maintenant en faisant la guerre sur le territoire étranger. Les maréchaux Davoust et Masséna se chargeront d'arrêter ce fameux archiduc Charles qui se voit déjà arrivé devant Strasbourg... et quand Napoléon paraîtra, le soleil d'Austerlitz montera au-dessus du nouveau champ de bataille sur lequel nous écraserons ces présomptueux Germains. » J'eus lieu, plus tard, de reconnaître que le général Pajol avait été bon prophète.

Deux de mes hussards entendirent, le 6 avril, les premiers coups de fusil. Fourrageurs ayant passé la Nab, malgré les ordres, ils avaient mis en éveil un poste autrichien qui crut la guerre commencée. Je les vis rentrer au galop à Schneidmühl. Ils me firent un rapport dans lequel on sentait percer une pointe de mensonge. Je venais de les envoyer à la garde du camp lorsque je reçus du général Kollorath une lettre indignée sur la violation du territoire de l'empire d'Autriche. Le maréchal Davoust se chargea de lui faire parvenir la réponse qui convenait.

Ce fut Pajol qui reçut, le 10, avis du même Kollorath de la déclaration de guerre. On manœuvra pour éviter une bataille et, le 17, la cavalerie passa le Danube sous Ratisbonne et forma le camp du général Montbrun qui devait nous conduire pendant quelque temps. Nous nous trouvions en territoire bavarois et chargés de le défendre. Il faut dire que nous fûmes assez bien accueillis; les jeunes filles, dont beaucoup ont les plus beaux yeux du monde et portent leurs cheveux en longues tresses, venaient offrir des fleurs aux officiers et nous souhaiter la victoire; mais il faut dire aussi qu'à Ratisbonne même il y avait bien des gens hostiles à notre cause, et qui ne craignirent pas de nous desservir quand l'infanterie des troupes de Davoust, 3ᵉ corps de l'armée d'Allemagne, se fut éloignée. Notre départ, pour joindre Napoléon à Abensberg, s'effectua le 19 avril, avant que le jour eût paru. La division Montbrun, renforcée de quelques troupes

d'infanterie, devait s'avancer aussi loin que possible
sur la route de Landshut pendant que les quatre divisions d'infanterie, marchant sur la rive droite et parallèlement au Danube dans la direction d'Abensberg,
balaieraient tout le terrain si, déjà, les Autrichiens
s'étaient placés entre nous et les troupes du maréchal
Lannes.

Il me fut réservé l'honneur et le péril de précéder la
cavalerie légère. Le chef d'escadron Castres m'avait
remis un plan détaillé et parfait du pays. De plus, un
dragon bavarois m'accompagnait, prêt à m'indiquer les
chemins de traverse et les défilés dans lesquels une
troupe bien montée peut manœuvrer sans grands dangers et se dérober si l'ennemi survient en forces.

Je conduisais soixante hommes résolus sur des chevaux gorgés d'avoine; et la discipline de mes hussards
m'assurait qu'ils sauraient m'obéir au moindre geste.
Ainsi, nous arrivâmes sans encombre devant le village
de Sunching. La première étape franchie, nous fîmes
une halte pour rester en observation. Montbrun vint
m'y voir et me dit : « Deux rapports d'espions s'ac-
cordent à informer que tout le corps du prince de
Rosenberg est devant nous et assez près de nous.
Pourriez-vous gagner, en file, le rideau de bois qui
couvre Egglosfheim? ou bien vous poster à trois cents
pas d'ici afin de barrer la grande route? » Ce dernier
parti me parut être le seul qui convînt. A dix heures,
j'avais placé tous mes cavaliers derrière les hangars
d'une tuilerie. Il était temps, car, vingt minutes plus
tard, une reconnaissance composée de six hulans autrichiens déboucha de la forêt. Ne voyant rien devant
elle, cette troupe s'avança et tomba dans notre embuscade. Un hauptmann (capitaine) la dirigeait. Il entendit : « Rendez-vous, ou vous êtes tous morts! »
Devant cinquante carabines braquées, l'officier jugea

prudent de ne pas opposer de résistance. Une deuxième injonction et la manœuvre habile de vingt hussards mirent les cavaliers en notre pouvoir. Mon premier soin fut d'interroger le capitaine, qui se montra plus loquace que ne doit le faire un prisonnier. « Vous êtes bien du corps de Rosenberg, avant-garde de l'archiduc Charles? Vous venez d'Eckmühl? — De moins loin, monsieur le hussard français... — Veuillez bien considérer que je suis capitaine et votre maître. En quel lieu avez-vous laissé le corps auquel vous appartenez? — Il me suit à portée de canon et sera ce soir à Ratisbonne. — Vous avez fait un mauvais calcul en vous attribuant déjà cette possession. Nous avons plusieurs divisions sur la route, et l'Empereur manœuvre en ce moment contre l'armée de l'archiduc. — Comment pouvez-vous croire que l'empereur Napoléon est par ici? (Et, en disant ces mots, il ricanait insolemment.) Car nous avons reçu ce matin des informations sûres, desquelles il résulte que l'Empereur est resté à Strasbourg, et que c'est le maréchal Berthier seul qui a la direction des troupes que vous nous opposez. — Votre service d'espionnage est en défaut, lui dis-je. — Non, monsieur, car... — Assez causé! Vous allez être conduit à Ratisbonne avec vos soldats. Rendez-moi votre sabre... — C'est une injure... » Je pris un pistolet : « Ne m'obligez pas à vous casser la tête. » L'Autrichien déboucla son ceinturon et le jeta sur le sol. « Un officier, monsieur, ne se conduit pas ainsi. Ramassez votre sabre et remettez-le à ce hussard. » Ma voix et mon regard lui imposèrent l'obéissance. Six de mes hommes accompagnèrent les prisonniers; et nous remontâmes à cheval au moment où, sur notre droite, le canon tonnait pour annoncer que le maréchal Davoust s'engageait fortement, près du village de Salhaupt.

L'habile Montbrun nous fit manœuvrer entre les bois, de façon à menacer toute troupe qui s'aventurerait. Nous gardâmes le contact avec le 8ᵉ de hussards. Les chasseurs chargèrent des dragons qui voulaient tourner notre gauche. Ces ennemis étaient timides ou prudents. Ils nous abandonnèrent quelques blessés. Le soir, nous établissions notre camp à Ried, fiers comme le sont des vainqueurs, car le 3ᵉ corps venait, en effet, de gagner, par un temps orageux, entre des ravins coupés d'obstacles, la bataille de Thann.

J'eus pour logement une maison de laboureur. Un vieillard paralysé l'occupait. Deux boulets autrichiens avaient renversé la porte. Un soldat blessé, évanoui, était couché devant le foyer. Le médecin que j'envoyai chercher ranima ce Français et le fit porter aux ambulances. Les officiers de mon escadron se réunirent autour des provisions que j'avais apportées. Nous dînâmes aux lueurs d'une petite lampe fumeuse. Le vieillard eut sa part et nous le couchâmes dans l'alcôve. Je dormis sur un matelas; et dès l'aube du 20, nous étions à cheval et mis en observation à la sortie d'un défilé qui débouchait à Dinzling. Ce fut là, dans une tranquillité relative, que nous arrivèrent les nouvelles des victoires d'Abensberg et de Landshut, gagnées par Napoléon qui vraiment n'était plus à Strasbourg. Oui, le grand capitaine avait coupé en deux l'armée qui prétendait nous dicter des lois; et, après avoir chassé les corps du maréchal Hiller sur la route de Braunau, par une manœuvre tactique qui révèle son génie, il venait accabler, du poids des forces de soixante mille hommes, l'archiduc Charles resté à Eckmühl, indécis et presque craintif devant les coups terribles qui lui étaient portés. Pendant cette journée du 22, nous tînmes la gauche de l'armée, et la cavalerie autrichienne, voulant atteindre Port-Saal,

fut rudement éprouvée par nos vaillants hussards.
L'un de mes hommes, nommé Baudry, emporté par
son ardeur, se précipita au milieu d'un corps ennemi,
sabra cinq hommes, saisit le commandant au col, l'arracha de sa selle, le plaça sur la tête de son cheval et,
le tenant aux cheveux, le ramena au milieu de nous en
disant : « Ce gaillard-là m'a offert sa bourse pour le
laisser courir; je lui ai donné un coup de poing entre
les yeux pour lui prouver qu'un hussard du 7ᵉ avait
de l'honneur... » L'officier se plaignit des brutalités du
soldat au général Jacquinot : « Monsieur, vos généraux exaltent la cruauté des Espagnols qui scient nos
hommes entre deux planches. Que diriez-vous si un
pareil traitement vous était infligé? Les Français ne
sont pas des bourreaux. »

Rosenberg et Kollovrath avaient enveloppé à Ratisbonne notre 65ᵉ régiment de ligne. L'Empereur résolut de leur enlever cette ville; et le 23 avril, la
cavalerie de Montbrun déboucha du défilé d'Abbach
pendant que le gros de l'armée envahissait, à l'est, la
vallée du Danube. L'ennemi nous opposa les plus vives
résistances. En vue de la ville, toute la cavalerie de
Kollovrath tomba sur nous, avec une ardeur vraiment
admirable.

Mon escadron allait joindre la division Friant lorsque,
des joncs bordant un terrain marécageux, un régiment de hulans sortit en colonne et se prépara à charger. Je ne lui laisse pas le temps de se former. Au
galop, nous abordons sa première ligne qui fléchit. La
décharge de nos carabines entame un carré; et, à la
faveur du désordre que la troupe autrichienne ne peut
réparer à l'instant, nous entrons dans ses rangs qui
sont vite éclaircis. Ce que de braves officiers parvinrent à rallier rentra dans le marécage. Mes hussards
laissèrent s'embourber les vaincus et prirent une

bonne position devant notre infanterie, essuyant bravement les décharges du canon et suivant, le soir, l'infanterie du maréchal Lannes qui pénétrait de vive force dans Ratisbonne, ville qui eut à subir nos représailles, car des bourgeois, prenant le parti des Autrichiens, tiraient de leurs fenêtres sur nos grenadiers.

Dans cette journée, l'Empereur avait été blessé devant le rempart. L'opinion générale accusait les Bavarois qui se trouvaient sur sa droite. Déjà ces fameux alliés nous avaient, près d'Eckmühl, envoyé quelques décharges et joué la méprise. Le maréchal Lefebvre, qui les commandait, se tenait sur ses gardes et toujours entouré de leurs officiers. La blessure de Napoléon, faite au pied, ne devait pas avoir de suite, mais elle détruisit, dans l'armée, l'opinion des soldats naïfs qui l'avaient cru jusque-là invulnérable.

Le 24, nous eûmes à suivre, sur les routes de la Bohême, l'armée vaincue de l'archiduc Charles. Mes hussards bousculèrent à Nittenau un régiment de chevau-légers et leur firent passer un pont en bois, de la Regen, avec tant de précipitation que dix-sept cavaliers tombèrent dans le fleuve et restèrent prisonniers. Et je reconnus parmi eux l'officier pris à la tuilerie de Sunching. La grimace qui déformait son visage indiquait assez le mécontentement qu'il éprouvait de me retrouver. Croyait-il s'assurer ma bienveillance ou mon indulgence en déclarant : « Monsieur, le capitaine de Roth ne s'est pas évadé après que vous l'eûtes arrêté. Son Altesse, le prince Rosenberg, ayant enlevé Ratisbonne de vive force... » Je l'arrêtai : « Pardon, monsieur, la garnison française, ses dernières cartouches brûlées, se trouva contrainte à capituler... Ne donnez pas à M. Rosenberg ce qui ne lui appartient pas. — Eh bien, je dois dire simplement que l'arrivée des troupes autrichiennes assurait ma liberté, me permet-

tait de reprendre les armes contre vous. — Des armes,
dis-je, que vous venez de laisser tomber encore. —
Une fatalité... — Êtes-vous maintenant bien assuré
que l'empereur Napoléon est parmi nous?—Hélas! nous
nous en sommes aperçus depuis deux jours. — Votre
archiduc va demander la paix? — Non, monsieur...
Son Altesse Impériale se rend à la rencontre des Prussiens et des Russes qui arrivent à notre secours. —
Gardez vos illusions. Vous êtes prisonnier, je vous
renvoie à Ratisbonne. » M. de Roth me pria de faire
expédier à sa famille une lettre qu'il écrivit sur-le-
champ. Je m'empressai de lui rendre ce service.

M. le maréchal Davoust nous fit faire en Bohême
une véritable promenade. Au printemps, nous lui don-
nâmes le nom de « marche militaire fleurie. » Dès
qu'un parti autrichien nous apercevait, il cédait la
place. Arrivés à Cham, on nous apprit que l'archiduc
courait vers Budweiss. Nous prîmes alors la direction
de Passau pour retrouver, le Danube passé, les traces
de Masséna qui devait occuper Linz, Ebelsberg et nettoyer la route de Vienne.

Napoléon s'était rendu de Ratisbonne à Ens, en suivant la cavalerie de Bessières. Les Autrichiens avaient
battu Bessières à Neumarck, victoire qui restait sans
résultat, car le maréchal Lannes arrivait le lendemain
et forçait Hiller à se retirer. Ce maréchal assiégeait
Vienne le 13 mai. Le 12, la capitale était occupée
par nos troupes.

L'Empereur employait la cavalerie légère à couvrir
le gros de l'armée. Entraîné par le major Liégeard, car
notre colonel, Custines, était tombé malade, le 7ᵉ de hussards voltigeait, suivant l'expression pittoresque du
général Jacquinot. Le 10 mai, nous campions devant
Krems, au bord du Danube, dans l'abondance. Le 14,
nous traversions Brück, sur la route de Presbourg, et

là, je dus payer trois couronnes (3 fr. 30) un pain de deux livres. Le 16, nos patrouilles faisaient boire leurs chevaux dans la Rabnitz. Ensuite, le général Lasalle, fameux sabreur et noceur intrépide, nous associait à ses manœuvres. Un dîner, auquel il convia vingt officiers, à Frauenkirchen, nous laissa le souvenir d'une ripaille extraordinaire. On y dépensa cent soixante bouteilles de vins de Hongrie et du kirchwasser de Silésie en quantité. Nous tînmes la table de six heures du soir à deux heures du matin. Trois dames musiciennes hongroises nous jouèrent du violon. Quatre autres formèrent un quadrille. Si les Autrichiens étaient survenus, plusieurs officiers n'eussent pu monter à cheval; ils se retrouvèrent au matin dans la paille d'une grange. J'avais bu avec mesure, ce qui me permit de regagner mon cantonnement.

Un ordre du maréchal Berthier nous envoyait, le 1ᵉʳ juin, à la rencontre de l'armée d'Italie. Nous allions renforcer les troupes du prince Eugène et les suivre pour marcher vers la Hongrie. Il fallut livrer bataille vers Raab, le 14 juin. Le 7ᵉ de hussards y fut rudement éprouvé. J'y perdis un cheval tué sous moi, mais la capture d'un gros de cavalerie ennemi assura ma remonte; et quelques jours plus tard, la brigade Jacquinot ayant versé ses effectifs à la brigade Colbert, j'étais appelé de nouveau à servir un chef qui n'avait pas cessé de me donner des témoignages publics d'estime.

Napoléon, voulant effacer la mauvaise impression qu'avait causée la bataille indécise d'Essling, livrée les 21 et 22 mai, venait de réunir les plus formidables moyens de guerre dans la Lobau, une île du Danube située à six kilomètres de Vienne. Cent cinquante mille Français allaient aborder l'armée autrichienne de l'archiduc Charles, qui gardait vigilamment la rive gauche du grand fleuve. Le passage s'effectuait dans la nuit du 4 au 5 juillet, au cours d'un orage et sous le feu de canons le plus violent que j'aie jamais entendu. L'ennemi étant refoulé vers Wagram, nous le suivions. La brigade Colbert tint, pendant toute la journée, la droite du 2ᵉ corps commandé par le général Oudinot, et le soir elle reçut le choc de plusieurs escadrons de hulans devant Baumersdorf, village placé au bord d'un bach ou ruisseau, le Russ. Nous campâmes entre deux hameaux, au milieu des blés. Le 6, on était encore à cheval dès l'aube, au moment où la gauche ennemie s'engageait contre le maréchal Davoust, qui donna, comme on sait, une belle leçon au prince Rosenberg.

L'Empereur passait sur notre front à neuf heures du matin. Il trouvait les escadrons du 7ᵉ de hussards alignés et tranquilles, comme à la parade. On levait le drapeau et le monarque saluait. Son visage était blanc, mais calme. La main droite tenait les rênes d'un grand cheval; la main gauche restait cachée dans une poche de la redingote grise. Dans le vacarme de l'artillerie, nous ne pouvions entendre ses paroles adressées à Colbert.

Après midi, nous passions le Russ pour monter dans la plaine d'Auersthal. Les cuirassiers d'Arrighi repoussés, dix escadrons autrichiens tombèrent sur les hussards. Une véritable mêlée s'ensuivit. Entouré de six hommes, je pus seul me dégager après avoir jeté deux ennemis à terre et bousculé les autres. J'avais reçu, en haut de la main droite, un coup de sabre. Le sang inondait mes vêtements. Pourtant, je n'abandonnai pas mon poste. Je me portai de nouveau à la charge, pour voir achever la déroute de nos ennemis. On me pansa le soir à Bockfluss. Malgré l'enflure et des douleurs assez vives, je ne quittai pas le régiment et chargeai, devant Znaym, parmi les troupes de Marmont. Ce fut la dernière bataille livrée en 1809 aux Autrichiens. Ils demandèrent humblement la paix, que l'on signa en octobre.

Le 23 septembre, j'étais nommé aide de camp du général Colbert. Déjà, le sous-lieutenant Brack remplissait ces fonctions. Il allait devenir mon ami. Il était de caractère gai, sans arriver aux farces qui faisaient de Nicolas un compagnon parfois compromettant. Je pris la direction du bureau, dans un camp d'observation. La paix de Vienne signée, nous nous rendîmes à Salzbourg pour y demeurer deux mois. Séjour agréable au pays de Mozart, entre des gens paisibles, au pied des montagnes couvertes de neige et dans un froid qui nous portait à nous couvrir de fourrures. Je passais les soirées avec mes anciens compagnons du 7ᵉ de hussards. Le jeu ne devait pas dépasser deux sols la partie. Malgré le décret de Napoléon, nous buvions du café passé en contrebande. Un commissaire ordonnateur osa nous dénoncer. Sa lettre fut interceptée et il se vit interdire notre société, à laquelle se mêlèrent quelques bourgeois, qui nous ouvrirent poliment leurs maisons et nous prêtèrent des livres, entres autres les œuvres de Pétrarque, imprimées en langue italienne.

Notre plus grand désir était de rentrer en France. Mon père, très souffrant, m'appelait dans chaque lettre auprès de lui. Trois campagnes : Russie, Pologne et Autriche, valaient bien l'octroi d'un congé. On me le refusa, quoiqu'il fût motivé par les soins à donner à une blessure. Le major général Berthier, qui commandait l'armée après le départ de l'Empereur, était un homme impitoyable. Il avait épousé une grande dame bavaroise et les frondeurs le nommaient *Berbav*. Il le sut et s'en fâcha tout rouge.

La brigade Colbert devait tenir garnison à Magde-

bourg et environs. Nous arrivâmes dans cette ville à la
fin du mois de janvier 1810. Gardes du roi de Westphalie, agents du Blocus continental, nous allions, de
plus, surveiller les Prussiens et préparer la remonte
des régiments cantonnés entre l'Elbe et le Rhin.
D'abord, les Suédois nous fournirent quelques centaines de bons chevaux qui furent envoyés à Mayence.
Cette ressource épuisée, il fallut chercher ailleurs, et
Colbert nomma, pour opérer en Belgique, Hollande et
Hanovre, une commission dans laquelle se trouvaient
placés le commissaire Fort, moi, le lieutenant Brack et
le vétérinaire Campon. Je fus aussi autorisé à emmener
mon domestique Louis, qui m'était si utile en route.

Dejean, ministre de la guerre en second, nous envoya
ses dernières instructions à Bruxelles, le 16 août. On
ne devait pas prendre un seul cheval dans les départements français, ni dans la basse Hollande. En ces provinces, nous ne devions faire qu'un voyage d'études
ou d'agrément. Bonne permission, dont nous profitâmes
tous, après avoir éloigné l'ennui de n'avoir pu revoir
Paris, au moins pendant quarante-huit heures.

Bruxelles avait reçu, au printemps, la visite de
Napoléon et de sa nouvelle épouse, Marie-Louise,
archiduchesse d'Autriche. Le souvenir des fêtes restait très vivant dans une population annexée à la
France, par droit de conquête plutôt que par bonne
volonté. A la pension qui nous abritait, un vieillard,
qui fut secrétaire du fameux prince de Ligne, nous
raconta diverses histoires et quelques-unes, très
piquantes, sur l'Impératrice. Il paraît qu'au château de
Laeken elle réclama la baignoire en argent qui avait
appartenu à l'empereur Léopold comme étant son bien
propre. Un intendant timide n'osa refuser. La baignoire placée dans un fourgon, cette voiture rejoignit
les équipages de la cour. Un chambellan signala la

prise à l'Empereur, qui fit renvoyer à la résidence le meuble précieux et y substitua une baignoire en métal blanc. À Anvers, l'Impératrice commanda un bain, et Napoléon la surprit occupée à frapper un écu de 5 francs sur une paroi. « — Que faites-vous là, ma chère et bonne Louise ? — Sire, je constate que les pièces portant votre effigie sont de mauvais aloi, car elles rendent un son aigu sur la baignoire en argent de l'empereur d'Allemagne. — Je me doutais bien que les employés de la Monnaie sont, pour la plupart, des fripons ! » conclut César.

La curiosité nous poussa vers l'Escaut. On y construisait une flotte qui devait remplacer celle que Villeneuve avait perdue à Trafalgar. Une formidable ceinture de forts entourait la ville, constructions assurées par les prisonniers espagnols, qui paraissaient, étant bien nourris et payés, peu regretter leur patrie. L'ingénieur en chef venait de surprendre, parmi les travailleurs, un espion anglais. Cet homme avoua qu'il n'avait accepté cette mission si délicate que pour nourrir une famille de onze enfants. La loi ordonnait de l'exécuter. La pitié commandait de le renvoyer. On lui fournit une barque qui le porta à bord d'un brick anglais. Et le peuple britannique, qui fait mourir nos soldats sur les pontons, ne cesse pas de publier que nous sommes le peuple le plus cruel de la terre.

Nous franchissions le 5 septembre l'ancienne frontière hollandaise. Un poteau planté au bord de la route portait l'indication *Païs Bas*. Au carrefour de deux chemins, le poste des douanes de S. M. Louis Napoléon, roi de Hollande, occupait une baraque en planches. Ce sont des hommes sévères. Brack, Fort et moi, qui portions le costume militaire, ne pouvions être inspectés, mais mon domestique Louis fut interpellé, à cause du bidet qu'il tenait en main et qui était chargé d'un assez gros portemanteau. Le sous-officier réclama quinze florins. « — C'est mon bagage, dis-je. — Non, puisque vous ne le conduisez pas. — Qu'à cela ne tienne! » J'ordonnai à Louis de repasser aussitôt la frontière. J'allai prendre le bidet et je passai à la barbe des douaniers, qui nous adressèrent, dans leur langue, quelques paroles assez vives.

Nous pûmes nous rendre compte de la propreté hollandaise dès que nous fûmes au delà de Mordig. Nous traversions des villages bâtis sur une mince couche de terre végétale. Toutes les routes étaient bordées d'arbres d'une vigueur et d'une beauté remarquables. Les routes sont bonnes, surtout aux environs d'Amsterdam. Cette cité, véritable métropole du pays, renferme plus de deux cent mille habitants. Située sur la rivière d'Y, elle était, avant les guerres, un centre maritime très important. Le roi y a un grand palais rouge, et les barques sont très nombreuses. Le grand canal ou Amstel la divise en deux parties. Son hôtel de ville compte parmi les plus beaux de l'Europe. On y visite la Bourse et les musées, ainsi que la maison des Indes Occidentales, puis le *Herren logement* où descendent les personnes de distinction.

Le coup d'œil que présente cette ville est vraiment extraordinaire et fait pour attirer l'attention des gens les moins observateurs. Chaque rue est un canal, chaque quai est bordé d'arbres magnifiques. Les maisons, en briques et pierres, sont d'une propreté excessive. Elles ont communément deux étages, non compris le rez-de-chaussée, si l'on peut appeler ainsi des appartements situés à quelques pieds du sol. Les maisons sont toutes bâties sur pilotis. On conçoit d'après cela que le terrain a peu de solidité par lui-même. C'est pourquoi, dans le but d'éviter l'ébranlement que pourrait causer une perturbation atmosphérique, on a

adopté, pour le charroi des marchandises et des far-
deaux de toute espèce, l'usage des traîneaux, car il n'y
a que très peu d'équipages à roues. On s'y sert beaucoup d'une sorte de voiture composée d'une caisse de
carrosse montée sur un traîneau attelé d'un seul cheval. Ces voitures ne vont qu'au pas; le conducteur est
à pied.

Il n'y a dans l'ensemble des bâtisses, hors les monuments mentionnés plus haut, que peu de maisons
remarquables, du moins extérieurement. Aucune maison bourgeoise n'a de cour, ni de porte cochère, ni
d'écurie. Commerçants ou bourgeois ont leurs voitures,
leurs remises, leurs écuries hors de chez eux. Il n'y a
que de fort mauvaises casernes à Amsterdam.

Si le port est grand et sûr, les exhalaisons des
canaux rendent sur tous les points l'air malsain. Cette
cause ne doit pas avoir contribué moins que la
débauche à gâter le sang des indigènes. Le fait est
qu'à Amsterdam, sur cent individus, il y en a dix qui
sont contrefaits. On y voit pourtant de beaux hommes.
Les femmes y sont, en général, moins bien que les
hommes.

On emploie la tourbe, la houille et quelque peu le
bois pour le chauffage. Le bois y est extrêmement
cher. Quoique le froid y soit assez vif et l'hiver fort
long, l'on ne remarque pas que les architectes appor-
tent beaucoup de soins à construire les maisons, de
manière à bien garantir des rigueurs de la mauvaise
saison. Les murs sont minces, les planchers aussi. Les
cheminées sont construites sans art, si ce n'est sous le
rapport de la construction des tuyaux, qui sont assez
bien entendus. Par exemple, les appartements sont
tous garnis de tapis.

Dans toutes les rues et sur les quais, le milieu de la
voie publique est pavé en petits grès, et des deux

côtés on trouve un chemin réservé aux gens de pied.
Ce petit chemin de brique était franc, sous l'ancien
gouvernement des Provinces-Unies, c'est-à-dire avant
l'établissement de la République batave. L'autorité,
quelle qu'elle fût, ne pouvait arrêter la personne qui
se trouvait dessus. C'était un refuge, comme certains
couvents en offraient autrefois aux coupables. Il m'a
été raconté qu'un peintre italien, après avoir tué une
jeune femme, s'y tint pendant huit jours, que ses compatriotes lui apportèrent des vivres et l'enlevèrent,
pendant un terrible orage, pour l'embarquer et le sous-
traire aux juges qui eussent fait tomber sa tête. Mais
revenons un moment à la rue : le numérotage des maisons est fait sans ordre. On passe subitement, bien
étonné, du 265 au 280. Par contre, il faut faire
quelques cents mètres pour aller du 266 au 279. Bref,
pour s'y reconnaître, il faut, le plus souvent, avoir
recours à l'obligeance des passants.

Quand on soupe en ville, l'usage, très ancien, m'a-
t-on dit, est de donner, en sortant, un florin au domestique qui vous reconduit. Tout bourgeois qui a souvent des invités ne paie point son personnel. On joue
partout, et très gros jeu. Il est très agréable pour nous
que la langue française soit celle de la bonne société.
Les gens du peuple entendent généralement l'allemand
ou l'anglais, suivant qu'ils travaillent pour les entre-
preneurs de l'une ou de l'autre nation.

Brack obtint pour nous la permission de visiter le
palais royal, en l'absence du frère de l'Empereur. Nous
nous y rendîmes un lundi, en uniforme, ce qui nous
valut une grande politesse de la part des domestiques,
nombreux et portant livrée neuve. Il s'y trouve un
salon qui est sans contredit l'un des plus vastes de
l'Europe. Nous n'avons rien de semblable en France.

Pendant que M. Fort visitait les marchands qui

pouvaient lui fournir des chevaux de trait, nous avions des loisirs et nous les employâmes à visiter les environs, qui n'ont, à parler franc, que peu de sites remarquables. On mène ordinairement les étrangers voir Bruck et Saardham, villages situés de l'autre côté du grand port nommé l'Y. Saardham ne présente, à nos yeux, qu'une particularité curieuse : c'est qu'en cet endroit, Pierre le Grand, célèbre tsar et rénovateur de la Russie, fut maître charpentier pour apprendre tous les détails de la construction maritime. Sa maison, ou prétendue telle, est bien entretenue. Lieu de pèlerinage, des princes et des savants en ont foulé le plancher. Je dois mentionner aussi l'écho de Meerenberg, que la voix fait retentir au milieu d'un beau parc; il paraît venir de sous terre et provoque de vifs étonnements.

L'espèce des chevaux de voiture est excellente. Tout marchand d'Amsterdam déclare que les chevaux de la Frise, *haart trafen,* ne valent rien. Dénigrement intéressé, car c'est, au contraire, tout ce qu'on peut trouver de plus convenable au trait. L'air de force et d'aisance que montrent ces chevaux en trottant est déjà un plaisir pour un amateur, et il me semble qu'à vitesse égale tout le monde préférera être traîné par un cheval de Frise. Deux de ces vigoureux animaux enlèvent le plus lourd berlingot d'Amsterdam comme une plume, et ne prennent jamais le pas qu'à la descente des ponts, tout roides qu'ils sont. Je n'ai pas vu un seul cheval de voiture s'abattre, quoique le pavé soit extrêmement mauvais.

Il y a deux manèges dans cette ville. L'un, situé près de la porte de Leyde, est un fort bel établissement. Les écuries contiennent plus de cinquante chevaux, dont la majeure partie appartient à des particuliers qui viennent les monter quand bon leur semble, et qui ont là, bien remisés, éperons, cravaches, selles. On y voit même quelques jeunes filles qui se plaisent à l'équitation. Les chevaux y sont parfaitement tenus, mais en général on y monte fort mal. Les écuyers du manège dressent leurs chevaux à peu près comme les Allemands; ils ont plus que ceux-ci l'habitude déplorable de donner aux chevaux les aides des jambes et de les faire galoper aux deux mains. Tous leurs chevaux sont mal ployés au galop et ne regardent pas le dedans du manège. Un hussard, qui a couru et chargé à travers l'Allemagne, voit vite tous ces défauts.

Que dire de la société? Quand la glace recouvre les canaux, on ne reconnaît plus les Hollandais, apparus placides et quelque peu défiants durant le printemps et l'été. C'est un autre individu. Alors il n'y a plus personne dans les rues. Tant que dure la journée, les gens qui ont le temps de s'amuser se promènent sur les canaux et surtout sur l'Amstel. Le soir, l'affluence devient considérable et parfois gênante : les domestiques, les ouvriers, les servantes, tous ceux que leurs occupations ou leurs devoirs ont retenus se hâtent d'accourir; il se passe là, entre les feux allumés et les torches promenées, des scènes curieuses, des marchés, des querelles. Parfois, des couples s'éloignent et ressemblent assez, vus de loin, à des fantômes prêts à s'évanouir. La soirée, ou plutôt l'assemblée se prolonge jusqu'à onze heures ou minuit. Pour le service de ces réunions populaires, que la moindre réjouissance transforme en kermesse, des petites baraques ont été établies et bien approvisionnées d'eau-de-vie et de salac. Si la rigueur de l'hiver se prolonge, quand le port est bien gelé, on se promène sur ce que l'on appelle l'Y dans des bateaux plats, garnis en dessous de pièces en fer comme celles ajustées aux traîneaux, et gréés comme des chaloupes. On les dirige assez facilement avec un crampon de fer fixé à l'arrière et qui fait l'office d'un gouvernail. Ces bâtiments atteignent une vitesse qui dépasse de beaucoup celle des chevaux de course les plus rapides. Deux personnes dignes de foi m'ont assuré qu'un tel bateau-traîneau avait couvert la distance (trois bonnes lieues) qui sépare le grand port d'Amsterdam de celui de Saardham en sept minutes.

La commission de recrutement reçut du ministre de la guerre une prolongation de congé. Nous fêtâmes donc Noël et le 1ᵉʳ janvier à Amsterdam, assez bruyamment du reste, car Brack y eut des disputes. Son contradicteur était un ancien officier russe. Fait prisonnier en 1799, il était demeuré dans le pays et marié à une fort jolie femme chez laquelle on avait cru voir entrer, par la porte du jardin, le roi Louis. Au café, le Russe se vanta d'avoir aidé, étant lieutenant, à étrangler le tsar Pierre III, mari de Catherine. Brack fit retirer le verre qu'un domestique avait, pour lui, placé au bout de notre table, en disant : « Des officiers français n'ont pas le droit de coudoyer des assassins. » Markoff — c'était son nom — le prit de haut, et voulant, sur-le-champ, se faire rendre raison de ce qu'il pouvait, en vérité, considérer comme une injure, il choisit deux témoins qui vinrent présenter le cartel. « Je me battrai avec Monsieur, dit Brack, lorsque, par des documents probants, il m'aura fourni la preuve qu'il ne fut pour rien dans le meurtre du tsar. » Markoff déclara qu'il s'adresserait aux tribunaux, mais nous n'entendîmes plus parler de cette affaire.

Je devais me rendre à Haarlem, puis passer au Helder quand me furent remises les instructions secrètes de Clarke. On confiait à mon activité la tâche d'une mission délicate, qui consistait à rendre compte des sentiments des populations qui vivaient, depuis les

nouveaux traités, sous la dépendance de l'Empereur...
C'est tout ce que je peux dire... Je repris l'habit civil,
et Louis dut m'accompagner seul au long des chemins
assez difficiles à pratiquer pendant l'hiver.

Le 7 janvier 1811, je partis d'Amsterdam, vers dix
heures du matin, quand un beau soleil éclairait la cité.
J'allai déjeuner à Naarden, en passant par Muyden où
sont établies, autour d'une place très forte, les écluses
d'inondations pouvant arrêter toute invasion venue
par le Zuyderzée. J'employai l'après-midi à visiter
Amesfoort, ou plutôt l'établissement que le roi de Hollande avait formé pour assurer le recrutement de son
infanterie. L'infanterie hollandaise, y compris les deux
régiments, grenadiers et chasseurs de la garde, était
de onze régiments. Le roi avait créé un corps, suivant
le modèle de l'ancien régime, et nommé les *Vélites.*
Formé de onze compagnies, leurs numéros correspon-
daient à ceux des régiments. On avait formé le cadre
supérieur d'un colonel, lieutenant-colonel et de deux
chefs de bataillon. Tous les enfants trouvés, et propres
à devenir un jour soldats, y étaient placés, ce qui
valait mieux que de les confier à certaines mains soi-
disant charitables. De plus, on y admettait, comme en
certain Prytanée, les fils des fonctionnaires, et les
recommandations y faisaient entrer un certain nombre
de recrues. Il fallait avoir douze ans pour être admis
sous l'uniforme gris de cette troupe, dans laquelle on
entretenait le culte de l'Empereur. La plupart, après
avoir reçu des leçons de lecture, écriture et arithmé-
tique, travaillaient à passer dans les deux compagnies
d'élite qui jouissaient de quelques privilèges et d'une
paie. Je n'avais projeté qu'une visite. Les instances
d'un chef de bataillon que j'avais connu et aidé de ma
bourse à Varsovie me forcèrent bien à demeurer. Il était
en disgrâce pour avoir refusé de se prêter, à Thorn,

aux combinaisons politiques de Murat, devenu roi des
Deux-Siciles. Le roi Louis ne lui avait accordé un
avancement mérité que pour braver son beau-frère et
montrer à Napoléon quelques velléités d'indépendance.
Sur ses instances et sous sa direction, j'entrepris le 8
l'excursion d'Amesfoort au château du Loo. Il y a
huit grandes lieues, mais du plus beau chemin qu'il
soit possible de trouver, formé d'une espèce de brique
blanche fort dure et se déroulant avec grâce entre de
nombreux moulins à vent. Le château, résidence
royale, n'offrit à mes yeux rien de bien remarquable.
Il m'apparut, avec les bois épais qui l'entourent,
comme un simple rendez-vous de chasse.

Je séjournai là jusqu'au 9, dans une modeste mais
excellente auberge, une chute de neige ayant retardé
notre départ. Nous pûmes arriver le soir, en suivant la
bonne route d'Amsterdam à Delden, à Dewenter sur
l'Yssel. On y passe le fleuve sur un pont de bateaux.
L'église gothique, le vieux château et l'hôtel où l'on
bat monnaie retinrent assez longuement ma curiosité.
J'y bus une délicieuse bière brune, de beaucoup préfé-
rable au vin importé dans le pays.

Rentré dans le Hanovre, près de Benthen, je suivis
alors jusqu'à Hambourg, entre les bruyères, les landes
et les marais, le chemin qu'avait pris en 1804 le maréchal Mortier. Et remontant l'Elbe sans incident, je
rentrais à Magdebourg le 7 février, pour reprendre,
auprès du général Colbert, mon service toujours
agréable d'aide de camp.

CHAPITRE IV

Un ordre du ministre m'appelant à Paris, je quittai
Magdebourg le 5 octobre 1811. Certainement, l'homme
exilé depuis vingt ans et autorisé à rentrer dans sa
patrie n'éprouve pas de plus vive joie que celle que je
ressentis alors. Le brave Colbert m'embrassa et me
témoigna, devant plusieurs officiers, le vif regret qu'il
éprouverait de ne plus m'avoir à ses côtés si une campagne nouvelle venait à s'ouvrir. Déjà, dans l'Allemagne, forcée par nous aux obéissances passives, on
parlait d'une insurrection des peuples opprimés, et nos
ennemis comptaient, pour triompher, sur les secours
extraordinaires que la Russie s'engageait à leur fournir, à l'occasion d'une misérable querelle que nous
faisait un duc d'Oldenbourg. C'est du moins ce que
j'entendais dans les auberges et aux relais de poste sur
les routes de Francfort et de Strasbourg. J'arrivai à
Paris le 18 et j'y trouvai de grands changements survenus depuis mon départ, c'est-à-dire depuis six ans.

Mon père avait cédé son étude à M⁰ Thion de La
Chaume, époux de ma sœur Adélaïde, homme des plus
distingués et qui devait payer mes sympathies d'une
très vive affection. L'ancien notaire occupait un petit
appartement rue Saint-Honoré ; sa seconde femme per-
sonnifiait le dévouement, et elle nous prodiguait les
sentiments que donne une véritable mère. Mes deux

frères, Alfred et Alexandre, mariés, faisaient de l'industrie. Angélique était fiancée à M. Péan de Saint-Gilles. M⁰ Thion de La Chaume préparait en secret mon union.

Ces braves parents embrassés, je courus au ministère de la guerre. Le duc de Feltre me reçut après que j'eus fait trois heures d'antichambre. Mon rapport sur les Pays-Bas et le Hanovre au point de vue des ressources militaires devait être complété, par ordre de l'Empereur... (Mais c'est là un travail secret sur lequel je ne peux m'étendre.) Quand je le rendis, le ministre m'annonça : « Vous êtes, monsieur, l'objet d'une proposition pour rentrer dans la Garde. Une puissante intervention, appuyée par l'état de vos services, vous y portera, à moins que vous ne préfériez être nommé chef d'escadron aux hussards. — Monsieur le duc, dis-je, mon désir est pour la Garde. » J'y fus nommé enfin le 6 décembre 1811.

Le beau régiment des chasseurs à cheval où j'entrai, formé en juillet 1804, avait cinq escadrons. Son état-major était fort brillant. M. Lefebvre-Desnouettes, général de division, en était le colonel-commandant. Le baron Guyot, également divisionnaire, commandait en second. Les barons Lion et Davrange d'Haurangeville, colonels, remplissaient les fonctions de majors. Nous avions pour chefs d'escadrons : Mugnier, Schneit, Joannes, Rabusson, Bayeux et Lafitte. M. Bayeux dirigeait le 5⁰ escadron où je fus affecté. Mon capitaine, Toussaint Bureau, soldat de l'ancien régime, né à Paris en 1769, avait reçu son dernier grade en Autriche, le 10 août 1809. Les lieutenants en premier — je n'avais plus que ce grade — se nommaient Robin, Pichons, Achintre, Bourgeois, Lemaire, Allimant, Bugat et Vardon. Tous avaient reçu des blessures devant l'ennemi, justifié de cinq campagnes, et ils portaient la

Légion d'honneur. M. Lefebvre-Desnouettes me fit
reconnaître par les chasseurs, devant l'École militaire,
et je dînai le même jour chez M. le major général Berthier, prince de Neuchâtel et de Wagram. Le secrétaire particulier du maréchal, M. Leduc, commissaire
des guerres, me combla d'attentions et s'enquit de la
date où je serais « son heureux cousin. » M. Thion de
La Chaume, père, qui avait acquis, des biens nationaux,
le pavillon de la Muette, près du village de Passy,
alors célèbre par le séjour qu'y fit l'illustre Franklin,
entretenait des relations d'amitié avec le célèbre poète
Arnault, membre de l'Institut. M. Louis Arnault de
Gorse avait élevé sa nièce, Marie-Louise-Joséphine-
Laure de Comères, fille du baron Dominique, ancien
maréchal de camp et écuyer de main (1) de la comtesse de Provence. Mme de Comères, sœur d'Arnault,
avait divorcé pendant la Révolution pour épouser le
comte Charles de Sevelinges. Le baron s'était retiré à
Toulouse. Je rencontrai Mlle de Comères chez ma
sœur Adélaïde, dont elle était devenue l'amie. En janvier 1812, elle fut ma fiancée. En personne, l'Empereur
vint signer au contrat « pour un officier de sa Garde. »
Il me complimenta fort d'avoir choisi une jeune fille si
distinguée, qui devait être le modèle des épouses ; et Sa
Majesté dit à Arnault : « Mon cher et grand poète,
vous ferez des vers délicieux sur le bonheur de ces
enfants. » Le mariage eut lieu le 14 avril, un mardi, à
la mairie du 10° arrondissement. Après la cérémonie
religieuse, le repas eut lieu chez M. Arnault, qui, secrétaire général de l'Université impériale, avait son logement dans les dépendances du Palais législatif.

Napoléon, résolu à imposer sa soumission au tsar de
Russie, avait quitté Paris le 9 mai. Il allait recevoir à

____

(1) Écuyer de main, titre honorifique.

Dresde l'hommage de tous les princes qui étaient ses vassaux. Sa garde à cheval devait le rejoindre en Saxe, et les chasseurs partis le 24 avril, je devais, mon congé de mariage expirant le 4 mai, rejoindre en route, en utilisant des chevaux ou la poste, à mes frais. J'entrevis les difficultés de ce voyage quand, de France, tant de convois étaient dirigés vers la vieille Prusse. Je sortis de Paris à cheval, le cœur serré de laisser derrière moi une femme adorable, seulement consolé à la pensée que nous allions faire de grandes choses, planter les aigles impériales sur les tours de Moscou et terminer enfin ces guerres par une bonne paix qui nous rendrait pour longtemps à nos foyers.

Le service des étapes avait tracé l'itinéraire que j'aurais à suivre. Je traversai Meaux, la Ferté-sous-Jouarre, Château-Thierry et Épernay, et atteignis Verdun au bout de deux jours. Il me fallut un même temps pour toucher à Mayence en passant par Thionville et Trier. De là, j'écrivis le 8, dès six heures du matin, ce billet chez moi :

Il m'a été impossible, ma Laure, de trouver depuis Verdun un seul petit moment pour te donner de mes nouvelles. J'aurais bien réenfourché le bidet pour retourner à Paris, mais celui qui m'avait donné un peu d'avance, à Verdun, m'avait tellement ratissé la peau que, si j'avais continué ce métier-là, je me serais trouvé dans l'impossibilité de recommencer; et, demain, il me faudra courir à franc étrier peut-être cinquante ou soixante lieues sans arrêter. C'est pour cela, chère amie, que j'ai pris le parti de rester en voiture pour rétablir les parties lésées dans leur premier état. J'ai une heure ou deux à moi... J'ai pas mal de choses à faire, mais je vais m'arranger pour n'être pas dérangé dans mon entretien... Dans le moment même où je t'écrivais, le général Exelmans m'a fait rappeler pour me confier un travail. Et dès que je l'eus fini, nous avons déjeuné. Il y avait à table six ou sept officiers généraux, tous faits pour bien juger les événements qui vont se passer. Juge du plaisir que j'ai eu à les entendre affirmer presque tous qu'avant six mois nous serions de retour. O mon ange, ô ma Laure, que le sort nous soit favorable! Chère amie, si tu ne m'as encore point écrit, adresse ta première lettre à Dresde, poste restante. J'y serai bientôt et probablement j'y resterai quelques jours... Que le diable emporte les dérangeurs! Tout à l'heure, je reviens à toi... Tu iras à Passy, n'est-ce pas, mon amour, donner à ma vieille bonne sa robe, non pas de ma part, mais de la tienne, entends-tu? Donne une petite bagatelle au petit Auguste Delachaume, un souvenir... Vois mon père et donne-lui de mes nouvelles; fais-toi pardonner le silence que je garde envers lui, car tu en es la cause. Sans toi, je lui écrirais. Bon père, il nous pardonnera, il est content de notre amour... Adieu, ange de ma vie. Je vais franchir le Rhin, pour peu de mois, je l'espère. Quel beau jour que celui qui me reverra, dans cette même chambre, t'écrire de venir à ma rencontre, tel jour et à telle heure! Chère amie, ça ne sera pas bien long.

Là-dessus, nous partons de Mayence, quinze officiers et deux commissaires, dans quatre voitures bien attelées. Sur la route de Fuld, Erfurt, Leipzig, les Allemands nous regardent comme les fourriers du logement de Napoléon. M. Bafour eut dans Erfurt une affaire avec un ancien officier prussien qui chantait des couplets traitant les Français d'assassins. Un duel s'ensuivit. Le vétéran de Frédéric tomba la gorge traversée d'un coup de sabre. La police locale voulut nous inquiéter. Mais le gouverneur de la place nous couvrit de son autorité, et nous repartîmes, après un souper très copieux, pour Naumburg, bourgade dans laquelle un régiment était cantonné. Nous étions à Dresde le 12 mai.

L'Empereur et l'impératrice Marie-Louise faisaient, dans cette capitale, une très solennelle entrée le samedi soir, un peu avant minuit, en compagnie du roi

Frédéric-Auguste. Mon escadron prit le service, jour
de Pentecôte, 17, au Château. Je reçus les instructions du grand maréchal du palais Duroc; et je trouvai Leduc, qui me remit deux lettres de Laure, des plus
affectueuses. Napoléon devait faire, l'après-midi, une
promenade aux environs. M. Bureau m'envoya, de
l'instruction générale, cette note, qui devait me guider
pour composer une escorte :

En campagne, les chasseurs de la Garde forment un service spécial auprès de l'Empereur. Il est composé d'un lieutenant en premier (ayant rang de capitaine), remplissant en
quelque sorte les fonctions d'aide de camp et traité comme
tel par le grand quartier; d'un maréchal des logis, de deux
brigadiers, de vingt-deux cavaliers et d'un trompette. Cette
petite troupe, formée en deux pelotons, doit marcher devant
et derrière Sa Majesté. Un brigadier et quatre chasseurs,
dont l'un porte le portefeuille aux cartes routières et l'autre
la lorgnette de l'Empereur, galopent en avant et lui font
faire place s'il y a encombrement. Ces chasseurs gardent son
logement et fournissent des estafettes au besoin. On doit
leur recommander la prudence et la discrétion, en quelque
lieu qu'ils se trouvent placés.

Il m'était facile d'observer ces instructions, non
applicables à Dresde, car le lundi 18, après l'arrivée
de l'empereur d'Autriche, mon beau régiment, qui
comptait douze cent cinquante hommes, officiers compris, prenait la route de Silésie, séjournait à Bautzen,
sur la Sprée, puis à Waldau.

Des gens suspects avaient animé contre nous les
habitants de cette bourgade prussienne. Leur préten-
tion de nous faire passer hors de leurs murs tomba
devant une sommation du major Lion. Nous y entrâmes
un peu comme en ville conquise. Apeuré, le bourg-
mestre nous désigna le chef de ce mouvement, qui
répandait la nouvelle que nous allions à Berlin cher-

cher le roi de Prusse afin de le conduire à Paris et l'y guillotiner. Cet insensé ignorait que nous aurions pu arrêter Frédéric-Guillaume à Dresde, où il faisait, en allié, sa cour à Napoléon. Il se nommait Weiler. Les gendarmes qui marchaient à côté de nous l'arrêtèrent, et on saisit ses papiers. Ce chef de brigands avait dévalisé une poste, car il fut tiré d'une sacoche vingt-deux lettres et copies de lettres envoyées en France. J'eus sous les yeux celle que le médecin en chef Larrey écrivait de Berlin le 19 avril et destinait à sa fille Isaure que mon oncle Arnault recevait chez lui :

Il y a bien longtemps, ma très aimable fille, que je ne t'ai écrit. J'espérais de jour en jour me procurer ce plaisir. Hélas! mes occupations ont occupé tout mon temps et je me suis trouvé sans le vouloir bien en retard. Je profite d'un moment de tranquillité relative pour m'entretenir avec ma meilleure amie. Je te demande d'abord des nouvelles d'Hippolyte. Êtes-vous toujours bons amis? Est-il obéissant à tes ordres? Est-il plus sage et plus tranquille? Tu me satisferas sans doute dans toutes ces questions. Et ta santé, est-elle bonne? Fais-tu de grands progrès dans tes études et dans les exercices de tes talents? Tout cela m'intéresse, ma chère Isaure, et j'espère que tu me feras une réponse détaillée sur toutes ces questions.

Depuis notre arrivée à Berlin jusqu'à ce jour, nous n'avons cessé d'avoir de la neige et un froid rigoureux; aussi n'étais-je sorti que pour mes devoirs et visiter les hôpitaux. Aujourd'hui, pour la première fois, nous avons un beau soleil, duquel j'ai profité pour voir les curiosités de Berlin et ses promenades. Elles étaient remplies des personnes des deux sexes. Les dames cherchent à imiter et à suivre les modes de Paris; à la vérité, c'est toujours une année après; ainsi, les chapeaux à plumes sont en grande vogue, mais, comme les plumes seraient trop chères, on les imite avec du coton cardé teint de différentes couleurs; les chapeaux sont faits avec de la paille d'avoine et les rubans sont comme vos faveurs; les robes sont à queue traînante, que les dames promènent sur les allées de sable comme dans les appartements à parquets cirés inconnus à Berlin; les manches de ces robes imitent de grands sacs à farine attachés à leurs épaules que les vents enflent comme les voiles d'un vaisseau, et sans la largeur et la longueur de leurs pieds qui leur fournissent un point d'appui solide, les pauvres femmes seraient enlevées comme autant de pelisses. La promenade se continue jusqu'au soir, au moment du souper; ces belles s'empressent de quitter leurs robes et leurs chapeaux à plumes pour manger un peu de choucroute et de pommes de terre arrosées avec quelques verres de bierre. Voilà une partie des costumes des dames de Berlin.

Les salles de spectacle sont aussi bizarres. Peu content de l'un et de l'autre de ces sujets de récréation, j'ai pris la fuite sur Charlottenbourg. J'avais été sans doute inspiré, car, après avoir passé la nuit la plus triste avec ta pauvre maman qui m'est apparue en songe, ses yeux baignés de pleurs, j'ai eu l'idée d'aller voir le tombeau de la belle et trop malheureuse reine de Prusse. Le hasard a voulu que son sépulcre fût ouvert aujourd'hui, anniversaire de sa mort, car autrement le temple n'est ouvert qu'une fois par mois. J'étais seul, après avoir laissé mon domestique et mes chevaux à l'entrée du parc.

Après avoir parcouru une partie du parc du château royal pour chercher le tombeau, j'aperçois quelques groupes de femmes qui s'acheminaient vers une allée sombre de cyprès, et de plus qui entrelacent leurs branches en formant un berceau sur cette allée et portent leur sommet dans les nues. L'aspect lugubre de ces arbres, l'obscurité et le silence qui régnaient dans cette allée, annonçaient déjà le repos éternel du voyageur qui a touché le terme de la vie. Je m'approche à travers les arbres touffus, marchant à pas lents derrière les dames. Tout à coup, un temple de forme antique se découvre à mes yeux et je me trouve aussitôt au pied de son péristyle. Quatre superbes gardes du corps, placés sur le parvis de ce temple, s'écartent pour me laisser entrer. Quel beau mausolée, ma chère Isaure! C'est la reine elle-même, telle que je l'avais vue à Tilsit, étendue sur son lit de mort. Sa tête un

peu inclinée sur l'oreiller, ses yeux fermés, ses mains croisées
sur sa poitrine, ses deux jambes mollement étendues, son
corps recouvert d'une draperie légère à l'antique, et une couronne de myrthe et d'une autre plante que je n'ai pu distin-
guer, sur sa tête. Excellente composition. Elle entre dans le
sommeil de la mort, et sa bouche annonce une sorte de
bonheur. C'est un bloc de marbre de Paros, ma belle Isaure,
mais le statuaire, aussi habile peut-être que Canova, a su
l'animer. Les traits de cette reine respirent la douceur et une
sensibilité qui ne semblent appartenir qu'à la nature vivante.
J'ai été saisi d'un respect religieux et j'ai éprouvé, malgré
moi, une émotion douloureuse au souvenir de cette reine, qui
n'avait vu que le printemps de sa vie, et de quelles fleurs
cette saison, pour elle, a-t-elle été ornée...

Quels chagrins profonds, quelle amertume! Ah! ma chère
Isaure, que le chemin de la vie est difficile et scabreux! Ne
quitte jamais ton guide, ma bonne amie; suis les conseils de
l'expérience et sois esclave de ta raison. Que ta maman soit
ta confidente comme ta seule amie; apprends à exister par ta
seule industrie ou plutôt par le produit de ton travail. Accoutume ton esprit à cette idée, tu l'accoutumeras à ce travail et
tu n'auras pas à craindre d'être l'esclave de personne; sans
cela tu le serais tôt ou tard, et de là les malheurs et l'in-
fortune.

Je me suis retiré avec quelque peine de cette retraite
sombre que j'habiterais volontiers, mais on a annoncé le roi,
qui se rendait au temple pour venir y saluer son auguste
épouse. L'on m'a assuré qu'il visitait fréquemment son tombeau. On le dit inconsolable. Je ne l'ai pas encore vu. Je
suis rentré dans ma solitude, fort triste, ma petite bonne
amie, et je passerai le reste de la nuit, sans doute, avec
l'image des êtres qui m'intéressent, heureux encore si mes
songes n'ont rien de sinistre. Recommande à ta maman de
ne plus m'écrire de choses tristes, car ses lettres me font un
effet si puissant que tout mon être s'en ressent plusieurs jours,
soit qu'elles me soient agréables ou pénibles.

Embrasse ta maman et Hippolyte pour moi, comme tes
bonnes petites amies. Adieu, mon Isaure, je vais essayer de

7

dormir; mais, avant de te quitter, reçois un tendre baiser de ton bon papa et de ton meilleur ami.

La lecture de cette lettre m'impressionna beaucoup. J'en envoyai la copie à Laure. Quant au voleur, il reçut la punition infligée aux brigands de grands chemins, et les habitants de Waldau s'empressèrent de répondre à nos réquisitions.

De Waldau nous allâmes, en traversant une forêt, dans la belle vallée de l'Oder. Près de Neustädt, un campement de bohémiens s'alignait des deux côtés du chemin. Ces trois ou quatre cents individus, portant à leurs ceintures de longs poignards, semaient la terreur autour d'eux, volant les laboureurs, arrêtant les coches. Ils retenaient même prisonnier un grand seigneur polonais. On délivra ce gentilhomme, qui voulut nous donner mille florins en récompense. Je n'ai pas besoin de dire que nous refusâmes cet argent. Notre colonel accorda une heure aux nomades pour se retirer vers le sud et, pour plus de sûreté, cinquante de nos cavaliers les suivirent jusqu'à Lüben, sur la route de Breslau.

Arrivés à Gross-Glogau, un aide de camp de l'Emreur, aidé du commandant de la place, général prussien, nous donna de bons quartiers dans cette ville de dix mille individus, parmi lesquels se trouvent dix-huit cents juifs qui font un grand commerce de denrées. Je reçus un grand appartement et un service de table presque princier. Mon hôte et ses deux filles voulurent me servir. Mais je refusai, laissant ce soin aux domestiques. La préoccupation principale de ces braves gens était de voir paraître l'Empereur. Ils nous posaient cent questions sur sa personne et nous demandaient si les portraits qu'ils avaient de lui étaient ressemblants. Ils nous montraient, entre autres, des caricatures anglaises hideuses, venues par Stettin, avec la contrebande dont nos ennemis inondaient cette partie de l'Allemagne.

De Glogau à Posen, nous eûmes deux marches à faire, dans un pays pauvre, où l'on ne rencontrait que des marais et des bois de bouleaux. Le 4ᵉ escadron se donna, aux environs de Kosten, le plaisir d'une chasse aux chevreuils, qui nous procura une abondante venaison. Le propriétaire de cette « réserve » vint réclamer le soir une indemnité de trois mille francs. On le fit souper. Il but tant de vin qu'il fallut le coucher sur la paille d'un chariot et le reconduire chez lui. Sa femme le corrigea vertement, sous les yeux de l'escorte, puis nous envoya, par lettre, des injures.

Nous arrivâmes à Posen le 25 mai, dans cette grande et belle ville, qui gardait depuis 1806 une garnison française. La bonne société parlait notre langue, multipliant les services en notre faveur, et se défendait d'être devenue prussienne dans cette capitale de l'ancienne grande Pologne, qui se nomme réellement Posna, aux rives de la Wartha, affluent de l'Oder. On y compte vingt mille habitants et douze couvents, qui renferment des merveilles d'architecture et où les bons moines s'entretenaient avec nous en latin.

Dans cette ville, j'écrivis ma dixième lettre à Laure, dont je reproduis ces passages :

J'ai oublié de numéroter la lettre que j'ai remise ce soir au bureau de l'estafette, sous le couvert de notre bon petit cousin (Leduc). Elle doit porter le numéro 9. J'ai demandé dans ce bureau et au grand bureau du quartier impérial qui est ici, et au bureau du général Monthion, si l'estafette qui est arrivée ce matin avait remis une lettre pour moi. Nulle part, on n'a trouvé la moindre petite lettre. Chère amie, je suis bien mal desservi par je ne sais quel hasard ! Comment ! depuis le 9 ou le 10 qu'est parti le cousin, est-il possible que rien de toi ne me soit parvenu ? Tu m'as écrit, c'est sûr. Tu m'as *écrit, n'est-ce pas, ma Laure? Tu as continué ton journal et tu n'auras voulu l'envoyer qu'au bout d'une semaine; il ne sera parti que le 15 ou le 16, et alors il est assez probable que je ne pourrai le recevoir que demain, ou après-demain.* Voilà dix jours que je me raisonne pour me persuader que je ne dois pas m'inquiéter, et puis qu'on dise que je n'ai pas de raison. O mon Dieu! conserve ma Laure, conserve sa santé... Je suis prêt à me désespérer quand je me figure qu'il est possible que tu sois bien malade. Mais alors notre bonne tante Sophie (Arnault) m'en avertirait; elle ne me laisserait pas dans une cruelle incertitude comme celle que j'éprouve. Demain, n'est-ce pas, demain j'aurai de tes nouvelles. Je suis resté tout stupéfait quand le général Monthion, à qui ton cousin m'a dit qu'il adresserait tes lettres, m'a répondu qu'il n'avait rien pour moi. Je me figure parfois que nos bons parents ont perdu leur enfant — un fils d'Arnault, — que les soins que tu lui as donnés et que les soins et les consolations dont ils ont à présent besoin ont absorbé et absorbent encore ton temps. Tu n'as pas d'idée du chemin que fait mon imagination. Tiens, ce matin, quand ce pauvre capitaine de mon régiment dont la femme est morte subitement est venu me voir, une voix que je voulais et ne pouvais ne pas écouter me disait : Tremble que cela ne soit de même pour ta Laure! Amie, mes cheveux se dressent en écrivant ceci, et mes larmes coulent malgré moi. Mon Dieu, conservez ma Laure. Comment pourrais-je vivre sans elle?... Il est minuit. Je ne sais pourquoi cette heure est lugubre. Je te quitte un instant, je vais prendre l'air quelques minutes... *Deux heures au matin.* La nuit est superbe, ma mie. J'ai vu notre étoile si belle, si brillante, que cela m'a tranquillisé. Vois comme je deviens superstitieux. J'a ouvert ton petit médaillon, et à la clarté de la lune j'étais à le regarder et j'y serais peut-être encore si une patrouille de gardes nationaux n'était venue à passer. Je sais assez de polonais pour demander quelle heure il est; les hommes m'ont répondu : « Bientôt deux heures » et je suis rentré. Bonsoir, me voilà tranquille. Demain, bien sûr, j'aurai une lettre de toi... *26 mai, au matin.* J'ai passé une assez mauvaise nuit, ma mie; des soldats, qui sont logés à côté de moi, ont fait un tel tapage que j'ai mal dormi. En revanche, j'ai beaucoup rêvé, mais pas toujours agréablement. Je te voyais dans des positions affligeantes, malheureuse, errante. Une fois, je t'ai rencontrée déguisée en vivandière et prête à être maltraitée par des soldats ivres. Je me réveillais toujours quand je ne pouvais plus supporter la peine que j'éprouvais. Je n'ai pu dormir assez bien que le matin. Alors j'ai encore rêvé de toi, mais agréablement... J'ai aussi éprouvé ma fidélité contre une tentative assez forte. J'étais logé dans un château, chez une jeune veuve... On vient m'interrompre, je te conterai mon rêve plus tard... *Même jour, à minuit.* Je rentre chez moi, ma mie. Tout le monde dort dans la maison. Il n'y a point moyen d'avoir de la lumière. J'ai passé la soirée avec les aides de camp du roy de Naples. Il fait un clair de lune superbe et j'y vois à peu près assez pour te dire bonsoir. Dors bien, ange de douceur et de bonté. Je n'ai rien reçu par l'estafette. C'est pour me consoler que j'ai été garçonner. Nous avons bu à ta santé. Il m'est impossible de me relire, car j'écris à tâtons. Adieu, ma Laure!

Mes inquiétudes furent dissipées heureusement le 27, en recevant une lettre de ma femme. Sa santé était bonne et les nouvelles données de Paris en tous points excellentes. Arnault disait que l'Empereur mettrait, en six ou huit semaines, les Russes à la raison. On savait que toute la Pologne marcherait avec nous et que le tsar n'avait pas deux cent mille soldats à opposer à notre formidable coalition dans laquelle entraient les États allemands, l'Autriche comprise.

Posen formait le centre d'un camp immense. Murat y poussait la dernière organisation de sa belle et nombreuse cavalerie. Les corps d'infanterie, conduits par des maréchaux, franchissaient la Wartha au chant des musiques guerrières. L'ordre et la discipline régnaient partout. L'Empereur, revenu de Glogau en une seule marche, nous arriva au coucher du soleil. Il avait défendu qu'on lui rendît les honneurs. Le quartier impérial était installé dans un couvent de jésuites. Ces messieurs avaient fait un accueil empressé au souverain, et, pour ne pas troubler son sommeil, le supérieur avait décidé que les chants nocturnes à la chapelle seraient supprimés.

A dix heures du soir, je pénétrai dans le logement réservé au maréchal Berthier, voulant visiter Leduc. Le pauvre garçon travaillait, aux lueurs d'une sorte de réverbère, dans une grande cellule ornée de tableaux qui m'ont paru fort beaux. M. le prince de Neuchâtel, qui me connaissait, s'écria : « Vous arrivez à propos, capitaine Bro... Votre écriture est bonne. Vous me ferez une vingtaine de lettres. Asseyez-vous là, à côté de votre cousin. » Dans la cour du couvent, une cloche sonnait les heures. A minuit, la besogne était terminée. Le major général prit les papiers ; on lui ouvrit une porte et il entra chez l'Empereur, qui était assis devant un grand feu, le visage coloré par la chaleur et le regard très dur comme s'il était mécontent. Le courrier signé, cacheté, expédié, le maréchal me congédia : « Maintenant, vous pouvez aller au cabaret ou au lit. Je me souviendrai que vous m'avez servi un moment de secrétaire » Leduc me reconduisit. Nous croisâmes dans la cour du cloître une procession d'hommes noirs qui psalmodiaient tout bas du latin. Le choc de mon sabre sur le pavé en effraya quelques-uns... Mais bientôt nous fûmes hors du couvent ; le cousin me serra la main et je rentrai, sans autre aventure, à mon logement.

Le dimanche 31 mai, Napoléon reçut, à partir de neuf heures, les autorités et les maréchaux. M. Monthion m'annonça qu'il était de belle humeur. A midi, le supérieur des jésuites chanta la messe dans l'appartement de Sa Majesté et toutes les cloches de la ville sonnèrent joyeusement. De cinq à sept heures le monarque se promena dans la compagnie de Murat. Les mamelucks assuraient sa garde. Le brave Kirmann, qui les commandait, reçut, au bord du fleuve, une dure semonce, pour avoir permis à une jolie Polonaise d'approcher l'Empereur. Fille d'un officier tué en 1807, Sophie Lipowska demandait une audience. Napoléon la refusa durement, sous prétexte qu'il ne pouvait recevoir « une dame » dans un couvent. Mais il faisait remettre le lendemain à cette pauvresse un brevet de pension de six cents livres. De vilaines gens ont publié à Posen de misérables contes sur les relations de l'Empereur et de cette pauvre fille, qui était l'honnêteté même et qui vivait auprès de sa mère infirme.

Dans la soirée du 1er de juin, l'Empereur tint cercle, et tous les officiers de la Garde furent admis à y assister. Les appartements du cloître, la salle capitulaire, la salle à manger et le promenoir étaient éclairés au moyen de cierges de cire jaune. Rabusson me fit remarquer que le général Belliard avait allumé sa pipe à un cierge, quand Sa Majesté venait de lui tourner le dos. Le général Krasiński, commandant les chevau-légers-lanciers, qui était de service, informé de ce manquement à l'étiquette, se permit d'adresser des reproches au chef de l'état-major du roi de Naples. Sur quoi Belliard s'empressa de prendre le Polonais au collet, le poussa brutalement dans la cour, dégaina et lui appliqua un coup d'épée qui, heureusement, n'entama que légèrement la jambe de l'officier. Mais les jésuites, en voyant couler le sang, crièrent à la profanation de leur sainte demeure. Napoléon chargea Murat de « laver la tête » à cet enragé de Belliard. Quant à Krasinski, il essuya force quolibets, et quelques malveillants allèrent jusqu'à lui reprocher d'avoir, comme certain roi de Pologne, nommé Auguste, beaucoup bu ce soir-là. Leduc lui-même alla jusqu'à dire qu'il s'était aliéné,

d'un coup, l'estime de toute la cavalerie française.
Cependant ce général était brave, et il ne laissa pas,
dans la suite, d'en donner des preuves.

J'appris le 2, à mon réveil, que l'Empereur avait
rompu le cercle à trois heures du matin, pour monter
en voiture. On attribuait ce départ précipité au rapport d'un espion survenu dans la nuit. Leduc me con-
fia que le généralissime russe, Barclay de Tolly, était
parti de Lida, en marche vers Tilsit, afin de passer
avant nous le Niémen. Cette nouvelle faisait prévoir
une grande bataille dans la Prusse orientale. Nous
l'attendions, du reste, de pied ferme, connaissant bien
le pays situé entre Friedland et Dantzig.

Les chasseurs de la Garde arrivèrent le 13 à Thorn,
ville du pain d'épices, de douze à quinze mille habitants. Sentinelle observant la Vistule, son origine
remonte à une fondation faite au treizième siècle par
le Grand Maître de l'Ordre teutonique. On y montre la
maison qu'habita Charles XII et celle où naquit le
fameux astronome Nicolas Copernic. L'affluence des
troupes nous réduisait à occuper des logements fort
étroits. Je partageai un mauvais lit avec Bourgeois, qui
me conta ses peines de cœur. Pauvre, il avait levé les
yeux sur une jeune fille riche... Ses quatre mille francs
d'appointements (ce qui nous était remis annuellement)
ne pouvaient suffire à l'entretien de l'officier obligé de
montrer grande figure à cause de ses futurs beaux-
parents. Je lui donnai le conseil d'oublier. « Impossible,
me répliqua-t-il, car elle est aussi captivante que votre
Laure. » Je venais de recevoir deux lettres de ma
femme, et les reproches de ne pas écrire assez souvent
me piquaient. Le 13 juin, j'écrivis ma justification, que
l'estafette emporta. Le 15, à six heures du soir, je
griffonnai ce billet :

Ma chère et bonne Laure, je viens de t'écrire par la poste ordinaire pour t'annoncer mon départ de Thorn afin que tu le susses plus tôt parce que maintenant le quartier impérial est assez éloigné et que je crains que tu ne reçoives l'avis que je t'en donne par la voie de ton cousin que dans une quinzaine de jours et peut-être plus tard. Deux avis valent mieux qu'un, et je ne veux pas économiser mon papier quand il s'agit de te tranquilliser. Je serai à Kœnigsberg dans dix ou douze jours au plus. D'ici là, je ne crois pas que je trouve le moyen de te faire passer un petit mot. Tranquillise-toi sur le silence que je garderai. Je ne t'écrirai pas moins tous les soirs, mais, faute de postes aux lettres, je serai obligé de garder tout mon bavardage en poche. J'écris à ton bon petit cousin pour le prier de me faire tenir tes lettres chez le commandant de la place de Kœnigsberg. Je ne manquerai pas de les y bien chercher, à mon passage, car tout fait présumer que nous ne resterons pas longtemps dans cette ville. J'ai repris courage, mon cher ange, et tu peux compter sur mon énergie pour bien supporter les privations qui vont nous accabler. Juge si je suis pressé, puisque je termine si vite ce petit billet. Adieu, mon bon ange. Embrasse nos bons parents.

Napoléon nous avait suivis, pour stimuler les nombreux corps de la Grande Armée qui représentaient à ce moment cette masse imposante : quatre cent mille hommes, dont quatre vingt mille cavaliers et neuf cents canons. Il avait pris la route de Dantzig par Dirschau. Nous allions droit à Kœnigsberg, par Elbing. Un temps sec rendait les chemins faciles aux cavaliers. La vieille capitale de l'ancienne Prusse nous apparut un matin dans sa ceinture de murailles grises, qui mesurent plus de quatre kilomètres d'étendue. L'Empereur y était, à son tour, le 14 juin, anniversaire de Marengo. Il passa même une revue de l'infanterie. Nous fûmes logés dans les dépendances du vieux château royal, encore rempli des souvenirs de la reine Louise. Après avoir visité ma chambre, je me rendis chez le gouverneur de la ville, un vieux général hollandais qui bougonnait sans cesse et croyait voir partout des espions prussiens agissant au compte de la Russie. Son aide de camp me remit deux lettres venues par la poste. Le gouverneur se permit alors cette réflexion : « Ces jeunes officiers sont tous les mêmes ; il leur faut recevoir des billets doux pour les consoler des plaisirs de garnison qu'ils regrettent tant ! » Mon infériorité en grade m'empêcha de lui répondre ainsi que je l'eusse souhaité. Mais, le soir, Leduc fit entendre à cet homme des Pays-Bas conquis « que certaines réflexions inutiles au bien du service militaire déplaisaient en haut lieu. »

J'eus à marcher le 17 juin, dès deux heures du matin. Le grand maréchal Duroc me donna les consignes aux lueurs d'une lanterne. Nous défilions presque silencieusement entre les maisons endormies ; puis, nous avancions à travers des plaines immenses, coupées çà et là de fermes ou de misérables bâtisses. L'Empereur, que nous gardions bien (car un attentat ou un essai d'enlèvement était toujours possible), passa à Wehlau une division de cuirassiers en revue. Je l'accompagnai ensuite à Intersbourg, ville de cinq cents maisons, la plupart en bois, bâtie au bord de la Pregel, rivière blanche, dans laquelle nos chevaux se désaltérèrent. Là, nous prîmes contact avec la brigade prussienne du général Kleist. Ces Prussiens, forcés de seconder des Français, se montraient froids. Ils avaient repris la roideur que nous avions si bien cassée à Iéna. J'eus des rapports assez aigres parmi eux. Vraiment, ces gaillards nous détestaient. Jaloux de notre gloire, ils se tenaient prêts, on le sentait, à chercher la première occasion de nous trahir. Napoléon en fut informé, ce qui le porta à les placer sous les ordres de M. le maréchal Macdonald, réputé pour faire observer, chez les auxiliaires, une discipline rigoureuse.

L'Empereur nous conduisit le 18 à Gumbinnen, sur
la Pisse. C'est l'ancienne capitale d'un district lithua-
nien. En ce lieu, il arrêta définitivement le plan d'invasion du territoire russe. Le gros de l'armée irait
droit à Vilna. L'aile gauche, 10ᵉ corps, obéissant à
Macdonald, se dirigerait de Tilsit vers Riga. L'aile
droite, les Autrichiens conduits par le prince de
Schwarzenberg, chemincrait vers la Moldavie, afin de
nous bien couvrir. Et toutes les troupes mises en mouvement, Napoléon allait coucher le lundi 21, sous la
tente, devant la ferme de Naugaraidski, à une demi-
lieue du Niémen. Là fut rédigée la fameuse proclamation aux troupes :

> Soldats! La seconde guerre de la Pologne est commencée :
> la première s'est terminée à Friedland et à Tilsit. A Tilsit,
> la Russie a juré éternellement alliance à la France et guerre
> à l'Angleterre. Elle viole aujourd'hui ses serments! Elle ne
> veut donner aucune explication de son étrange conduite, que
> les aigles françaises n'aient repassé le Rhin, laissant par
> là nos alliés à sa discrétion. — La Russie est entraînée par
> la fatalité. Les destins doivent s'accomplir. Nous croit-elle
> donc dégénérés? Ne serions-nous donc plus les soldats d'Aus-
> terlitz? Elle nous place entre le déshonneur et la guerre. Le
> choix ne saurait être douteux. Marchons donc en avant!
> Passons le Niémen! Portons la guerre sur son territoire. La
> seconde guerre de la Pologne sera glorieuse aux armées fran-
> çaises, comme la première; mais la paix que nous conclurons
> portera avec elle sa garantie et mettra un terme à la funeste
> influence que la Russie a exercée depuis cinquante ans sur les
> affaires de l'Europe.

Cette proclamation devait enthousiasmer les vieux
soldats et aguerrir les recrues qui étaient très nombreuses dans les légions de la Grande Armée. Bref,
l'avant-garde de cavalerie, commandée par mon ancien
chef, le général Pajol, passait les trois ponts du Nié-

men, construits par Eblé, le 23 juin, après deux heures du matin, suivie du corps de Davoust et de la cavalerie du roi de Naples.

Napoléon avait passé la matinée du 23 à inspecter les bords du Niémen, vers le nord. Il portait un manteau noir et un petit casque, ce qui fit dire qu'il s'était déguisé en Polonais. Quelques cavaliers de cette nation le suivirent à distance. Il ne courut aucun danger et travailla toute la nuit dans sa tente. Le 24, à midi et demi, entouré des lanciers de Krasinski, l'Empereur passa le fleuve et se rendit à Kowno. On lui procura l'abri d'un petit couvent. Il aimait loger en ces lieux.

Les chasseurs de la Garde venaient d'être placés sous le commandement supérieur de Bessières, duc d'Istrie, rude cavalier, chef sévère, et toujours prêt à charger comme un chef d'escadron. Nous traversâmes les grandes forêts et les sables de cette affreuse Lithuanie. Après que notre gros eut dispersé les corps du fameux Barclay de Tolly, l'Empereur entrait à Vilna le dimanche 28, dans l'après-midi; et nous eûmes le 1er juillet des espérances de paix, quand M. Balachoff, ministre du tsar, se présenta au quartier impérial. Vaines espérances, car les Moscovites s'étaient promis de nous exterminer. Pendant qu'Alexandre faisait un essai de négociation, ses Cosaques dévastaient et brûlaient le pays, sûr et cruel moyen d'affaiblir nos ressources. Nous avions jusque-là vécu sur les fourgons. La nouvelle se répandit que nous allions passer l'hiver à Vilna afin d'être en mesure de marcher au printemps sur Saint-Pétersbourg. Napoléon devait employer l'automne et l'hiver à reconstituer le royaume de Pologne... et lui donner pour régent le prince Poniatowski. Il jugea que les Polonais n'étaient plus dignes de la liberté. On disait d'eux beaucoup de mal au grand état-major. Leduc me laissa copier cette note, traduite,

je crois bien, d'un auteur allemand : « Il serait super-
flu de tracer un tableau affligeant de la misère qui, par
toute la Pologne et même dans Varsovie, sa capitale,
forme le contraste le plus tranchant avec le faste des
grands. Le paysan polonais, véritable frère des Russes,
bohémiens et autres esclavons, oublie toutes ses peines
en chantant; souvent, il compose lui-même sur ses
tristes aventures une romance plaintive, ou bien il fre-
donne des satires contre ses tyrans; on dit surtout que
les Lithuaniens ont des chansons populaires d'un goût
original et piquant. Le grand principe d'un paysan polonais est contenu dans ce proverbe : « Un homme n'est
« jamais malheureux tant qu'il a de quoi manger. »
Les bourgeois, dans les petites villes, vivent aussi
misérablement que les serfs; il n'y a que les juifs qui,
sous l'apparence de l'extrême indigence, jouissent de
l'aisance et même des richesses. Par exemple, les
colons allemands se distinguent par la propreté de
leurs habitations, chose presque inconnue en Pologne.
Les auberges sont de grandes écuries bâties en planches et couvertes de paille, sans meubles ni fenêtres.
A l'un des bouts, il y a des chambres, mais la vermine
les rend inhabitables, si bien que les voyageurs pré-
fèrent loger avec les chevaux. On est obligé de porter
ses vivres avec soi, et lorsque la provision est finie, on
ne peut avoir recours qu'en la bonté du seigneur du
village. Enfin, ces auberges sont dignes des grands
chemins sur lesquels elles se trouvent, car on peut se
féliciter si l'on a fait une lieue sans verser, ou traversé
un pont sans tomber dans l'eau. » Et voilà pourquoi
nous n'avons rien à faire pour ces gens-là, me dit
Leduc en manière de conclusion.

Quelles fortes raisons portèrent tout à coup l'Empereur à nous diriger vers Smolensk? Nos escadrons,
réduits à moins de deux cents chevaux par unité, quit-

tèrent Vilna dans la soirée du 16 juillet, par une chaleur suffocante. Nous tenions la route de Minsk. Des
orages très violents vinrent rendre impraticable un
terrain marécageux. L'infanterie connut ses premières
détresses, par le manque de vivres et de pharmacie.

Nos auxiliaires, Badois, Bavarois et Wurtembergeois, commencèrent à regarder derrière eux; et plusieurs de leurs officiers se plaignirent amèrement d'avoir
été entraînés si loin de leur pays pour servir une cause
qui leur était entièrement étrangère.

Le 20, à Gloubokojé, les chasseurs furent campés
autour du monastère servant de quartier impérial.
Leduc m'invita à partager le dîner assez copieux des
aides de camp du prince de Neuchâtel. A sept heures
du soir, le courrier de Paris arriva. Quelle joie de recevoir deux lettres à la fois! Laure me disait mille choses
aimables, et mon père m'écrivait, ou plutôt m'avait
écrit le 1ᵉʳ de juillet, en ces termes :

Je n'ai pas répondu, mon cher fils, à ton n° 1 (expédié de
Glogau) parce que j'ai chargé Laure d'être mon secrétaire,
mon remplaçant auprès de toi. Ta lettre m'a fait un sensible
plaisir parce qu'elle m'a montré ton cœur et tes sentiments
vis-à-vis de ta femme; conserve-les bien; en faisant ton
bonheur, ils te feront honneur devant tous les gens de bien.
Laure nous visite de temps en temps; elle nous fait grand
plaisir; elle est douce et gentille, cause fort bien et a toutes
les dispositions pour faire une bonne et aimable femme. Il
est à désirer que, bien placée pour bien sentir le désordre
qui règne dans la maison de sa tante, elle en tire la conséquence que, pour être heureuse et former une bonne maison,
il est bien essentiel qu'elle s'accoutume de bonne heure à
l'ordre, à l'économie et au ménage. Je crois qu'elle a beaucoup à faire pour en venir là. Une femme accoutumée à se
lever à midi ne peut rien faire de la journée et ne peut veiller à son ménage. Je sens qu'il est difficile de rompre une
pareille habitude, mais cependant, quand on n'est pas riche,

quand on s'est mis dans le cas d'avoir un mari, de faire des enfants, qu'on a besoin de monter un ménage, on a contracté de grands devoirs, on a bien des obligations à remplir. Ce qu'on n'a pas bien commencé pour faire une bonne femme de ménage, il ne faut pas que cela dégoûte de le devenir, mais il ne faut rien négliger pour arriver au but qu'une femme raisonnable doit viser, et auquel une femme qui possède, comme Laure, de l'esprit, et un bon esprit, de la raison, de l'honnêteté, de l'amour pour son mari, qui aimera par suite ses enfants, est fière d'atteindre quand elle le voudra bien. L'essentiel pour elle est de fréquenter les femmes qui ont de l'ordre, de la conduite, et qui dans leur ménage mettent toute l'économie que l'intérêt personnel et la raison commandent. J'espère beaucoup de sa raison et de la tienne, car, comme elle t'aime beaucoup et veut te plaire en tout, si tu le lui commandes, je suis sûre qu'elle s'en occupera et y fera une attention particulière. — Je ferai vis-à-vis de ta femme ce que tu désires. Ma femme t'embrasse de tout son cœur, et je lui cède la plume. — Oui, mon bon ami, j'aime votre Laure de tout mon cœur ; je veux qu'elle soit toujours chez nous comme l'enfant de la maison ; je lui sais bon gré de s'être aperçue de tout mon attachement pour elle ; je la trouve charmante pour la douceur et le caractère qui me paraît d'une égalité parfaite, et je suis enchantée qu'elle se plaise avec nous ; elle nous embrasse avec beaucoup d'amitié et je le lui rends de bien bon cœur. Je lui ai fait passer hier vos deux lettres et je l'attends un de ces jours.

Cette bonne lettre, je voulus la renvoyer à Laure, après y avoir porté des annotations :

Mon père a raison, chère amie ; c'est surtout le matin qu'une maîtresse de maison doit s'occuper. Je te prie de prendre l'habitude de te coucher de bonne heure pour pouvoir te lever matin, et puis de tâcher de rendre utile à ta tante le temps que cette habitude fera gagner, en commençant par t'occuper à veiller si l'on a bien soin que ton oncle n'attende pas son déjeuner. Enfin, il y a mille petites choses de surveillance que tu peux faire, sans paraître te mêler de l'administration de la maison, ce que je suis bien loin de te conseiller; mais, vois-tu, ma mie, en occupant l'heure qui suit ton réveil, tu te rendras utile. On ne trouvera pas mauvais que tu te couches de bonne heure, et tu y gagneras de fortifier l'habitude de te lever matin, parce que, ayant quelque chose à faire, cela deviendra pour toi une sorte de devoir, et tu commenceras en même temps à apprendre ton métier de maîtresse de maison. Trouves-tu ce que je te dis là raisonnable? Leduc, qui approuve mes réflexions, a ajouté ceci : « Chez bon oncle Arnault, c'est le désordre. La porte y est ouverte à tous les flatteurs et quémandeurs. Le poète déjeune souvent à trois heures du soir, et de ce qu'il plaît à une bonne de lui donner. On dîne et soupe en même temps, vers dix heures. Arnault manque souvent du nécessaire, puisque sa brave femme donne l'argent aux pleurards et laisse la domesticité voler. Papa Bro voit clair et déplore justement que votre Laure vive entre ces gens, remarquables, certes, mais trop originaux.

Et Leduc a fait partir cette lettre avec celles du major général.

Notre séjour à Gloubokojé fut agréable, mais assez court. Nous quittâmes les moines si hospitaliers le 22, dans la nuit. L'Empereur marqua des arrêts à Oustchack, Kamen, au château Kreptowichi et sur le champ de bataille d'Ostrowno. On se battait là depuis la veille. Le prince Eugène et Murat avaient donné contre une armée russe disposée à nous livrer une grande bataille. Napoléon nous envoya auprès de Murat. La cavalerie d'Ostermann, galopant pour déborder notre gauche, les chasseurs de la Garde et les lanciers polonais tombèrent dessus. Mon escadron aborda un gros de dragons qui s'était défilé derrière un ruisseau. Nos chevaux franchirent ce fossé et j'entrai avec cinq hommes dans les rangs de l'ennemi. A coups de pistolet, nous en jetâmes quelques-uns par terre, et

sous nos sabres, les autres se débandèrent. Une dizaine
restèrent prisonniers, et parmi eux un boyard qui portait une tunique en fil d'or et des armes turques du
plus grand prix. Cet officier refusa de livrer son nom
et mangea les papiers qui l'eussent pu faire reconnaître
pendant qu'on l'emmenait. Ce 26 juillet, Napoléon
avait suivi notre action d'un tertre. Il complimenta
notre colonel. Le soir, nous étions tranquilles. Les
Russes avaient repassé la rivière Lutchiesa, abandonnant trois mille morts et cinq mille blessés.

Viteps fut occupé par Murat le 30. J'eus la joie d'y
voir le général Colbert, qui faisait partie de la division
Grouchy. Il allait prendre des ordres au quartier impérial. Napoléon venait de décider, pour la seconde fois,
que la Grande Armée irait à Smolensk. On abandonnait décidément la route de Saint-Pétersbourg en
tournant le dos à la Duna. Mais la réunion des approvisionnements et le souci de rallier des milliers de traînards prirent quelques jours. Nous partîmes le 13 août,
devant l'Empereur qui se contentait d'une escorte de
mamelucks, parfois renforcée des lanciers polonais. La
cavalerie de Grouchy balaya les contingents russes d'un
certain général Neverowski, devant Krasnoé. Mais
Barclay nous attendait à Smolensk, dite ville sainte
à cause des nombreux couvents qu'elle renferme.
Davoust, Ney, le prince Eugène et le roi de Naples
l'attaquèrent le 17. Nous restâmes en réserve, derrière
l'infanterie de la Garde. Quel terrible spectacle que
celui de cette lutte, dans laquelle coulèrent des torrents
de sang! Les Russes nous abandonnèrent une cité en
flammes; et ce fut parmi des ruines que j'écrivis plusieurs lettres, le 18, à destination de Paris.

Le besoin de repos et la nécessité d'assurer le ravi-
taillement des troupes portèrent Bessières à nous laisser quatre jours au camp, devant Smolensk. Mon solide

cheval *Parfait* goûta les délices d'un bon pâturage, et
le quartier-maître fit une grosse provision d'avoine
pour l'escadron. Je trouvai, à des prix élevés, quelques
vivres, en vue des jours de famine, car la ruine totale
du pays, œuvre des Cosaques, nous faisait prévoir les
prochaines disettes. M. le général Lefebvre-Desnouettes
nous avait d'ailleurs prévenus : « Il y aura beaucoup
de coups de sabre à donner et rien à ramasser en
route. Arrangez-vous, mes amis. » Le 23, à dix heures
du matin, nous reprenions notre marche, derrière un
long train d'artillerie, mené à si bon trot que nos chasseurs pouvaient bientôt s'établir à Dorogoboué. Un
bataillon gardait cette place et cinq ou six mille prisonniers, êtres hideux, Ouraliens qui étaient à jeun
depuis trois jours. Le pope qui les accompagnait, vieillard à longue barbe blanche, vint nous demander
quelques biscuits. On lui donna à dîner; et, sorti de
table, il se rendit à l'église; là, un officier polonais le
surprit, priant à haute voix pour le succès des armes
du tsar et appelant les foudres du ciel sur la tête des
Français impies. Son manque de reconnaissance lui
valut une verte correction. Le 24, nous allions à Sem-
levo. On s'abrita entre les murs des maisons incendiées.
Je découvris, aux lueurs d'un fanal, deux paysans qui
étaient venus piller. Je leur enlevai des bissacs très
chargés et les laissai courir vers la plaine. Les chasseurs escortèrent l'Empereur du château de Rubki à
Wiasma. Il nous apparut triste et malade. Il prit des
médecines à Gjatsa et ordonna la réunion des corps en
apprenant que le maréchal Kutusoff couvrait avec cent
cinquante mille hommes le chemin de Moscou, vers
Borodino.

Dans la journée du 5 septembre, la Grande Armée
était devant l'ennemi, dans un terrain mamelonné et
difficile à parcourir. Il se livra quelques engagements

auxquels nous n'eûmes aucune part. Notre bivouac, humide, fut en partie inondé par la pluie qui tomba le 6. La poste arriva de Paris, apportant le portrait du roi de Rome et mes lettres. Laure m'écrivait : « J'ai suivi tous tes conseils. Je veux être ta parfaite petite femme. J'espère que tu reviendras bientôt de ce maudit pays. Tous les jours, je vais visiter ton père; et notre grand bonheur est de parler de toi. » L'affection amollit le soldat. Il faut se rappeler, quand des êtres chers vous écrivent, ses devoirs, et je le fis en préparant mes armes, bien décidé à casser la tête à des gens qui ne m'avaient rien fait... Mais la guerre a ses cruautés!... Je ne dormis guère, sur la paille qui me servait de couche. Le 7, à quatre heures du matin, les chasseurs étaient à cheval, à cinq cents mètres à droite de la tente de l'Empereur qui conférait avec les maréchaux. Un épais brouillard rendait tout objet invisible à vingt pas. Il se dissipa vers cinq heures, et à six le soleil apparut devant nous. Les vieux soldats crièrent : « C'est le soleil d'Austerlitz ! » Sur le front des régiments assemblés, les majors lurent l'ordre du jour que Napoléon avait dicté pendant la nuit : « Soldats! voilà la bataille que vous avez tant désirée; désormais, la victoire dépend de vous; elle nous est nécessaire; elle nous donnera l'abondance, de bons quartiers d'hiver et un prompt retour dans la patrie. Conduisez-vous comme à Austerlitz, à Friedland, à Vitepsk, à Smolensk, et que la postérité la plus reculée cite avec orgueil votre conduite dans cette journée; que l'on dise de vous : il était à cette grande bataille, sous les murs de Moscou. »

Les cris de « Vive l'Empereur! » succédèrent à cette harangue. Et le canon déchaîna son tonnerre. Placés en réserve, nous ne vîmes que peu de chose de cette terrible action. Nos cuirassiers emportèrent la

grande redoute russe, au prix de très grandes pertes;
les généraux Monthion et Caulaincourt y périrent.
Kutusoff, qui avait exposé une image sainte sauvée de
Smolensk, pour nous vaincre, dut abandonner le plateau de Borodino et courir vers Moscou... et nous
eûmes, le lendemain, l'horrible spectacle des blessés
moscovites serrés dans un ravin, où ils s'étaient réfu-
giés pour échapper à notre mitraille. Plusieurs avaient,
au fond d'une cavité, été noyés dans des torrents de
sang.

Murat prit les devants pour déblayer la route. Une
arrière-garde postée à Mojaïk fut taillée en pièces. Et,
dans la journée ensoleillée du 13 septembre, le roi de
Naples, suivi par trois colonnes d'infanterie, aperçut
Moscou. Il courut au palais du Kremlin; ses premiers
cavaliers essuyèrent une fusillade tirée par des gardes.
On enfonça les portes à coups de canon. Mais, déjà, les
forçats délivrés et excités par le gouverneur Rostop-
chine, incendiaient le quartier des marchands. L'Empereur, que nous escortions, coucha le soir à l'entrée de
la ville et le lendemain 15, à sept heures, il entrait
au palais des tsars, donnant l'ordre aux grenadiers
d'éteindre les incendies qui se multipliaient dans la
cité.

Nous étions logés dans les dépendances du Kremlin.
J'eus, dans la cour Pierre, le logement d'un chambellan. Quelle douceur de reposer sur un lit moelleux,
d'avoir autour de soi des décors si riches! L'honnêteté
des officiers de la Garde leur défendait de s'approprier
aucun objet. Malheureusement, notre exemple ne fut
pas suivi. Chacun se forma une pacotille et se donna
l'excuse que les choses dérobées eussent été ensevelies
ou détruites sous les ruines de la ville. Bientôt, les
officiers se trouvèrent incapables de refréner l'action
des soldats qui se livraient au saccage. Plusieurs

tuèrent les incendiaires surpris et s'approprièrent ce qu'ils avaient dérobé. On vit s'ouvrir des marchés aux carrefours et dans les églises, car une tourbe de juifs polonais nous avaient suivis.

Le Kremlin incendié, Napoléon dut se réfugier au château de Troisskoie. Il n'eut pour sa garde que des lanciers polonais. Nos chasseurs allèrent loger dans le quartier de la place Rouge. J'eus l'asile d'une petite maison qu'habitaient une jeune femme et ses deux enfants en bas âge, veuve d'un officier tué à Friedland. Mme Semenoff parlait français. J'arrivai à temps chez elle pour la sauver de l'outrage de cinq soldats wurtembergeois. Insulté et frappé par ces Allemands, je les livrai, après une distribution de coups de sabre, à notre police. La pauvre femme m'offrit, en hommage de reconnaissance, une croix d'or enrichie de diamants. Je refusai, en l'assurant que je n'avais fait que remplir mes devoirs. Elle insista tant que je pris un coffret rempli de papier à lettre fleuronné que j'envoyai à Laure, en lui racontant les derniers événements auxquels j'avais pris part. Leduc venait d'expédier cet envoi lorsque je reçus un billet de M. Arnault, écrit du Val, le 6 septembre :

Votre femme me remet, mon cher ami, votre billet daté de Smolensk. Je vous remercie d'avoir pensé à moi au milieu des grands événements dont vous êtes acteur et témoin. Continuez à nous écrire par toutes les occasions, comme vous l'avez fait jusqu'à présent. Vos lettres ont un double prix pour nous; elles suspendent nos inquiétudes au moins dans le moment où nous les lisons. — Je ne puis trop vous remercier en plus des soins que vous avez pris pour retrouver Telville (deuxième fils de M. Arnault). S'il y a longtemps qu'il n'a reçu de nos nouvelles, il y a plus longtemps encore que je n'ai reçu des siennes. J'attribuais cette privation aux difficultés de correspondre de l'armée à Paris

par la voie ordinaire. Engagez-le donc à profiter de l'occasion de Leduc, pour nous tenir deux mots de temps en temps
pour nous tranquilliser; voilà tout ce que je lui demande.
C'est un brave garçon. J'étais bien sûr qu'il vous paraîtrait
tel. Donnez-lui vos conseils et continuez à le pousser. Son
avancement peut seul nous faire supporter patiemment l'idée
des périls qu'il court et des fatigues qu'il endure. Soyez pou-
lui, mon ami, ce que vous avez été pour votre cher ami Fortuné BRACK (*aide de camp de Colbert et fils du directeur
général des Douanes*). — Vous avez bien tort de craindre
d'établir un commerce de lettres avec moi. Vous m'avez trop
longtemps privé d'un plaisir bien doux, celui que j'éprouve
en recevant des marques de votre affection. Les motifs que
vous apportez pour excuses de votre timidité me fâcheraient
presque; ils ne flattent pas plus mon esprit que mon cœur, et
je serais tenté de croire que le premier vous épouvante plus
que l'autre ne vous attache. Jugez-moi, je vous en prie, et
d'une manière tout à fait opposée. Si je vaux quelque chose,
c'est par le cœur; c'est lui qui vous paye de toute l'amitié
que vous me portez et du bonheur que vous doit ma nièce.
— Votre femme est ici avec nous; elle n'a pu s'y trouver à
la fête (du 15 août) parce que des devoirs qui lui sont bien,
chers l'appellaient près de votre père. Elle a passé dans
votre famille tout le temps où le Val (propriété située près
de l'Isle-Adam) était sens dessus dessous et n'y est revenue
qu'avec le calme. Il n'y a ici qu'elle et nous d'étrangers.
Nous y resterons encore une huitaine. — Je suis bien sensible au souvenir d'Amédée (de Corbières) et de Fortuné;
embrassez-les tous deux pour moi, et dites-leur que les vœux
et les inquiétudes que cette terrible campagne renouvelle en
moi s'étendent sur eux comme sur vous. Si vous voyez Telville, embrassez-le bien tendrement pour moi; dites-lui qu'il
me donne autant de satisfaction que j'en reçois de son frère;
je ne peux pas exprimer d'une manière plus forte le conten-
tement que j'ai de sa conduite; faites-lui tenir enfin partout
où il sera la lettre ci-jointe. Adieu, mon cher Bro; croyez
que vous n'avez pas d'ami plus tendre que votre oncle.

Leduc, secrétaire du major général, employa ses pouvoirs à réunir, le jeudi 8 octobre, les hommes auxquels M. Arnault s'intéressait : Telville, Cubières, Brack. On nous servit à déjeuner dans la chambre d'Yvan le Terrible, entre les panneaux aux lamelles d'or et les glaces de Venise. Du bon vin de Crimée arrosa ce festin, et nous écrivîmes au poète pour lui annoncer « que tout allait bien et que nous assistions d'une fenêtre du palais, comme si c'eût été du balcon des Tuileries, à la parade de l'Empereur. » Ensuite, mes compagnons voulurent présenter leurs hommages à la jeune veuve dont j'occupais la moitié de la maison. Elle nous offrit le thé et la conversation se prolongea jusqu'au soir.

Moscou, en partie brûlé et dévasté, ne pouvait plus servir de quartier d'hiver, et, chaque jour, l'armée russe de Kutusoff et les paysans insurgés resserraient le cercle autour de nous. L'Empereur avait cru pouvoir traiter de la paix, mais M. de Lauriston, son ambassadeur, ne put voir le tsar. Des agents anglais, nos éternels ennemis, se placèrent entre les deux souverains, afin de pousser Alexandre à continuer une guerre affreuse. Attristé et souvent malade, Napoléon fit préparer les corps à marcher. Son projet était de retourner à Smolensk. Chaque soldat devait emporter, dans les sacs et les fourgons, pour deux mois de vivres, mais ils se chargeaient presque tous d'objets volés et jetaient le biscuit. Nous étions plus sages et plus prévoyants aux chasseurs. Un train de voitures bien attelées porta nos provisions. J'achetai deux chevaux de cosaques habitués à manger la paille et des branches de pin. Ils portèrent mes bagages et cent kilogrammes de vivres de réserve, principalement en chocolat et eau-de-vie; je prévoyais que mon cheval français épuisé n'irait pas loin. Mes deux chevaux ferrés d'acier devaient me conduire jusqu'au Niémen. Je

me pourvus aussi d'une pelisse en peau de renard,
d'un bonnet fourré, de bottes feutrées, de briques de
résine qui permettaient d'avoir du feu à toute heure.
Mon ordonnance se surchargea également. Et dans cet
état, je sortis de Moscou le 19 octobre, derrière l'Empereur qui nous mena au château de Troiskoie.

La Grande Armée se trouvait réduite à cent cinquante mille hommes. La moitié des auxiliaires avaient
déserté. Un tiers des jeunes soldats avait péri. Et
tous les pillards s'étaient éloignés, tandis que la route
de Vilna restait ouverte. Il s'organisait des bandes de
cinquante individus qui formaient une compagnie. Le
plus hardi de ces hommes revêtait l'habit d'un officier
mort, — ou même déterré, — réquisitionnait des voitures avec une fausse commission d'ordonnateur, les
chargeait de butin et filait vers la Prusse en écartant
les Cosaques à coups de fusil. On ne pouvait courir
après ces gens; et la discipline s'était tellement relâchée que les soldats n'obéissaient plus si le service
commandé leur paraissait trop pénible. Des milliers
refusèrent de se battre pour assurer leur sécurité, et les
Russes faisaient prisonniers des bataillons qui n'avaient
pas dix fusils, mais du butin valant quelques centaines
de mille francs. En outre, l'armée allait être suivie par
des milliers de femmes, de domestiques, d'étrangers
venus on ne sait d'où et demandant chaque jour au
bivouac la portion de viande — à défaut de pain —
qui devait les empêcher de mourir de faim.

Le chemin du retour fut le plus pénible que jamais
armée ait eu à parcourir. D'abord, l'Empereur nous
entraîna vers Kalouga, et l'armée d'Italie, obéissant au
prince Eugène, rouvrit la route à Malojaroslawetz. Ce
jour-là, 24 octobre, l'hetman ou chef supérieur des
cosaques, nommé Platow, promit au maréchal Kutusoff de capturer Napoléon. Il dirigea huit mille cava-

liers vers Gorodnia, quartier impérial. Son premier
groupe enleva six pièces. Bessières rassembla toute la
cavalerie de la Garde en vingt minutes, et les chasseurs tombèrent, pistolets au poing, sur les Cosaques.
Nous en fîmes un carnage. Plus de six cents tués nous
restèrent. Les autres s'enfuirent de toute la vitesse que
pouvaient donner leurs rapides petits chevaux, nous
abandonnant l'artillerie et des prisonniers. Les mon-
tures de ceux-ci remplacèrent nos chevaux blessés et
ceux qui étaient épuisés, et quelques excursions poussées aux environs nous procurèrent une bonne quantité
d'avoine. On repartit le 29 pour avoir, hélas ! en traversant notre champ de bataille de Borodino, l'horrible
spectacle de vingt mille cadavres non ensevelis, de
blessés qui avaient survécu dans les pires misères,
ayant eu à lutter, le jour, contre les corbeaux, la nuit,
contre les loups. Napoléon les fit ramasser et porter au
couvent de Kolotskoé. Nous allions de ce lieu à Mikalowska sans grand dommage, poussant des traînards,
écartant les cavaliers russes et, pour rendre aux Moscovites mauvaise action pour mauvaise action, laissant
la horde de marchands et de méchantes gens qui nous
suivait brûler les villages après un pillage complet. Ce
fut le 6 novembre que les grands froids commencèrent.
La neige tomba pendant toute la journée du 7, lorsque
nous suivions l'Empereur, de Mikalowska au château
de Pniewo. Arrivés le 9 à Smolensk, chacun s'abrita de
son mieux. Je n'eus, avec mes camarades, qu'une écurie pour hôtel. La troupe affamée pilla les magasins ;
et il fallut que Ney abandonnât cette place le 16. Je
venais d'apprendre que le général Augereau, mon
ancien chef, avait été pris à Liachowa.

Napoléon ne pouvait reprendre la vieille route de
Viteps, interceptée par l'ennemi. Il donna la direction
de Borisow, fit livrer par sa Garde à pied la bataille de

Krasnoé, le 19. On venait de recevoir le courrier de
Paris, mais je n'avais pas de lettre. Leduc en avait qui
l'assuraient de la bonne santé de Laure. Nous passâmes facilement le Dniéper, sur la glace, dans la soirée du 19. Huit jours plus tard, il fallait passer la
Bérézina sur un pont chancelant et abandonner à l'ennemi les milliers de traînards que nous avions à notre
suite, lesquels eussent pu être sauvés s'ils avaient obéi
aux ordres du général Eblé. Le 27 novembre, les pionniers placèrent la tente de l'Empereur entre la Bérézina
et les marais de Zaniwski, sur un tertre où, le 25 juin
1708, Charles XII s'était arrêté pendant sa marche sur
Moscou.

Le 29 novembre, à Kamen, on réorganisa les régiments. La moitié des chevaux avaient péri. Je dus
céder mon deuxième coursier au général Lefebvre. Les
chasseurs de la Garde ne formaient plus que deux escadrons, soit trois cents sabres; et, par précaution, chaque officier s'arma d'une carabine à deux coups afin de
lutter avantageusement contre les Cosaques. Il n'y eut
pourtant, au cours du trajet, jusqu'à Smorgoni, aucune
panique ni aucun désordre autour de l'Empereur.
Quant à lui, sa volonté dominait tous les maux. Cependant, nous campions à la lisière des forêts, qu'il fallait
brûler pour se réchauffer. Dans les masures ruinées,
beaucoup de cavaliers étaient réduits à manger la viande
de leurs chevaux, les malades et blessés abandonnés et
bientôt recouverts de neige, d'une neige qui formait
leur linceul. Tout poste isolé était attaqué par les Cosaques et, en Pologne, par les juifs polonais, formant de
véritables bandes de brigands acharnés à nous détruire,
car ils ne faisaient pas de prisonniers.

Napoléon nous quittait à Smorgoni. Il allait dissiper,
à Paris, l'effet des mauvaises nouvelles, qui justement
alarmaient la France, et aussi préparer de nouvelles

levées. La Garde se comptait autour du roi Murat, qui nous amenait péniblement à Vilna, où les habitants nous livraient aux cruautés des Russes. A Perkimti, le 16 décembre, mon escadron chargeait deux mille Cosaques. Ma carabine me servait dans cette affaire. Enfin, le 18, je repassais le Niémen. Mon dernier cheval tomba, épuisé, sur la rive gauche. J'achetai celui d'un paysan et je touchai à Insterburg, sans autre dommage physique qu'un pied à demi gelé, car nous avions eu 30 degrés et des couchers bien froids entre les amas de neige. Des nouvelles m'arrivèrent, enfin, de Paris. Je les trouvai peu bienveillantes à mon endroit, et j'écrivis à Laure le 21 décembre :

Chère amie,

Me voilà éloigné de ce bon cousin Leduc. Il est je ne sais où, avec le prince (de Neuchâtel). C'est de précaution que j'écris, car je ne sais comment lui faire passer ma lettre. La tienne du 2 décembre vient de me parvenir; elle m'a fait plaisir et peine. Ce n'est plus un journal, ce n'est plus comme il y a trois mois, comme il y a deux mois. Ta lettre est remplie d'à propos. Mon silence ou plutôt la privation de mes nouvelles a-t-elle donc pu t'indisposer au point de changer ton style à ce point-là? Mon Dieu, chère amie, as-tu donc cru que c'était par négligence que je ne te donnais pas de nouvelles? Ne t'ai-je pas donné assez de preuves d'exactitude et de zèle pour ta tranquillité? Tu sais peut-être à présent pourquoi tu as été trois semaines sans recevoir une lettre, et tu te reproches maintenant l'humeur que tu as prise. Si tu connaissais les épreuves traversées, tu me plaindrais de n'avoir pas pu te tranquilliser, et tu ne me condamnerais plus. M. d'Arcel (ami d'Arnault) se porte bien. Je l'ai vu à Vilna. Je t'avais répondu pour lui, il y a longtemps, mais la lettre s'est sans doute perdue en route, ainsi que bien d'autres. Vous autres, femmes, vous ne vous faites pas d'idée de notre position. Vous vous imaginez que, dans une armée immense et au milieu du tumulte inséparable des

grands mouvements, on se trouve où l'on veut et à l'aise.
Vous vous imaginez enfin que la correspondance est assurée
comme celle du faubourg Saint-Germain à la Chaussée d'Antin par la petite poste. Vraiment, vous exigez trop. Cher
ange, nous causerons de tout cela un jour, et je me flatte que
tu me feras un petit bout de réparation. Auguste Regnault
de Saint-Jean-d'Angely (fils du conseiller d'État, ministre
de la maison de l'Empereur et neveu d'Arnault), est toujours
avec moi; il m'a appris que sa mère n'a pas non plus reçu
de mes nouvelles. Dis-lui, car je tiens beaucoup à ce qu'elle
ne me croie pas ingrat, que je l'aime de tout mon cœur et
que je serais bien fâché de cesser de mériter son amitié. Je
n'ai pas vu Amédée de Cubières depuis quelques jours. Je
le crois parti pour la France. J'aurais bien voulu te donner
des nouvelles de Telville, mais je ne sais pas quelle route a
prise son régiment. Je le retrouverai, j'espère, d'ici à quelque
temps et je m'empresserai de tranquilliser notre bon oncle.
Fortuné Brack est parti pour Elbing. Je lui ai remis une
lettre pour toi. Je t'y donne des nouvelles d'Auguste Regnault. Je ne sais si elle te parviendra, c'est à tout hasard
que j'en ai chargé Fortuné; tout négligent qu'il est, il ne
m'oubliera peut-être pas. — Chère amie, pardonne-moi si tu
me trouves sec, froid, contraint; tout cela tient aux circonstances. Je ne suis pas heureux; mille contrariétés m'assiègent.
Je sers d'une manière désagréable et pénible. J'ai du noir
dans l'âme. Mon style s'en ressent, il n'y a rien de plus
naturel, mais mon cœur est toujours le même; tu ne cesses de
l'occuper exclusivement. Tu as ma seule pensée. C'est de
toi que j'attends tout mon bonheur; c'est en toi seule que je
place mes espérances. A chaque minute du jour et de la nuit,
je pense à toi; tu es l'unique objet de toutes mes pensées, et
mon plus grand chagrin vient de ce que je ne puis pas encore
deviner quand il me sera permis de penser à aller te voir;
ce n'est pourtant qu'alors que je commencerai à vivre. Le
petit Thermès (le comte) va partir pour Paris. Il m'offre de
se charger d'un petit paquet. Je lui remets un collet de fourrures pour toi; ça n'est pas beau, mais j'espère que tu le
porteras avec plaisir. Embrasse bien mon père, maman, ta

mère, ma bonne et aimable tante Sophie. Dis-leur mille ten-
dresses. Je leur écrirai au premier moment de tranquillité.
Adieu, cher amour, adieu, toi que j'aime mille fois plus que
ma vie. Aime un peu ton pauvre Louis, qui ne cesse de répé-
ter ton nom chéri.

Et je confiai, en effet, à Thermès, quelques commissions, dont il devait s'acquitter avec zèle.

Les mouvements des Russes et la défection du général prussien Yorck, qui allait traiter avec nos ennemis,
forçaient le roi Murat, devenu commandant en chef, à
porter notre cavalerie dans Kœnigsberg, où les hommes
purent se refaire un peu, et où l'on retrouva de nouveaux chevaux. Nous passâmes, dans l'ancienne capitale de la Prusse, les fêtes de Noël assez peu gaîment,
comme on pense, et affligés particulièrement, dans la
dernière journée de l'an 1812, par la mort du général
Eblé, que nous estimions fort, et qui s'était héroïquement tenu dans les eaux glacées de la Bérézina pendant la construction des ponts.

CHAPITRE V

Le 1ᵉʳ janvier 1813 ne fut pas gai à Kœnigsberg. Une neige épaisse tomba de huit heures du matin à quatre heures du soir. Vers midi, le glas tinta à la cathédrale, pour annoncer les obsèques d'un riche. Il me parut que c'était le glas annonçant la perte de nos frères d'armes ensevelis, si nombreux, au delà du Niémen. Des officiers de chasseurs, après avoir fait visite à Murat, s'étaient réunis dans un cabaret, où ils entendirent deux bourgeois affirmer « que le fameux Bonaparte avait laissé cinq cent mille Français dans les neiges de la Moscovie et que son règne était près de finir ». Les étudiants nous regardaient avec insolence et fredonnaient un chant de guerre du poète Kœrner, qui prêchait l'insurrection de l'Allemagne contre nous. Sans les ordres formels du roi de Naples, ordonnant d'éviter toute querelle, nous eussions tiré les oreilles de ces Prussiens. On leur enjoignit toutefois de parler un peu plus bas de leurs espérances, et la plupart obéirent. L'un d'eux pourtant s'avisa de suivre Regnault pour lui demander des explications. Il les eut sous la forme d'un retentissant soufflet donné en plein rue. L'étudiant sortit un pistolet de sa poche. Regnault le prévint en lui passant son sabre à travers le corps. Cette affaire eut un tel retentissement qu'elle provoqua une sorte d'état de siège. Mais elle eut du moins cette

heureuse conséquence de faire taire les braillards, qui
s'étaient montrés disposés à nous molester en nous
croyant vaincus et faibles. Nous les quittâmes d'ailleurs le 2 pour nous rendre à Elbing, parmi des gens
qui se montrèrent plus courtois, malgré les efforts des
sociétés secrètes pour nous desservir en tous lieux.

Nous devions revoir Thorn et Posen, où le vice-roi
d'Italie prit le commandement de l'armée, le 18 janvier.
Dantzig bloqué, les Russes et les Prussiens s'étant
réunis contre nous alors que le roi Frédéric-Guillaume
protestait de son dévouement absolu envers Napoléon,
la cavalerie de la Garde, réduite à douze cents chevaux, se vit assigner des quartiers à Güben, en Saxe,
au bord de la Neisse, affluent de l'Oder. Nous y arrivâmes en bon ordre, et j'écrivis le 25, à Laure :

Bonjour, mon bon petit ange! Je suis plus content aujour-
d'hui que je ne l'étais hier. Je ne sais si cette lettre te parviendra plus tôt que celle que j'ai remise au général Colbert.
Cela est présumable. Ainsi tu sauras donc qu'hier matin,
au moment où j'allais me mettre en route pour venir ici, je
vis passer une calèche que je reconnus pour être la sienne.
Je criai tant qu'elle s'arrêta. Fortuné Brack, maintenant
capitaine et toujours aide de camp, était avec lui; ils me
dirent qu'ils partaient pour Paris. J'avoue que l'envie me
poignarda profondément; mais ce ne fut que l'affaire d'une
minute. Comme je n'avais sur moi rien pour écrire, je me
suis borné à charger Fortuné de te dire qu'il m'avait vu, et
je leur dis adieu bien tristement. Un quart d'heure après, je
me remis en route et je traversai, deux lieues plus loin, la
ville de Grossen, sur l'Oder. En entrant dans la ville,
j'avais chargé mon domestique de quelques commissions, il
y resta un bon quart d'heure, en sorte qu'il ne me rejoignit
qu'à près de deux lieues de là. — Monsieur, me dit-il, j'ai
vu en ville, à la porte d'une auberge, la calèche du général;
il est resté là pour déjeuner. Et vite, et vite, me voilà à
piquer des deux. Je fais deux bonnes lieues au galop. Je

trouve une mauvaise auberge de village, je demande du papier, une plume, et me voilà au milieu de cinquante paysans et soldats qui buvaient, fumaient et criaient comme des ânes; me voilà à t'écrire une lettre qui, j'en suis sûr, n'a pas le sens commun, parce que j'avais la tête assez mal montée. A peine avais-je fini que la calèche se montra. J'y courus bien vite et je causai quelques minutes avec ce bon général; il me promit de voir, à son arrivée, le général Lefebvre-Desnouettes et d'obtenir que je sois du nombre des officiers appelés à Paris. Ces messieurs m'ont ensuite demandé mes commissions pour toi; ils ont fait les jolis cœurs, M. Fortuné surtout. Je n'ai voulu lui donner aucune commission. Ainsi, n'ajoute aucune foi à aucun des pleins pouvoirs qu'il pourrait se vanter d'avoir. J'ai été un peu patraque tous ces jours derniers, de sorte que, chaque fois que j'ai commencé à t'écrire, je me trouvais si ridicule, mon style sentait si fort le malade, que j'ai toujours déchiré mes lettres au moment de les fermer. Voilà pourquoi tu ne sais pas encore qu'à mon passage à Posen j'ai vu ton cousin Leduc, qui m'a remis ta lettre du 16 au 23 décembre. J'ai déjeuné avec ce bon Leduc, et nous avons bien parlé de toi. Malheureusement, il ne peut rien pour la permission; il faut qu'elle vienne du maréchal Bessières. Ce bon petit cousin est plus malheureux que nous; il paraît que son frère Gabriel est pris; cela l'affecte beaucoup. Ce petit monstre de Telville ne m'a pas répondu; son régiment est en marche et je ne sais plus de quel côté le prendre pour lui récrire. J'espère pouvoir prendre là-dessus des renseignements à Leipsick. Au surplus, quand tu liras ceci, tu auras déjà vu Amédée, qui aura donné à la famille des nouvelles de ce grand garçon-là, plus fraîches et plus positives que celles que j'aurais eues, si ma lettre fût parvenue, car je commence à croire qu'il ne l'a pas reçue. Tu me demandes, chère amie, des nouvelles de beaucoup de monde. Je t'ai déjà écrit plusieurs fois que M. d'Arcel et M. Monginot (colonel du 24° dragons) étaient encore de ce monde. Je crois pouvoir en dire autant de M. le colonel Vasserot, mais c'est fort indirectement que je sais de ses nouvelles. Il m'est impossible de rien

dire de M. Dary, je ne le connais pas. M. Dessaix, officier
d'ordonnance (de son frère le général), doit être à Paris.
Lépinay a écrit d'Elbing à maman, et je puis te certifier
qu'Auguste est maintenant au 8ᵉ de hussards. Je le crois à
Glogau, en Silésie. Figure-toi, chère amie, qu'il n'est pas si
facile que tu pourrais le croire de trouver les renseignements
que je désirerais tant te donner; forcé de marcher avec mon
régiment et de loger où loge ma compagnie, il est rare que
j'aie l'occasion de voir des gens en état de m'indiquer où se
trouve tel ou tel régiment; enfin, quand je te verrai, je te
ferai convenir qu'il n'y a pas de ma faute si je ne t'ai pas
toujours instruite de ce que tu aurais voulu savoir. Dis à
Mme de Latour qu'elle doit être tranquille sur Auguste; c'est
un enfant heureusement né; il a cent fois plus d'aplomb que
la plupart des jeunes gens de son âge; pas la moindre disposition à faire l'important; il ne se targue pas des avantages
qu'il a sur beaucoup de ses camarades; enfin j'ai la meilleure
opinion de son début. Le peu qu'il a vu de cette campagne
a pu déjà lui donner quelque expérience. Je lui ai donné de
bons conseils, et je te réponds qu'il est disposé à profiter de
tout. Il a sans doute écrit de son régiment, je ne t'en dirai
donc pas davantage; au moment où tu me lis, on n'a sûre-
ment plus d'inquiétudes sur son compte. Pauvre petite, je te
plains d'avoir si vite pensé que je pusse arriver avec l'Empereur; tu as eu là un moment de plaisir bien court. Je sais
quelle amertume l'espoir déçu fait éprouver. M. Anatole (de
Montesquiou) n'est pas aimable de t'avoir fait attendre
comme ça. Tout le monde n'est pas disposé à se déranger
pour obliger. Allons, je ne veux pas tarder davantage à
mettre ma lettre à la poste.

Cette lettre devait, suivant mes calculs, arriver à
Paris le 7 ou le 8 février.

Güben offrait des ressources, et nous étions en
Saxe, pays d'un prince resté le fidèle allié de l'Empereur. Grâce aux manufactures de drap du pays, nous
pûmes rectifier l'habillement de nos chasseurs, car,
après l'affreuse campagne, les vêtements des officiers

comme des soldats se trouvaient dans le plus mauvais
état. Des hommes portaient des blouses de Cosaques;
beaucoup avaient cousu sur leurs pantalons rouges des
bandes d'étoffe noire. Un trompette, nommé Lecoq,
était venu depuis Moscou sous l'uniforme d'un ancien
garde strélitz, et il lui arriva, à Zembin, que deux officiers russes, le prenant pour un haut fonctionnaire du
tsar, avaient fait mine de vouloir le délivrer de nos
mains, ce qui l'avait contraint à en tuer un et à faire
l'autre prisonnier. Je me remis donc aussi à neuf, ainsi
que mon domestique, et j'achetai des chemises, ce qui
me fut assez agréable, car j'avais dû porter la même,
lavée de temps en temps, pendant toute la retraite.
Le tout me coûta cent vingt livres, ce qui était plutôt
bon marché, mais qui ne laissait pas de me démunir
d'argent, devenu rare, puisque je n'avais pas touché
ma solde depuis le 1ᵉʳ octobre, et que j'attendais, non
sans impatience, les fonds que mon père devait me
faire tenir.

Le général Lefebvre-Desnouettes, bien prévenu en
ma faveur, obtint du ministre de la guerre, non un
congé, mais une mission semblable à celle que j'avais
remplie sur la fin de l'année 1810. Capitaine dans la
Garde depuis le 10 janvier, ce qui me mettait chef
d'escadron dans les autres armes, je devais assurer le
renforcement, en chevaux, des chasseurs, et mener
dans ce but une inspection qui s'étendait aux États de
Westphalie et à l'ancienne Belgique. Mon congé avait
cours du 15 février au 30 mars. Je n'avais, du reste,
qu'à fournir des indications pour guider une commission d'achat qui devait me suivre. Bessières m'accorda
un équipage et je pris les habits civils. Un fourrier et
un domestique m'accompagnèrent. Je me rendis à
Leipsick, pour toucher ensuite à Weissenberg, Sun-
derhausen, Göttingue, Cassel, où je vis le roi Jérôme

qui aimait beaucoup la table et les femmes. Je courus
par Buren et Hagen à Dusseldorf. Le Rhin passé,
j'étais dans les nouveaux départements français, et je
ne saurais dépeindre l'émotion considérable qui s'em-
para de moi. Comme l'enfant qui retrouve sa mère
après une longue et pénible séparation, je retrouvais
ma patrie, et je comparais les beautés de la vallée du
Rhin aux steppes désolées de la Russie; je voyais là le
calme parfait, quand là-bas les fureurs de la plus horrible guerre avaient été déchaînées devant moi. Je
continuai ma route par Aix-la-Chapelle et Maëstricht,
pour arriver à Bruxelles le 3 mars. Là, il me fallut
assurer le recrutement de cinq cents chevaux fla-
mands. Cela retardait mon départ pour Paris, et le
général N... trouva encore moyen de m'expédier à
Anvers. Là-dessus, je me disputai quelque peu avec
ce chef de dépôt, impérieux jusqu'à un degré d'insolence que je ne supportais guère. Le 15, je reçus cette
lettre de Paris :

Ce mardi 10 mars. — Mon cher ami, je veux t'écrire
aujourd'hui sur le papier de cette femme de Moscou, cette
pauvre mère que tu as voulu si généreusement secourir. Je
suis sûre que cela te fera le plus grand plaisir de recevoir de
mes nouvelles écrites sur un papier qui vient de si loin, et
qui doit te rappeler les bénédictions d'une famille et les
vœux qu'elle a dû former pour ton bonheur, et tu prendras
confiance en Dieu qui récompense les bonnes actions. Que
mon plaisir est grand en pensant que dans dix jours je pourrai t'embrasser! J'ai reçu hier soir une lettre de toi, commencée à Anvers et terminée à Bruxelles, et remplie de
détails qui m'ont plu. Voilà un journal vraiment digne d'un
capitaine de la Garde qui a de l'à propos et des succès. Non,
mon ami, je ne suis pas jalouse. Je suis bien contente des
amusements que tu prends. Veuille bien dire à Mme du
Tramblai et à Mme de Passy que je les aime de tout mon
cœur, que c'est très gentil à elles de te distraire, de te faire

danser et manger. Je veux aussi qu'elles te fassent dormir ;
cela est le plus essentiel pour ta santé, qu'il faut garder
bonne. J'ai été dîner aujourd'hui chez ton père. Nous avons
fait le soir son petit boston. Il a eu un peu mal à l'estomac,
mais cela était déjà passé quand je suis partie. Il est tard
au moment où je m'entretiens avec toi... Bonsoir, mon
Louis... Je m'en vais baiser ton portrait de hussard, lire tes
lettres si affectueuses, prier le bon Dieu pour toi et m'endor-
mir... J'espère que tu viendras, en rêve, me voir cette nuit,
ne serait-ce que pendant un petit moment. J'ai tant de
choses aimables à te dire tout bas, près de l'oreille...

Mercredi 11 mars. — D'abord, bonjour, mon petit ami.
Je t'aime bien ce matin. Mon appel d'hier soir et des prières
fort instantes ont produit leur effet. Tu es venu me visiter
cette nuit ; et, en galant homme, tu m'as bien laissée te raconter l'histoire burlesque de Mlle Fanchon. Tu m'as laissée
faire des armes. Tu m'a laissée te raconter l'histoire d'un
voyage, le plus dramatique, de Paris jusqu'à Moscou ;
voyage que j'ai fait, malgré tes ordres qui étaient de m'arrêter à Dresde, comme l'a fait l'impératrice Marie-Louise...

Après-midi. — J'ai vu ce matin M. Férus, qui se charge
d'arranger ton congé (pour une prolongation) avec le général Guyot et le maréchal Bessières. Ainsi, nous voilà bien
tranquilles sur cette affaire. Cette pauvre Mme de Parny
(femme de l'académicien) est morte hier à six heures du
matin ; elle a conservé sa tête jusqu'au dernier moment. Son
pauvre mari est dans un état affreux. Mon oncle Arnault y
a passé toute la matinée d'hier. Le brave Amédée Regnault
est arrivé ; il est venu nous voir tout à l'heure. Son mariage
se fera vers le 20 de ce mois. M. Alphonse et Mme de
La Tour arriveront à cette époque ; ce qui m'enchante, c'est
que tu seras parmi nous, que tu pourras leur porter bonheur,
car je ne puis rien sans toi. Mme Buffault viendra passer la
soirée avec ses filles et Amédée, le fiancé de l'aînée, bien
entendu. C'est un monsieur qui a l'air bien pressé d'épouser...
Cependant, il doit attendre encore quelques jours. J'ai
l'agréable devoir de te dire que M. Férus, M. Béranger, le
chansonnier, et Mlle Jenny se rappellent à ton bon souvenir.

Quant à Mlle Aglaé (Buffault), elle veut t'embrasser ici, en attendant (c'est sa propre déclaration) qu'elle puisse t'embrasser autrement... Mais, monsieur le capitaine, qu'est-ce donc que cela veut dire, *autrement?* Vous l'embrassez donc de plusieurs manières? Diable! Cela est bon à savoir par moi et par Amédée...

Ce délicieux enfantillage m'enchanta, en attendant une joie plus grande. Arrivé à Paris le 20 mars, je retrouvai Laure, belle et affectueuse, mon père malheureusement malade et comme sur son déclin, mes amis empressés, mais souvent curieux jusqu'à l'indiscrétion. Je désespérais ceux qui m'interrogeaient sur les grandes affaires de Russie, que les gazetiers embrouillaient à plaisir, en leur disant : « La Grande Armée est allée à Moscou en gagnant une dizaine de victoires. Elle a eu, le spectacle d'une capitale brûlée par une horde de tartares. Son retour s'est effectué péniblement, il est vrai, mais bravement, à travers les neiges. Les lâches ont déserté. Les faibles ont péri. Les braves ont passé tête haute au milieu des Cosaques. Le gouvernement anglais se plaît à exagérer nos pertes. Ne me demandez pas de détails. Tous les marchands d'histoire que nous avions avec nous vous en fourniront dans peu de temps. »

Paris vivait dans une fiévreuse activité. On y battait le rappel de tous les hommes pouvant porter les armes. L'Empereur usait son influence à rassembler des légions. Les « Marie-Louise », enfants trouvés, conscrits imberbes, marchaient vers le Rhin. On sentait une coalition formidable, prête à tomber sur nous. Après tant de fatigues et d'épreuves, les dévouements envers Napoléon faiblissaient. Il avait gorgé d'honneurs et d'or quelques grands chefs qui aspiraient au repos.

Lefebvre-Desnouettes m'écrivit que je devais rejoindre mon régiment à Erfurt, le 20 avril. Laure fixa mon départ au 14 du même mois. J'éprouvai plus de tranquillité après l'avoir installée chez ma sœur Adélaïde, Mme Thion de La Chaume, qui habitait le pavillon de la Muette, à l'entrée du Bois de Boulogne. L'oncle Arnault se montra un peu froissé de cet enlèvement; il l'attribua aux conseils de mon père, qui pourtant ne m'avait rien dit, et qui me fit les adieux les plus touchants, comme s'il avait bien pressenti sa fin prochaine...

Je sortis de Paris la veille du jour où l'Empereur devait en partir. Les routes étaient encombrées de bataillons et d'équipages en marche. Il me fallut accomplir tout le trajet à cheval, car les voitures de poste étaient réservées aux généraux. La pluie me gâta ce voyage, qui se termina le 19 au soir, au prix de deux chevaux crevés en chemin. M. Lion, colonel major, venait de former son régiment à neuf escadrons qui avaient mille sabres. Les capitaines étaient, dans l'ordre des numéros : Parisot, Smith, Bro, Achintre, Gay, Barbanègre, Decoux, Lemercier et Bellancourt. Trois cent cinquante recrues et cent vingt-six chasseurs avaient remplacé les hommes perdus en Russie ou retenus dans les hôpitaux.

Napoléon arriva parmi nous le 25. Je retrouvai ce bon Leduc. Nos manœuvres commencèrent le 28. Nous devions aller rejoindre le prince Eugène à Mansfeld. Au dernier moment, l'Empereur décida de nous placer derrière le corps du maréchal Ney; et nous voilà partis à Weissenfels. Le 1ᵉʳ mai, première charge sur les Russes, au défilé de Poserna. Un boulet de canon y tua le maréchal Bessières. Nous couchâmes le soir à Lützen et prîmes part à la bataille de ce nom, le 2. Nous eûmes affaire aux cavaliers prussiens de Blücher, dans la nuit. Notre marche continua par Dresde vers Bautzen. Là, les chasseurs débordèrent la

droite des alliés. A Reichenbach, le 22, Lefebvre-Desnouettes nous jette sur une arrière-garde russe. Mon
escadron entoure cent cinquante Cosaques et les massacre. Deux heures plus tard, un boulet abattait le
grand maréchal Duroc et le général Kirgener, devant
nous. Je vis l'Empereur penché sur le corps de Duroc
et pleurant... Görliz traversé, nous courons à Breslau.
Les alliés, partout battus, demandent un armistice
conclu à Pleisswitz. Pendant cette trêve, dix-huit
mille Polonais, sortis de Gallicie, viennent rejoindre la
Grande Armée. Metternich, ministre de l'empereur
d'Autriche, fait échouer les pourparlers et apporte
deux cent mille hommes à la coalition. Alors, les
grandes trahisons commencent. Jomini, un Suisse, premier aide de camp de Davoust, déserte le 15 août. Le 16,
on recommence à se battre. Les alliés sont battus à
Dresde et le général Moreau tué dans leurs rangs.
Puis, ce sont les défaites : Kulm, Beeren, Dennewitz.
A Leipsick, les Saxons et les Wurtembergeois tour-
nent leurs armes contre nous. Les chasseurs luttèren
héroïquement dans cette terrible bataille, après avoir
battu le général Thielmann à Freybourg... Enfin il
fallut se replier vers Mayence et passer, à Hanau, sur
le corps des Bavarois. Dans cette action destinée à
nous venger des traîtres, mon régiment, appuyé par
trois compagnies conduites par Cambronne, massacra
un corps du maréchal de Wrède... Enfin, nous repas-
sions le Rhin, et je rentrais à Paris le 22 novembre,
ayant été nommé major en second, lieutenant-colonel,
et chargé de commander un régiment de nouvelle formation, à la date du 28 juin.

J'avais un deuil à porter : celui de mon père. Mais,
presque en même temps, un heureux événement venait
m'apporter sa consolation. J'en inscrivis le souvenir
sur mon carnet en ces termes :

« Le 19 décembre 1813, à sept heures vingt minutes du soir, est né mon fils Dominique-Louis-Olivier, au château de la Muette, à Passy, près Paris, en ma présence et en présence de ma sœur, Mme de Lachaume, de Mme Désormeaux, de M. Bigot, accoucheur, et de Mme Couteillan, garde-malade. »

Que d'espérances formées autour de ce berceau! Je ne le quittai pas sans regret, pour aller prendre, le 10 février 1814, un rude service, trente-deux jours avant la publication du décret qui rééditait ma nomination du 28 juin 1813.

Quel douloureux tableau j'eus alors devant les yeux, avec cet amas d'hommes qui allaient donner leur suprême effort pour la défense de notre patrie, déjà envahie par les hordes russes, prussiennes et anglaises. Des jeunes gens arrachés à tous les métiers et quelques vétérans leur servant d'entraîneurs composaient notre cavalerie provisoire. Affublés d'uniformes dépareillés et coiffant, les uns des casques trop grands, les autres des casques trop étroits, il fallut faire, en marchant, leur éducation. Quelques chaudes harangues, la vue de l'Aigle et le sentiment de leurs devoirs en firent des héros. J'écrivis à Laure, de Montereau, le 13 février :

CHÈRE AMIE

Me voilà rendu à mon poste. J'ai été bien reçu. Me voilà content, à présent; du moins, je n'éprouve plus d'incertitudes sur la marche que j'ai à suivre. J'ai quitté ce pauvre Auguste Regnault ce matin; cela nous a fait à tous deux un vrai chagrin; enfin, il le fallait. Hier, nous sommes arrivés de B le-Comte-Robert à Nangis, où il y avait un monde fou. En entrant, je dis à Auguste : « Mon ami, nous avons bien la mine de gens qui coucheront au bivouac et sans souper. » Pas du tout. Notre bonne étoile, au lieu de nous laisser coucher à la belle étoile, m'a inspiré d'aller demander au maire de me loger dans la même maison que M. l'inten-

dant général. Il nous a fort bien reçus, et, de plus, il nous
a priés à dîner. Nous lui avons fait cet honneur-là, et nous
avons eu le bonheur de nous trouver à sa table avec une
Périgourdine charmante, qui avait tant mangé de truffes
qu'elle en avait l'estomac tout crevassé. Nous avons passé
une soirée charmante avec cette aimable personne. Mais
vois donc quel bonheur ! Au lieu du bivouac et de la diète,
un bon logement et une dinde aux truffes. Vive Dieu ! C'est
bon signe. Aujourd'hui, à mon arrivée, j'ai trouvé le général
Pajol à table, et, pour comble de bonheur, le maire de Montereau, pour qui j'avais une lettre de Mme de Monginot,
était du déjeuner. Je couche chez lui et il est disposé à me
rendre agréable le court séjour que je ferai à Montereau.
Tu vois, bonne amie, que le commencement est de bon
augure. Dieu aidant, cela finira bien. J'ai marché toute la
nuit, chère amie. Il est six heures du matin. Il m'est permis
de reposer. Je vais dormir, si cela se peut.

Les alliés, Russes et Prussiens, venaient de Troyes
sur nous. Napoléon prit ses dispositions dans la nuit
du 17 au 18, pour arrêter le prince de Wurtemberg.
Partis du Châtelet avant le jour, nous allions charger
les masses ennemies. Le duc de Bellune, Victor, nous
seconda, et la belle division du général Gérard acheva
la défaite de l'ennemi. J'écrivis à Laure, de Montereau,
le 19 février :

CHÈRE AMIE

Tu auras entendu dire que nous nous sommes battus hier.
L'affaire a été belle. Il ne m'est rien arrivé qu'une déchirure
au collet de mon manteau. Je me porte bien, mais tes
inquiétudes me tourmentent cruellement. Je crains que tu
ne te décourages. Espoir et confiance dans notre bonne
étoile, cher ange, elle nous protégera. Le général Pajol, sous
qui mon régiment sert, est content de moi ; il me l'a dit hier
encore. Ton cousin Leduc n'est pas loin. Je vais lui envoyer
un homme intelligent qui portera la consolation, pauvre

petite. Dieu veuille qu'elle te parvienne et te rassure rapidement. Embrasse bien ma bonne Adélaïde, mes nièces et ce
bon Lachaume. J'espère que vous n'aurez pas de visite (de
l'ennemi). Encore un peu de courage, cela ne durera pas
longtemps. Rassure-toi, chère amie, le plus fort est fait, et
cela touche à sa fin et fin heureuse. Mille baisers à toi et à
notre petit Olivier. — P.-S. A l'instant, ton petit billet
du 16 m'arrive par le général Pajol. Il me rend la vie. Ton
courage centuple le mien. Je défie tout danger maintenant.
Il ne m'arrivera rien, je t'en réponds.

Napoléon, qui conduisait et animait l'armée, s'était
établi au château de Surville, près de Montereau.
Oudinot nous fit pousser le long de l'Yonne. Un gros
parti allait réoccuper Troyes. Mes cavaliers sabraient
des Cosaques : pas de quartier pour ces pillards! J'eus
encore quelques affaires avant de pouvoir écrire ces
mots, le 22 février :

MA CHÈRE AMIE

Je pars de Sens. J'y ai vu Mme Dubaux en bonne santé.
Elle est l'amie de Mme de Bourienne. Je t'ai écrit déjà d'ici
par une autre voie. C'est moi qui suis rentré le premier à
Sens avec mon régiment provisoire. Ce régiment a été dis-
sous hier. C'est-à-dire que les détachements de tous corps
qui le composaient ont reçu l'ordre de rentrer dans leurs
régiments respectifs, en sorte qu'aujourd'hui je suis attaché
jusqu'à nouvel ordre à l'état-major de la division du général
Roussel d'Urbal, qui a remplacé le général Pajol. Celui-ci
est rentré à Paris; il avait un bras en écharpe depuis six
mois et il n'a pas pu tenir plus longtemps contre les douleurs
qu'il ressentait. Tu as son adresse. Si tu as l'occasion de le
faire voir par quelqu'un, il te donnera des détails sur nos
exploits. Plaisanterie à part, je serais bien aise qu'une personne de la famille le vît et le remerciât des bontés qu'il a
eues pour moi. — Je me porte bien, chère amie, mon
domestique et mes chevaux aussi. — Il fait un froid de loup,

mais je le supporte assez bien. Je suis content de ma position. J'ai d'ailleurs écrit à ton cousin (Leduc), qui m'a promis de faire son possible pour saisir l'occasion de l'améliorer. Adieu, chère amie, soigne bien ton fils et ta santé.

L'Empereur manœuvrait, battant successivement les Russes et les Prussiens. Nous arrivâmes à Troyes, où j'écrivis, le 26 :

Hier soir, chère amie, j'ai vu ton cousin (Leduc), qui m'a fait son compliment sur ma nomination d'officier de la Légion d'honneur (décret impérial du 25). Je me suis couché là-dessus. J'ai passé une bonne nuit. Ce matin, j'ai reçu mon brevet avec tous ceux donnés pour le corps de cavalerie du général Pajol. Tu peux te faire une idée du bonheur que je vais avoir à porter autant de bonnes nouvelles, car il y a plusieurs de ces messieurs qui me doivent ce qu'ils auront, et je suis sûr de leur reconnaissance. Notre bon cousin Leduc dit que tu peux envoyer de temps à autre une bien petite lettre à la cousine et qu'elle s'en chargera. Il n'y a pas de genre de bonté qu'il n'ait pour moi; il me bourre de nougat, et dans le moment actuel nous buvons à ta santé une goutte de vieille eau-de-vie, et il me donne une livre de chocolat Parfait, que j'accepte avec beaucoup de reconnaissance. Adieu, j'embrasse tout Passy et toi et ton Olivier mille fois. P.-S. de Leduc. — Ton mari me permet, ma chère amie, de mettre deux mots à la fin de sa lettre. J'use de la permission pour me rappeler à ton souvenir et t'assurer de ma tendre amitié. Dans le cas où Bro ne te parlerait pas de sa santé, je puis te répondre, moi qui l'envisage, qu'il est rayonnant de santé et de joie.

Napoléon précipite ses troupes sur les derrières de l'armée de Silésie. Blücher se sauve. Reims et Soissons sont repris aux alliés, mais ils tiennent à Laon. Mon corps s'échelonne sur la rive gauche de l'Aisne. Nous nous apprêtons à faire de véritables hécatombes de Cosaques et de hulans. Le 10 mars, l'Empereur

passe devant moi : « Monsieur, dit-il, vous avez livré
hier une très belle action. — Sire, j'ai le devoir de tirer
tout le parti possible de mes moyens. — Vous l'avez
montré à Montereau. Continuez à bien servir la
France (il ne s'agit pas de moi en ce moment), et la
France ne sera pas ingrate. Avez-vous fait des prisonniers? — Plus de trois cents, dont neuf officiers russes.
— Que disent ces gens-là? — Sire, ils osent affirmer
que leur tsar est déjà arrivé dans Paris et que nous
sommes perdus. — Ils mentent. Et, s'il le faut, nous
leur montrerons comment on peut mourir avec honneur.
Adieu, monsieur Bro! »

Campé à Jaulgy, sur la route de Soissons à Compiègne, je reçus à midi des nouvelles de Paris, et j'y
répondis par cette lettre un peu *domestique* :

Je reçois à l'instant, chère amie, ta petite lettre partie
le 10 et réexpédiée par Mme Leduc. Quel grand plaisir elle
m'a fait! Ta santé est donc bonne, ton fils se porte bien.
Notre ami (l'Empereur) va coussi-coussi ; je ne désespère pourtant pas; et je crois que, si les médecins assemblés pour la
consultation (les diplomates au Congrès de Châtillon) parvien-
nent à s'entendre, il s'en tirera encore passablement. — Me
voilà à la tête d'un régiment d'escadrons réunis, ou régiment
provisoire attaché aux 2ᵉ et 5ᵉ corps. Il est fort d'à peu près
quatre cents chevaux. Je suis placé sous les ordres du
général Curély, dont je t'ai si souvent parlé. C'est sous son
couvert que ta lettre m'est arrivée. Nous logeons ensemble.
Je suis content de ma position. Je me suis tiré fort heureusement de toutes les affaires, sans avoir le moindre bobo. Je
suis sur un bon pied; on fait cas de moi, et cela me donne
bon espoir. Dis à Auguste que, si je parviens à un régiment,
mon premier acte de colonel sera de demander Reinach dans
mon régiment, et que j'en ferai bien vite un sous-lieutenant.
Embrasse bien ma bonne Adélaïde pour moi; fais-en autant
à Victorien, Amélie, Rose, Henriette, ainsi qu'à ma nièce
Caroline... et ma sœur de Saint-Gilles. Je t'envoie une lettre

pour M. de Lacépède (Grand Chancelier de la Légion d'honneur). Tu prieras de La Chaume d'y mettre une enveloppe et de la faire tenir à Boyer. Quand tu auras ma croix, tu demanderas à Mme Leduc s'il est possible de la faire passer sous le nom de son mari... Écris un petit mot à Mme de Brack et demande-lui si elle sait quelque chose de son fils. Le général de Colbert se porte bien ; Auguste aussi. Je ne l'ai pas vu depuis quelques jours, parce que, servant avec le général de Corbineau, il est détaché du quartier impérial... Donne de mes nouvelles à Mme de Bourienne. — Cher ange, voilà bien des commissions, mais, avec un peu de courage, tu en viendras à bout. Hélas! quand reverrai-je toutes ces personnes? J'espère que ce beau jour viendra bientôt. Il faut considérer que tout ce que tu as désiré est arrivé, ou à peu près, malgré tant d'obstacles... Tu auras lieu d'être satisfaite de ma conduite. Si tu voyais avec quelle prudence je me conduis. Je ne vais qu'où je *dois* aller. J'attends et j'exécute les ordres qu'on me donne, mais je ne vais plus au-devant. Ma vie est maintenant *à toi*, et je t'en dois compte. *Fais ce que dois, advienne que pourra*, voilà quelle sera ma devise. Adieu, quoi qu'il arrive, je ne vivrai que pour toi. J'embrasse mon petit Olivier et je baise mille fois ton nom chéri. Je réfléchis que je suis obligé de mettre une enveloppe à ma lettre; je puis donc, grâce à l'ampleur de mon papier, causer encore un peu avec ma Laurette. Apprends des nouvelles. J'ai couché dans un lit cette nuit, à Soissons, entre deux draps, ma mie. Il y avait quelque temps que cela ne m'était pas arrivé. J'ai goûté cette bonne fortune en homme qui vient de passer quelques mauvaises nuits. Le bien physique, qui est sans contredit le plus positif des biens, a produit en moi un effet charmant : il a ramené dans mon imagination des idées qui, depuis longtemps, n'étaient pas venues égayer mes rêves. Je me suis cru dans mon lit, si bon, si doux, si chaud, si bien garni. Chère amie, quel bonheur j'éprouve de penser à une femme jeune et belle comme toi...

Nous recommençons à nous battre avec des alternatives de succès et de revers. Partout, mes cavaliers se conduisent bien, mais souvent ils sont débordés par le nombre. Napoléon défend le terrain pied à pied. Il nous apparaît comme un général de la République, mangeant au bivouac, couchant dans les chaumières, galopant au travers des plaines boueuses. Il est plus grand, les jours d'adversité venus, que ne l'ont jamais été Alexandre et César; et je m'indigne, je bous en voyant tant de gens, qu'il a comblés de ses faveurs, prêts à l'abandonner, et qui, en attendant la désertion, le servent avec une certaine mauvaise humeur.

Mais je n'écris pas ici l'histoire de la campagne de France. Les alliés ayant rompu, le 19 mars, le congrès de Châtillon, firent avancer le gros de leurs forces sur Paris. Marmont ne sut pas endiguer le torrent. L'Empereur marcha de Reims contre l'armée autrichienne, l'armée de son beau-père!... D'une lutte opiniâtre, à Arcis-sur-Aube, le 23 mars, nous sortions vaincus. Je manœuvrais le lendemain vers Troyes. Le 30 mars, j'écrivis, de cette ville, à ma femme :

CHÈRE BONNE AMIE

Je ne vis pas depuis deux jours. J'ai été bien longtemps plus inquiet encore que maintenant. Notre ami (l'Empereur) est bien malade. Notre bon génie nous abandonnerait-il? J'espère encore, et j'espère parce que je t'appartiens et que tu mérites tant d'être heureuse. Adieu, ma bonne Laure, je ne veux pas t'en écrire davantage aujourd'hui. Je ne m'arrête pas ici, comme tu le penses bien. Je risque cette lettre par la poste.

L'Empereur s'était porté au secours de la capitale. Il apprit sa reddition à Fromenteau. Que faire? Il décida de réunir les troupes disponibles à Fontainebleau. J'y arrivai le 4 avril. Une lettre de Laure m'informait qu'elle avait dû, les alliés pillant Passy, se

réfugier rue de Condé, chez ma sœur, Mme Péan de
Saint-Gilles. Je lui envoyai, ce jour, quelques mots :
« Chère amie, je me porte bien. Je t'embrasse toi et
tous les miens. » Le lendemain, dans la réorganisation,
j'étais nommé adjudant-commandant ou colonel et
désigné expressément comme chef d'état-major du
bon général Colbert. Mais, au moment de risquer un
suprême effort, les maréchaux refusaient de marcher;
ils provoquaient l'abdication de Napoléon, qui devait
partir immédiatement pour l'île d'Elbe, après nous
avoir fait les adieux les plus touchants... Et, le 1er sep-
septembre 1814, le gouvernement de Louis XVIII me
plaçait dans la position de non-activité.

CHAPITRE VI

MIL HUIT CENT QUINZE

Le 5 mars, nous dînions chez Mme de Brack. Je
venais de dire à quelles occupations civiles l'ex-hussard
allait se livrer, dans le commerce des biens, quand mon
frère Alexandre se présenta. Son visage tout boule-
versé annonçait le porteur d'une mauvaise nouvelle. Il
ne voulut faire qu'à moi cette confidence : « Bonaparte
est débarqué à Cannes et s'avance vers Paris avec une
armée. » Je rendis sa communication publique en disant : « Napoléon a brisé ses chaînes et vient vers
nous. » Après avoir subi l'humiliation de la disgrâce,
supporté les injures de gens qui rabaissaient notre
gloire, et connu la pénible situation de bons Français
devenus suspects, nous pouvions escompter une réparation. Aucune haine ne nous animait contre le roi,
mais ses ministres nous avaient trop brutalement des-
servis, nous, les sabreurs d'Eylau et de la Moscowa,
pour que nous ayons pitié d'eux si un mauvais sort
venait à les jeter hors de leurs places. La ville était,
tout comme nous, bouleversée. Il sortait des cris
joyeux et des chants de toutes les fenêtres. Les Gardes,
si insolents dans la rue, avaient regagné leurs casernes.
On doublait les postes devant les Tuileries. Rue de
Rivoli, des vétérans promenaient déjà la cocarde tricolore. Le 6, M. Soult, ministre de la guerre, faisait
publier que l'Usurpateur n'irait pas loin. On mettait

« ce misérable » hors la loi, et Ney fut envoyé pour le saisir. Il devait se jeter dans ses bras et nous le ramener. Louis XVIII partit, emmenant ses courtisans, le 19; et le 20, à neuf heures et demie du soir, l'Empereur rentrait chez lui. C'était vrai : l'Aigle avait volé de clocher en clocher, jusque sur les tours de Notre-Dame

Davoust remplaça Soult. La coalition menaçant de nous dicter de nouveau des lois, il fallut armer. Napoléon, qui avait conçu des espérances de paix, les vit tomber; et il rendit leurs armes aux hommes licenciés quelques mois auparavant. Lefebvre-Desnouettes, qui se plaisait à vanter les services d'un ancien compagnon de bataille, me fit nommer, le 7 avril, colonel chef d'état-major de la 3ᵉ division de cavalerie du 2ᵉ corps d'observation. Je devais servir sous les ordres du général Reille, gendre du maréchal Masséna. Le 17, l'Empereur me donnait le commandement du 4ᵉ régiment de lanciers.

Ma destination se trouvait ainsi changée. Satisfait de la confiance qui m'était accordée, je rejoignis mon régiment le 10 mai, à Aire-sur-la-Lys. Cet ancien corps des chevau-légers, devenu lanciers de Monsieur au début de la Restauration, avait eu pour premier chef le baron Charles Deschamps et pour major M. Bertèche, renvoyés depuis en raison de leur zèle royaliste. Je trouvai quatre cents hommes bien montés. Une centaine de galeux formaient la population d'un hôpital isolé. Mon état-major se composait d'hommes éprouvés. Parmi eux, je dois citer en particulier les majors Perrot et Sourdiaux de Neuilly et Terrasse, l'adjudant-major Croiset, qui m'aidèrent à former, tout de suite, deux bons escadrons de guerre.

Le 1ᵉʳ juin, Napoléon disait devant les autorités au Champ de Mars, où il avait réuni cinquante mille hommes : « Français! ma volonté est celle du peuple; mes droits sont les siens; mon honneur, ma gloire

mon bonheur ne peuvent être que l'honneur, la gloire
et le bonheur de la France! » Le 12, il quittait Paris;
le 13, il arrivait à Avesne et montrait à son état-major
— où n'étaient plus, hélas! le maréchal Berthier, ni
mon cousin Leduc — la route de Fleurus, pays témoin
de nos succès pendant la Révolution. Soult était venu
demander une place parmi nous, et on l'avait fait
major général, ce qui faisait dire à Louis, mon domestique : « Ce monsieur a enterré les fleurs de lis et fait
le coq en se croyant un aigle. » Le 14, je fis lire à mon
régiment la proclamation de l'Empereur :

Soldats! c'est aujourd'hui l'anniversaire de Marengo et de
Friedland, qui décida deux fois du sort de l'Europe. Alors,
comme après Austerlitz, comme après Wagram, nous fûmes
trop généreux. Nous crûmes aux protestations et aux ser-
ments des princes que nous laissâmes sur le trône. Aujour-
d'hui, cependant, coalisés entre eux, ils en veulent à l'indépendance et aux droits les plus sacrés de la France; ils ont
commencé la plus injuste des agressions. Marchons donc à
leur rencontre; eux et nous, ne sommes-nous plus les mêmes
hommes? — Soldats, à Iéna, contre ces mêmes Prussiens,
aujourd'hui si arrogants, vous étiez un contre trois, et à Mont-
mirail, un contre six. — Que ceux d'entre vous qui ont été
prisonniers des Anglais vous fassent le récit de leurs pontons et des maux affreux qu'ils ont soufferts. Les Saxons, les
Belges, les Hanovriens, les soldats de la Confédération du
Rhin gémissent d'être obligés de prêter leurs bras à la cause
de princes ennemis de la justice et de tous les peuples : ils
savent que cette coalition est insatiable. Après avoir dévoré
douze millions de Polonais, douze millions d'Italiens, un mil-
lion de Saxons, six millions de Belges, elle devra dévorer les
États de deuxième ordre de l'Allemagne. — Les insensés!
Un moment de prospérité les aveugle. L'oppression et l'humiliation du peuple français sont hors de leur pouvoir; s'ils
entrent en France, ils y trouveront leur tombeau. — Soldats! nous avons des marches forcées à faire, des batailles à

livrer, des périls à courir ; mais, avec de la constance, la victoire sera à nous. Les droits, l'honneur et le bonheur de la patrie seront reconquis. Pour tout Français qui a du cœur, le moment est venu de vaincre ou de périr.

Ces paroles produisirent le meilleur effet ; et la confiance était entière dans le succès définitif qui forcerait l'Europe à reconnaître nos droits. D'ailleurs, notre armée de cent cinquante mille hommes n'aurait pas à combattre un plus grand nombre d'Anglo-Prussiens rassemblés en Belgique sous le commandement en chef de Wellington.

Notre organisation, que l'Empereur surveillait de très près, était achevée le 12 juin. J'appartenais au 1ᵉʳ corps, du comte Drouet d'Erlon. Ce général allait entraîner les quatre divisions d'infanterie : Guyot, Donzelot, Marcognet et Durutte. Trois divisions de cavalerie et quatre-vingt-six pièces les soutiendraient. Ma division, obéissant au lieutenant-général Jacquinot, était ainsi formée : 1ʳᵉ brigade, général Bruno, trois escadrons du 3ᵉ chasseurs et autant du 7ᵉ de la même arme ; 2ᵉ brigade, général Gobrecht, deux escadrons du 3ᵉ lanciers et deux du 4ᵉ, les miens : six cent soixante sabres. Les deux autres divisions réunissaient : la 1ʳᵉ, les 8ᵉ et 15ᵉ dragons ; la 2ᵉ, ou réserve, les 1ᵉʳ, 4ᵉ, 7ᵉ et 12ᵉ cuirassiers.

Le 14 juin, les 1ᵉʳ, 2ᵉ, 3ᵉ, 6ᵉ corps, la Garde impériale et la réserve de cavalerie se trouvaient réunis sur la rive droite de la Sambre. L'armée ennemie faisant des mouvements, on nous dirigea vers le nord. Le 15, à trois heures du matin, mon régiment partit de Sobre-sur-Sambre et arriva vers quatre heures du soir à Bienne. Il prit position derrière le gros du 1ᵉʳ corps campé autour de Gosselies. Le général Pajol était entré à Charleroi pour y enlever quinze cents prison-

niers; et les Prussiens de Ziethen fuyaient devant nous.
On livra le 16 la bataille assez rude de Ligny; et le
maréchal Grouchy fut chargé de suivre les Prussiens
qui se dirigeaient vers Wavres. Nous allions le 17 à
Nivelles. Ney commandait la gauche de l'armée, les
1ᵉʳ et 2ᵉ corps et la cavalerie de la Garde obéissant au
valeureux Lefebvre-Desnouettes. Le 18, on nous donna
comme objectif le Mont-Saint-Jean. Napoléon, arrêté
après une inspection à la ferme du Caillou, dicta à
onze heures du matin cet ordre pour la gauche : « Une
fois que l'armée sera rangée en ordre de bataille, vers
une heure de l'après-midi, au moment où l'Empereur
en donnera l'ordre au maréchal Ney, l'attaque commencera pour s'emparer du village du Mont-Saint-Jean
où est l'intersection des routes. A cet effet, les batteries de 12 du 2ᵉ corps et celles du 6ᵉ se réuniront à
celles du 1ᵉʳ corps. Ces vingt-quatre bouches à feu tire-
ront sur les troupes du Mont-Saint-Jean et le comte
d'Erlon commencera l'attaque en portant en avant sa
division de gauche et la soutenant, suivant les circonstances, par les divisions du 1ᵉʳ corps. Le 2ᵉ corps
s'avancera à mesure pour garder la hauteur du comte
d'Erlon. Les compagnies de sapeurs seront prêtes pour
se barricader sur-le-champ à Mont-Saint-Jean. » Et,
à midi, toutes les dispositions étaient prises.

De la terrible bataille de Waterloo, voici ce que j'ai
vu et verrai jusqu'à ma mort :

A une heure du soir, la division Donzelot, précédée
des batteries, marche sur le château de Goumont,
repousse une division belge et s'éparpille dans un terrain accidenté. Le corps anglais de Picton attaque son
flanc gauche. La division Marcognet se précipite, mais
ne peut sauver une batterie enlevée par la troupe de
Ponsomby qui charge à la tête des dragons gris
d'Écosse. Notre infanterie, coupée en tronçons, se

débande. Drouet d'Erlon fait ordonner à la cavalerie de charger. Un terrain détrempé ne nous permet pas de manœuvrer à l'aise. J'enlève mon 4ᵉ lanciers. A droite d'un petit bois, nous apercevons la cavalerie anglaise, qui, promptement reformée, menace de tourner le 3ᵉ chasseurs. Je prends la tête des escadrons en criant : « Allons, mes enfants, il faut renverser cette canaille ! » Les soldats me répondent : « En avant ! Vive l'Empereur ! » Deux minutes plus tard, le choc a lieu. Trois rangs ennemis sont renversés. Nous frappons terriblement dans les autres ! La mêlée devient affreuse. Nos chevaux écrasent des cadavres et les cris des blessés s'élèvent de toutes parts. Je me trouve un moment comme perdu dans les fumées de la poudre. L'éclaircie venue, j'aperçois des officiers anglais qui entourent le sous-lieutenant Verrand, porte-aigle. Ralliant quelques cavaliers, je me porte à son secours. Le maréchal des logis Orban tue d'un coup de lance le général Ponsomby. Mon sabre fauche trois de ses capitaines. Deux autres peuvent fuir. Je retourne sur le front pour sauver mon adjudant-major. J'avais vidé mon deuxième pistolet quand je sentis tout à coup mon bras droit paralysé. De la main gauche, j'abattis l'agresseur qui me bravait... Un éblouissement me força à saisir la crinière de mon cheval. J'eus la force de dire au major Perrot : « Prenez le commandement du régiment ! » Le général Jacquinot, survenu, en voyant le sang inonder mes vêtements, me soutint et dit : « Retirez-vous ! » Et il partit pour la charge. Le major Motet coupa mon dolman et appliqua un bandage sur charpie, en prononçant : « Ce n'est pas mortel, mais il ne faut pas rester ici. » La rage de quitter mes escadrons me fit verser des larmes.

Resté à cheval, j'avais pu gagner la grande ambulance de Montplaisir. M. Robert, médecin en chef, voulut panser lui-même ma blessure. Il constata que la chair du bras droit était, au-dessus du coude, sectionnée jusqu'à l'os et l'os entamé. Le sang avait coulé abondamment, et, me trouvant affaibli de cette perte, j'étais obligé d'avoir recours à mon domestique pour me tenir debout.

L'Empereur avait ordonné de conduire les blessés à Charleroi. Ne pouvant plus rendre aucun service de guerre, et autorisé à me retirer sur les derrières, je louai une calèche venue à la suite des équipages du comte Drouet d'Erlon. A cinq heures du soir, quand la canonnade faisait rage, nous étions arrivés devant Genappe. Un long charroi d'artillerie encombrait la voie. J'appris en ce lieu que l'armée française exécutait sa retraite. Deux cavaliers nous jetèrent en passant la nouvelle que Napoléon avait été tué dans un carré de la Garde. Cela me causa un malaise inexprimable. Empêché de voler au secours de mes frères d'armes et ne voulant pas tomber prisonnier aux mains de l'ennemi, je fis diriger ma calèche vers Nivelles, par un chemin de traverse qui servait alors, étant très encaissé, de lit aux eaux tombées les jours précédents. De Nivelles, un paysan me conduisit à Binch, en exigeant vingt-cinq livres. Là, des gendarmes belges voulurent me retenir. Mon domestique, en montrant les pistolets, laissa clairement paraître sa résolution de défendre jusqu'au bout ma liberté. Les gendarmes se décidèrent alors à nous abandonner et le 19 juin, à cinq heures du soir, je retrouvais mon ancien quartier, à Sobre-sur-Sambre. Personne n'y connaissait la nouvelle de notre désastre. Après dîner, mes chevaux reposés, je partis dans la nuit pour Maubeuge. Ma blessure s'était aggravée. Un médecin que je trouvai à l'hôpital dut la nettoyer et me fixer le bras sur la poitrine, d'une manière gênante. Malgré son ordre de rester au repos à l'hôtel pendant trois ou quatre jours, je me remis en route le 21, à quatre heures du matin. Le 22, à midi, j'arrivais au pavillon de la Muette. Laure, laissée sans nouvelles depuis six jours, m'avait cru mort ou pris dans la défaite. Louis la prévint. Elle accourut en robe de chambre, les cheveux épars, à peine chaussée, et voulut que notre fils Olivier m'embrassât le premier. Le cher ange bégayait adorablement : « Mon petit papa. » Enfin, je trouvai un bon lit, un bon docteur et la meilleure garde-malade que blessé puisse souhaiter d'avoir.

Mon beau-frère La Chaume me tint au courant des événements. Napoléon ayant battu Wellington au Mont-Saint-Jean, Blücher, chef des Prussiens, après avoir échappé à Grouchy, était venu le soir accabler notre droite et changer, à la hauteur de Planchenoit, la face des choses. L'héroïque dévouement de la Garde, commandée par Cambronne, avait sauvé les débris de l'armée qui se retirait sur Laon. L'Empereur, rentré le 21 à Paris, et installé au palais de l'Élysée, était trahi par Fouché, qui, ancien ministre de la police, voulait obtenir son abdication et proclamer le roi de Rome. Mais les puissances alliées ne voulaient pas voir le fils de Napoléon assis sur le trône de France, et elles s'employèrent à réinstaller chez nous Louis XVIII.

Le député Manuel, des Basses-Alpes, ami de Béranger et d'Arnault, vint me voir le 24 juin. Il compatissait à mon malheur et me félicitait de n'être pas resté dans l'horrible mêlée du champ de bataille. Lui aussi avait lutté, la veille, au Corps législatif, en faveur de notre parti. Il eut la bonté de laisser au pauvre blessé le texte de son discours prononcé le 23, au Corps législatif, en faveur de la cause que nous servions ensemble.

Mon bon oncle, très bonapartiste, me tint aussi au courant des événements. Je connus donc : le retour de l'Empereur à Paris le mercredi 21 juin; son abdication en faveur du roi de Rome, remise le 22 au général Solignac; son installation le 25 à la Malmaison; son départ précipité le 29 vers Rochefort, où il voulait s'embarquer pour l'Amérique; ses séjours à l'île d'Aix; son passage sur *Le Bellérophon* (navire que j'avais vu à Saint-Domingue), bâtiment prison pour l'illustre capitaine que les Anglais, nos plus vindicatifs ennemis, allaient envoyer à l'île Sainte-Hélène.

De mon lit, je pouvais entendre le canon qui grondait autour de Paris. Wellington et Blücher rencontraient des résistances très sérieuses, à la Villette, le 30 juin. Les jours suivants, on se battait à Rocquencourt, un succès pour nous, et à Villacoublay. Mais, le 3 juillet, Fouché livrait la capitale aux alliés. Nos braves soldats en durent sortir le 5 et le 7, lorsque l'armée prussienne s'étalait sur les places. Il est vrai que ces gens-là avaient à venger tous les coups de pieds reçus depuis 1792.

Dans la soirée du 4 juillet, après la visite du médecin Poyer, qui voyait diminuer ma fièvre et trouvait ma blessure en bonne voie de guérison, Laure introduisit un homme portant un costume vert et le chapeau cartonné des chouans; et elle annonça, près de mon oreille : « Le colonel Marcellin Marbot. » J'éprouvai une grande joie devant le camarade qui, le visage sombre, me serrait les mains.

« — Je suis venu à Paris incognito. Je n'ai pas voulu repartir sans t'avoir visité... Et je me faufile le long des maisons, comme un conspirateur.... Ah! j'étrangle de rage de voir Napoléon déchu... Quelle triste et déplorable affaire que Waterloo! L'Empereur devait gagner la bataille. Son plan était bon, infaillible, sans la mollesse de Drouet... »

Je voulus défendre mon ancien chef.

« — Tu n'as donc pas vu, répliqua-t-il, Drouet engager timidement ses divisions d'infanterie, les laisser sabrer, reculer, quand il aurait pu, d'un élan formidable, écraser la droite de lord Wellington... Le centre aperçut le recul et prit peur. Cet effroi se communiqua à la droite française, et des divisions se sauvèrent, laissant à la Garde impériale le soin de sauver au moins l'honneur...

« — Que fis-tu pendant ces heures néfastes? interrogeai-je?

« — Colonel au 7ᵉ hussards, ton ancien régiment, je restai à la droite, arrêtant le flot humain qui voulait nous déborder. Le soir, j'eus à charger les Prussiens. Je sortis de cette affaire avec un coup de lance au côté droit. Un bandage serra ma blessure, et je me réunis aux troupes du maréchal Grouchy.

« — Celui qui nous a fait perdre la bataille.

« — Non, dit Marbot, Grouchy a fait son devoir; il a lutté toute la journée contre les Prussiens, à Wavres... Je sais que tout le monde l'accuse... Il n'est pas coupable, et je le défendrai de toutes mes forces...

« — Que vas-tu faire à présent?

« — M'éloigner de Paris... Napoléon ayant abdiqué, les hommes qui, comme moi, ont suivi sa fortune, seront sans doute exilés. Adieu, mon brave Bro!... Je vais rejoindre le 7ᵉ hussards... »

Et Marbot, que je voulais retenir à dîner et à coucher, n'ayant pas voulu céder à mes instances, s'éloigna de nous à grands pas, comme s'il eût voulu cacher des larmes prêtes à couler.

Les Anglo-Prussiens entrèrent à Paris le 7 juillet, pour y réinstaller Louis XVIII. Blücher frappa la cité d'une contribution de cent millions qu'on ne voulut pas lui payer; et son projet de faire sauter le pont d'Iéna échoua devant la réprobation générale qui se mani-

festait de partout en cris hostiles. A leur tour, les
Russes vinrent prendre leurs quartiers. Passy et ses
environs étaient réservés aux grenadiers de la Garde
impériale. Un jeune capitaine se présenta au pavillon
de la Muette. M. de La Chaume le reçut et l'écouta
patiemment notifier ses ordres, suivis presque aussitôt
de menaces.

« — Monsieur, répondit-il ensuite à l'aide de camp
qui parlait français, nous avons subi l'an dernier, de la
part des Prussiens, des outrages et des vols. Ma résolution est de défendre mes droits et d'imposer le
respect dû aux hommes que je dois loger et nourrir.
On ne traite plus les Français comme une horde de
Kirghises. J'ai sous mon toit un officier blessé, et
j'entends qu'il ne soit pas fait autour de lui de bruits
insolites. Veuillez en prévenir l'autorité qui vous
a envoyé. »

Une telle déclaration produisit son effet. Nous
eûmes à recevoir le général Marcaroff, chef des grenadiers et ses quatre aides de camp. Sa chambre visitée,
le général demanda à présenter ses respects à ma sœur
Adélaïde et s'excusa d'être forcé de nous causer
quelques dérangements. Puis, après ces politesses, il
s'informa de ma condition et de ma santé. Le soir, il
voulut me connaître et, s'approchant, tête nue, de mon
fauteuil, il me dit :

« Monsieur, je suis peiné de trouver ici une victime
de cette affreuse guerre. »

Deux jours plus tard, il me déclarait :

« J'ai toujours eu pour l'Empereur Napoléon une
grande admiration. Quel génie guerrier et quel administrateur ! C'est l'ambition qui l'a perdu. Il a voulu
toucher à l'Espagne et à la Russie. Non, un homme
ne peut pas être le seul maître en Europe. Le tsar
Alexandre aurait bien voulu faire quelque chose de

magnanime pour lui, mais les princes de la coalition ont décidé la disparition de Napoléon. »

Deux incidents vinrent jeter quelque émoi au pavillon de la Muette pendant que les Russes y séjournaient.

Un soir, pendant le dîner, le domestique de ma sœur servait un second rôti. Pendant qu'il allongeait son bras pour poser le plat sur la table, il s'aperçut que le Cosaque de service, placé ordinairement derrière le général, lui tirait doucement sa montre de son gilet. Il se mit à crier. Marcaroff en demanda la cause. Séance tenante, on arrêta le Cosaque, qui fut traîné dans la cour. Par ordre du général, et malgré les supplications de Mme de La Chaume et de toutes les femmes présentes, on le dévêtit à moitié pour lui administrer soixante coups de knout sur le bas des reins; il tomba rouge de sang, des sanglots mêlés à des cris, et on l'emporta à l'hôpital.

Quelques jours plus tard, on constata que les fruits du jardin étaient enlevés pendant la nuit. Le général posta un grenadier derrière un auvent. Le lendemain, à l'aube, une détonation éclata. Le voleur — un soldat — n'était que blessé. Le grenadier courut à lui et l'acheva à coups de baïonnette. Cette discipline inflexible était nécessaire, à ce que disait le général russe, pour obtenir l'obéissance des soldats qu'il commandait.

M. Marcaroff me donna dans la suite maints témoignages de réelle sympathie. Son départ devait nous affliger tous deux également. Nous échangeâmes, comme deux amis de la même patrie qui ne doivent plus se revoir, d'affectueux présents. Je lui remis une très belle turquoise montée en bonne foi, et il m'offrit, en retour, une bague portant en chaton une pierre verte orientale, gravée de caractères persans, précieux talisman rapporté de ses campagnes transcaucasiennes.

L'armée fidèle à Napoléon était cantonné derrière la Loire. Partout, de violentes ou sournoises vengeances s'exerçaient sur les bonapartistes. Pouvais-je, enfin guéri, aller rejoindre mon régiment? Le 9 août, M. le maréchal Macdonald m'avait envoyé un congé. Un mois plus tard, j'étais forcé d'adresser mes adieux au 4ᵉ lanciers, qui était alors commandé par le major Bertèche. Dix-huit sous-officiers m'envoyèrent de Montauban, le 20 septembre, les regrets qu'ils éprouvaient de ne plus m'avoir à leur tête. Les officiers s'abstinrent. Le 30 septembre, on me signifia « qu'ayant servi le gouvernement illégal de Bonaparte », j'étais mis en demi-solde. Enfin, le 22 juillet 1816, M. le duc de Feltre, ancien ministre de l'Empereur, m'écrivait :

Le ministre de la guerre prévient M. Bro (Louis), lieutenant-colonel de cavalerie, ancien commandant de l'ex-4ᵉ régiment de lanciers, que, n'étant pas compris dans la nouvelle organisation de l'armée, il est autorisé à se retirer dans ses foyers, où il recevra le traitement alloué, par les ordonnances du roi, aux officiers de son grade en non-activité. Cet officier fera connaître le lieu de son domicile et se tiendra prêt à répondre au premier appel qui pourra lui être fait de rentrer en ligne.

Je dus donc accrocher tristement au mur le sabre que j'avais porté jusqu'à Moscou. Ainsi se terminait une carrière militaire au cours de laquelle, en quatorze ans, les émotions, les fatigues et les dangers ne m'avaient pas été épargnés. Et, pour mettre le comble à mes regrets, le grade de colonel, que m'avait donné Napoléon, m'était retiré!

CHAPITRE VII

LA NOUVELLE ATHÈNES

J'étais presque sans fortune en quittant l'armée. La
demi-solde, le revenu d'une terre située près de Saint-
Lô, dans la Manche, et quelques actions nous consti-
tuaient quatre mille livres de rente; et nous allions
avoir la charge d'aider les proscrits que la *Terreur
blanche* pouvait expulser de leurs foyers. Dans une
longue théorie de malheureux patriotes, forcés à
prendre les routés de l'étranger, mon oncle Arnault se
trouva placé au premier rang. Il eut le courage, vraiment admirable, d'écrire aux membres de l'Institut :

MES CHERS CONFRÈRES,

Je ne quitterai pas la France sans vous dire un dernier
adieu. C'est dans ce moment que je sens toute l'étendue de
mon malheur. Je ne pensais pas que le commerce de l'esprit
pût établir entre les cœurs des liens si forts. Si la lecture de
cette lettre produit sur vous une émotion égale à celle que
j'éprouve en l'écrivant, ces liens sont véritablement des liens
de famille. Je n'ose me flatter de vous laisser des regrets
pareils à ceux que j'emporte; je ne crois pas cependant que
notre séparation vous soit indifférente. En reportant mon
attention sur le passé, je ne vois rien dans nos relations que
je doive me reprocher; j'ai pris quelquefois vivement la
défense d'intérêts que j'ai crus les nôtres, mais, en pareil cas,
l'excès porte avec lui son excuse. Je suis ruiné, je suis
banni, mais je suis riche encore, mais je suis sûr de retrouver

une petite patrie partout où le nom de l'Institut de France
est connu, car j'ai la certitude que vous me tenez pour digne
de lui et de vous. Si l'honneur de vous appartenir ne peut se
perdre qu'avec la vie, je suis votre confrère jusqu'à la mort.
— Adieu encore une fois, mes chers collègues. Permettez-
moi de mettre les formules de côté et de me dire, en vous
pressant sur mon cœur, votre confrère. — Ce 2 février 1816.

On porta cette lettre au ministre de la police, qui
déclara :

— Si je tenais cet individu, je lui ferais donner dix
ans de détention... car il ose se plaindre d'être banni !

C'était un grief, en effet, pour ces gens qui ne ces-
saient de parler des prétendues cruautés de Bonaparte.

Arnault se rendit donc à Bruxelles, où il vécut dans
un état fort voisin de la pauvreté. Il y avait alors dans
le ministère un M. de Jaucourt. Arnault l'avait ouvertement protégé. Jeune homme, ce royaliste avait écrit
à Laure, huit jours avant la signature de notre contrat :

Vous allez faire une sottise, Mademoiselle ; vous allez lier
votre sort à celui d'un vrai tyran, d'un jaloux sans amour,
d'un homme qui n'aime que lui. Il est encore temps ; gardez-
vous de dire oui. Ou plutôt ne dites ni oui ni non, c'est le
plus sûr. Mais surtout ne consentez pas à la prière qu'il vous
fera mardi soir ; il a les plus sinistres intentions. Craignez
une scène qui pourrait devenir sanglante. Craignez tout,
défiez-vous de tout, observez tout, fermez tout, cachez tout
ce que vous ne pourrez pas serrer ; enfin, faites votre profit
de mes avis... et relisez-les le lendemain de votre... mariage.
Votre sincère et bienveillant ami : De J...

Mme Arnault voulait solliciter les bons offices de ce
ministre, pour faire rapporter l'arrêt d'exil. Laure nous
montra cette lettre, qu'elle avait tenue cachée jusque-
là. L'honnêteté nous interdisait d'avoir recours à ce

M. de Jaucourt, devenu ministre. Dans un autre temps, je l'aurais giflé, pour sa basse délation. Heureusement pour lui, il profitait à la fois de la prescription et du changement de régime.

Sur ces entrefaites, mon beau-frère, Thion de La Chaume mit à ma disposition de l'argent, en vue d'opérations commerciales. Acheter et revendre, en province, d'anciens fiefs seigneuriaux donnait des bénéfices appréciables. L'année 1816 y fut employée. Mais la mort du notaire nous causa autant de chagrins que d'embarras. Je dus céder l'étude, faire rentrer les fonds, rendre claire la situation de ma sœur Adélaïde, qui resta quelque temps au pavillon de la Muette avec ses six enfants : Victorine, Henriette, Amélie, Auguste, Rose et Henry. Notre parti fut vite pris de louer une maison.

Laure ne voulait pas vivre bourgeoisement au centre de Paris. Nièce d'un grand poète, elle tournait les yeux vers un quartier désigné couramment sous le nom de *Nouvelle Athènes*, où l'esprit s'épandait dans les cénacles artistiques et littéraires. C'était entre le faubourg Montmartre et les moulins de Montmartre. On s'y pouvait croire à la campagne, vu l'étendue des jardins, la quantité des arbres, les allées et venues des paysannes portant des denrées, les cris bizarres des petits marchands et bimbelotiers qu'on ne cessait d'entendre jusqu'à midi. Ensuite, c'étaient les voix des pitres et le roulement du tambour qui appelaient le citadin aux plaisirs...

Laure avait trouvé dans cet endroit une demeure très confortable, au n° 23 de la rue des Martyrs. Cette maison, située entre cour et jardin, et où l'on accédait par une jolie avenue, appartenait à M. Géricault, le père de Théodore Géricault, célèbre auteur du *Radeau de la Méduse*. Moitié en briques, moitié en maçonnerie, elle avait abrité un ancien cabaret contigu au jardin Ruggieri, alors très en vogue et fréquenté à l'égal des jardins de Tivoli et de Baujon. Sur le mur mitoyen, s'appuyait une petite maison contenant un théâtre où le fameux bouffon Bobèche, ancien acteur des Délassements-Comiques, donnait des représentations en plein vent. Dans l'intervalle de ces représentations, il faisait une parade sur une sorte de balcon placé sur la façade de cette petite maison. C'était le plus amusant, et ce que l'on montrait autrefois au Pont-Neuf quand le roi daignait se déranger. En appliquant des échelles sur les tilleuls et contre le mur du jardin, les enfants d'Adélaïde et Olivier, déjà curieux, pouvaient assister gratis à la parade. Cela contristait ce pauvre Bobèche, qui, ne manquant pas d'esprit, faisait des allusions désobligeantes aux bonnes et aux enfants « qui maraudaient ainsi sur ses terres. » Il me dit une fois :

« — Monsieur le militaire, chacun son métier. »

Je lui remis un double écu, en spécifiant :

« — C'est pour les places que mon petit n'a pas payées. — Monsieur, répliqua-t-il, cet argent vient à propos, car je n'ai guère mangé depuis deux jours. »

Là-dessus, il alla se restaurer dans une auberge; et il cessa de molester par la suite nos enfants grimpés sur les échelles.

Bobèche apprit que Béranger nous visitait souvent. Il l'arrêta un soir à notre porte, comme je le reconduisais, et s'annonça en ces termes :

« — Le pauvre Mardelard, dit Bobèche, qui s'ingénie à divertir les badauds et n'en reçoit pas toujours de quoi faire bouillir sa marmite... Voyez mes os... Maître, si vous vouliez me composer une chanson sentimentale qui donnerait de l'émotion aux lorettes !...

« — Non, dit Béranger sévèrement, je ne travaille pas pour les ingrats. Rappelle-toi qu'en 1811 l'Empereur te fit remettre un don de cinq cents francs, à la demande qui lui en avait été faite par mon ami Delille, et, l'Empereur tombé passant un soir devant ton tréteau, je t'ai entendu chanter, devant les ultras : « *Cette canaille de Buonaparte!...* » Va demander aux ultras une part du milliard qu'ils ont pris sur la France, mais ne demande pas de chansons à Béranger. Ta conduite le dispense de toute pitié. J'ai pourtant une chanson : *Saute, Paillasse, mon ami,* qui eût amusé ton auditoire, mais tu ne l'auras point... Adieu! Médite sur la bonne leçon que tu viens de recevoir. »

Béranger me serra les mains et partit. Comme j'allais refermer la porte, Bobèche, penaud, vint me dire :

« — Il a le cœur bien dur.

« — Non, c'est un bon et grand honnête homme, mais vous avez eu des torts.

« — Je les reconnais. Du temps de l'Empereur, je mangeais souvent du poulet; depuis la Restauration, je suis tombé aux croûtes, et la santé n'allant guère, il faut prévoir que cette existence d'enfer ne durera pas longtemps. Bonsoir et bonne nuit, monsieur le militaire! »

Vraiment, la détresse de Bobèche m'attristait. Laure y compatissait aussi. J'envoyai mon domestique lui porter du pain blanc, un demi-poulet et une bouteille de vin. Il but ce soir-là à la santé du captif de Sainte-Hélène.

Les enfants ne manquaient pas d'assister, toujours sur les échelles, aux beaux feux d'artifice que tirait Ruggieri. Un petit nègre, employé dans l'établissement, se plaisait à leur expliquer le montage des fusées, le chargement des soleils et surtout de la bombe, qui fait si peur.

Ce nègre, de douze à treize ans, demandait à gran-

dir vite, pour être, « quand Napoléon reviendrait, son
Mameluck. » Un ancien aide de camp du comte d'Ar-
tois l'entendit et le brutalisa. Survient M. de D...,
ancien capitaine de la Garde impériale, qui s'informe
et soufflète sur-le-champ le royaliste « pour avoir
frappé un enfant qui a bien le droit de penser à sa
manière. » L'aide de camp ne peut garder l'outrage
qui a été produit devant témoins. Il veut se battre sur
l'heure, mais Ruggieri met hors de sa cour les deux
hommes qui, s'étant procuré des épées, vont vider leur
querelle plus loin, dans un enclos. Finalement, le royaliste fut tué et la police fit condamner son adversaire,
comme assassin, à dix années de prison.

En 1819, M. Géricault décidait de me vendre sa propriété. Il se réservait un pavillon pour y habiter avec
son fils Théodore, qui, après un long séjour en Angleterre, revint à Paris, apportant la terrible maladie à
laquelle il devait succomber. Ses souffrances nous
émurent et nous le soignâmes comme un frère. J'avais
déjà acquis, dans des conditions très favorables, un
grand jardin qui prolongeait en quelque sorte la propriété Géricault, à gauche en descendant jusqu'à la
hauteur de la rue Notre-Dame-de-Lorette. J'avais
donc déjà un joli domaine et je m'occupais à y faire
les restaurations nécessaires, pour en accroître les
agréments et les commodités.

Vers la partie basse de ce grand jardin qui suivait la
déclivité de la rue des Martyrs, se trouvait un mur
mitoyen, derrière lequel s'élevait une petite maison
entourée d'un jardin. C'était là qu'habitait le peintre
Horace Vernet, avec sa femme et sa fille Louise (qui
devait être Mme Paul Delaroche). J'avais connu Vernet chez Arnault. Il se félicitait d'être à la fois mon
voisin et mon ami. On entrait chez lui par le n° 2 de la
rue des Martyrs, et l'on parvenait au logis par une

longue cour, derrière ce que l'on appelait alors un
« bastringue », espèce de bal public de bas étage qui
se nomma d'abord Cocoli, puis « le Coq Hardi. »

Quoique ma femme et Mme Vernet se fréquentassent
beaucoup depuis notre installation rue des Martyrs, et
qu'Olivier accompagnât souvent sa mère dans la petite
maison du n° 2, mon fils trouvait ces visites insuffi-
santes à sa distraction. C'est qu'il voyait en Louise
« une petite femme mutine et pleine de grâces », et
que mon brave garçon était déjà entreprenant comme
un militaire. Aussi prît-il le parti d'escalader le mur
mitoyen garni de treillage, et d'aller — en cachette,
vous entendez bien — voir sa bonne amie. Les dépré-
dations, suites de l'escalade, nous signalèrent le passage, non autorisé en pareil endroit, du Don Juan de
six ans. Sans affecter de l'encourager à continuer ces
exercices, je crus devoir, par prudence, lui faire donner quelques leçons de gymnastique par Amorosi. Il
s'y appliqua si bien qu'au bout d'un mois, s'arc-boutant
simplement à un cep de vigne, il escaladait cavalière-
ment la muraille. Cependant, ce jeu ne pouvait durer
et, peu après, nous faisions ouvrir une porte de communication entre les deux jardins, ce qui nous permettait, en outre, de tromper la surveillance des policiers
chargés de monter faction dans la rue des Martyrs.

Il faut dire que la maison, ou plutôt le grand atelier
d'Horace Vernet, était devenu, chaque soir, le lieu de
rendez-vous des braves gens qui gardaient leur fidélité
à l'Empereur. David, le peintre, et Arnault, avant leur
exil, s'y montraient. Les deux fils d'Arnault, Lucien
et Telville, ce dernier jeune et brillant officier en
demi-solde, le remplacèrent. Géricault y dépensait
son esprit. Le duc d'Orléans, que nous appelions M. de
Valmy, car il avait combattu dans cette bataille, s'y
plaisait et parlait constamment de *Lui*, de l'homme

qui agonisait là-bas, sous la férule des Anglais. Les
généraux Foy, Colbert et Lamarque venaient prendre
le café. Foy avait l'habitude de dire, en montrant un
mannequin informe sur lequel Charlet, grand frondeur,
avait écrit *Le régime* :

— Quand le pendrons-nous?

Charlet dansait seul une gavotte en chantant :

« Il n'y a plus d'argent en France... Vive le roi...
Mais il en reste à Saint-Denis... Vive Louis! »

Manuel se montrait souvent avec Béranger qu'on
harcelait pour qu'il chantât. Le brave homme dodeli-
nait sa grosse tête, levait les bras et disait :

« J'ai pris goût à la République, depuis que j'ai vu
tant de rois; je m'en fais une et je m'applique à lui
donner de bonnes lois. »

Mortain, un ancien fonctionnaire, ne manquait pas
de saisir le poète aux épaules et de crier : « Monsieur,
je suis argousin, et, au nom du Roy de France et de
Navarre, je vous arrête pour crime de lèse-majesté. »

M. de Jouy, de l'Académie, auteur du fameux roman
L'Hermitte de la Chaussée d'Antin, nous amenait sa
famille et faisait des bons mots. Les colonels Amédée
de Cubières, Fortuné de Brack et vingt autres, frappés
de défaveur à cause de leurs opinions bonapartistes, se
plaçaient autour du colonel Bro.

Du côté des femmes, nous comptions la sœur de
Mme de Cubières, Mme de Sampago, Mme Buffault et
sa mère, dont le mari, Maître des comptes, était un
homme de cœur et d'esprit; Mme de Latour et son fils
Édouard, homme d'un esprit fin, mordant et incisif,
mais tout dévoué à ses amis. La spirituelle Mme de
Latour était la véritable mère d'Auguste Regnault de
Saint-Jean-d'Angély, fils naturel du comte, ancien
ministre de la maison impériale, et d'une actrice. C'est
elle qui l'avait adopté, élevé et appuyé dans le monde...

Une autre femme d'esprit aussi, quoique moins irré-
prochable sous quelques rapports, faisait aussi partie
de cette société. C'était la baronne Lallemand, femme
du général de ce nom, exilé pour cause d'opinions et
réfugié, disait-on, au Champ d'Azyle, en Amérique,
parmi les grognards qui avaient fui l'oppression. Il
s'occupait si peu de sa femme qu'elle se trouva dans
un état voisin de la détresse. Pendant de longs mois,
pour l'aider à vivre et la tirer de la pénible situation
où elle se trouvait, à la prière de Laure, je la logeai
gratuitement dans un petit pavillon situé au fond du
jardin qui séparait ma propriété de celle du peintre.
Elle était alors fort jolie, quoique très maigre, et surtout très élégante, très souple de taille, mais, comme
toutes les créoles, nonchalante et coquette. Les médi-
sants affirmaient qu'elle avait des bontés pour Vernet,
Géricault et d'autres.

Souvent, mes anciens camarades de guerre, attachés
à une société dont le bonapartisme et le libéralisme
formaient les liens, se réunissaient dans le salon de
Laure, avant de se rendre chez Horace Vernet. Les
plus assidus étaient les colonels de Bricqueville (depuis
député du Calvados), Duchaud, de la Wœstine, Jac-
queminot et aussi Hippolyte Passy, ancien officier de
cavalerie (et depuis ministre des finances sous Louis-
Philippe), ses frères et ses cousins, les de Tarlé.

Horace Vernet était, à Paris, regardé comme le
peintre des souvenirs de l'Épopée impériale et des
gloires nationales. Malgré ses licences envers le pouvoir
royal, pourtant bien ombrageux, on ne l'inquiétait pas,
car Philippe d'Orléans fréquentait son atelier, pittores-
quement décoré d'armes, de tambours et de tentes. Le
jeune prince, si clairvoyant, si simple et si affable,.
commençait à se chercher un point d'appui et s'attar-
dait volontiers à écouter le récit des prouesses et les

raisonnements parfois hardis des officiers de l'Empire,
dont quelques-uns se flattaient d'avoir eu vingt duels
et traversé cinquante champs de bataille. Les élèves,
souvent distraits, de Vernet étaient MM. Montfort,
Lettoux, Eugène Lamy et Ledieu. Celui-ci mérite une
mention particulière.

Ancien officier, hâbleur, bavard, mais ne manquant
pas d'un certain courage politique, il se trouva un jour
aventuré à une table de jeu, dans un salon qui réunissait des gens de tous les partis, mais où l'opinion royaliste dominait. Il faut remarquer qu'à cette époque le
moindre soupçon de bonapartisme suffisait à provoquer
une arrestation. Ledieu jeta une pièce d'or sur une
table d'écarté en s'écriant assez haut pour que tout le
monde l'entendît d'un bout à l'autre de la pièce :

« — Je tiens le jeu et mets là un bel et bon Napoléon, Empereur, roi d'Italie et protecteur de la Confédération germanique. »

Personne n'osa lui répondre, ni le regarder en face.

« — Allons, je remets en poche mon cher Napoléon. »

La chose n'eut pas d'autre conséquence, mais cette
audace lui fit fermer les portes de la maison.

Il y avait aussi, parmi les élèves du grand peintre,
le commandant Langlois, devenu colonel d'état-major
et l'auteur des panoramas d'Alger, de la Moscowa,
Eylau et les Pyramides. En outre, des amateurs (parmi
lesquels on découvrit certain jour un policier qui fut
assez brutalement expulsé) venaient dans l'atelier
peindre ou causer, raconter leurs campagnes ou colpor-
ter des histoires de femmes plus ou moins piquantes,
et discuter, suivant la société qui les entourait, sur
l'art ou sur la politique.

C'était bien, en vérité, la réunion la plus intéressante qu'on pût imaginer, par les sujets qu'on y traitait
et les personnages qui s'y rencontraient. Vernet a, du

reste, fixé leur physionomie sur la toile d'une manière inoubliable. Il y avait, parfois, des intermèdes imprévus. Ainsi, on s'y trouvait brusquement accosté — comme cela m'est arrivé un jour — par une guenon qui, des poutres du plafond, vous tombait sur l'épaule pour vous mordre ou vous égratigner. Une autre fois, au moment où j'entrais dans l'atelier que je traversais sans précautions pour aller voir une toile nouvellement ébauchée, on me criait :

— Prenez garde ! vous allez marcher sur la patte de l'ours qui dort près du poêle.

Puis, il fallait déranger des chevreuils, et se méfier d'un jeune loup qui servait de modèle pour le tableau représentant Mazeppa emporté par un cheval sauvage.

Un matin, je fus interpellé par un formidable : « Bonjour l'ancien ! » C'était un ancien hussard du 7ᵉ, ramassé en quelque sorte rue Montmartre par Vernet. Il n'avait ni famille ni emploi. Il devint balayeur et modèle, sous le sobriquet de *Barbu*. Cet ex-sabreur tutoyait tous gens qui lui adressaient la parole. Devant moi, il se plaisait à égrener le chapelet des souvenirs de la guerre de Prusse et de Pologne. Invariablement, il terminait : « Passe-moi du tabac ! » Il n'allumait jamais sa pipe sans dire : « Ah ! quel lapin que not' Empereur... Hein, quelle différence avec Monsieur le roy de France... et de Navarre s'il vous plaît, qui ne peut même pas monter à cheval ! »

On faisait des armes, de la peinture, de la critique chez M. Vernet. La littérature y était également cultivée.

Mme de Latans montra, dans l'atelier d'Horace Vernet, les *Entretiens* échangés entre Mme la comtesse de Genlis et le colonel Anatole de la Wœstine, exilé à Bruxelles. Il échut à la belle Mme Lallemand de nous les lire, un après-midi de juin. La première épître,

datée du 14 mai 1818, soutenait justement la réputation de l'auteur :

Vos questions, cher enfant — écrivait-elle, — prouvent
avec quelle réflexion vous lisez, et que vous ne vous con-
tentez pas de quelques aperçus superficiels, comme le font
tant de jeunes gens de votre âge, et même parmi ceux qui
ont de l'esprit. C'est un vrai plaisir d'avoir une correspondance littéraire avec vous, et j'aimerai toujours également
vos éloges, vos objections et même vos critiques, parce que
j'aime le tact, la finesse, la justesse de l'esprit, et surtout
quand je trouve en vous ces rares qualités réunies.

Montesquieu donne aux climats une influence chimérique
sur les gouvernements, qui partout ne se sont établis que par
la puissance des caprices humains, réunis à la force et à la
volonté de quelques hommes faits pour commander aux
autres : mais les climats ont une grande influence sur les
beaux-arts et par conséquent sur la littérature et la poésie.
Cependant ils en ont beaucoup moins qu'on ne le croit sur
les caractères. Dans la nouveauté, point de vives sensations,
et ce qu'un site riant peut inspirer produirait plus d'effet sur
le voyageur qui aurait toujours vécu dans des cavernes et
parmi des rochers que sur l'habitant des rives enchantées de
la Loire. Il est pourtant de fait qu'il y a dans les poésies des
peuples du nord quelque chose de mélancolique qui les carac-
térise en général, mais seulement dans les descriptions et
dans quelques traditions populaires.

Remarque. L'habitude émousse et finit par anéantir la
plupart de nos sensations, tandis que le temps exalte et for-
tifie les grands sentiments, l'amitié, le véritable amour fondé
sur l'estime et sur une juste admiration. En Angleterre, dans
toutes les provinces, les cimetières sont les promenades publiques. J'ai passé quinze mois dans la ville de Bury, et,
pendant une quinzaine de jours, cette promenade m'attristait
excessivement, mais sans me rien inspirer ; c'était une simple
sensation. Ensuite, je m'y accoutumai ; je me reposai tranquillement sur ces tombeaux, qui servent là de sièges ; mais
alors j'y cherchai des *sentiments ;* j'attachai le souvenir de

mes premières sensations à un amour passionné ; je supposai un rendez-vous et le premier serment d'un amour *éternel* dans ce séjour de la mort où se terminent toutes les affections humaines. Les idées me vinrent en foule, parce que le cœur seul les produit, et je composai *le Cimetière de Bury*, qui a eu un grand succès, parce que tout y est vrai.

En métaphysique, en morale et en littérature, on se jettera dans un labyrinthe sans issue, si l'on confond (comme cela arrive sans cesse de nos jours) nos sensations avec nos sentiments. Presque tout est matériel dans nos sensations. Aussi, ne causent-elles d'abord que de l'enivrement, du saisissement et de l'étonnement. Elles n'ont ni inspiration ni éloquence. Plus elles sont vives et plus elles stupéfient ; on ne les peint bien que de souvenir, en les recueillant, en y réfléchissant et en les attachant à quelque chose d'intellectuel ; enfin, en les spiritualisant, car, comme l'a dit l'ingénieux et profond Vauvenargues, *les grandes pensées viennent de l'âme*. Il est donc naturel que les descriptions des arides bruyères et celles des lacs glacés soient frappantes dans les poésies si elles ont été faites d'après nature ; les poètes de ces contrées ont rassemblé avec réflexion le souvenir des sensations que leur ont inspirées ces tristes lieux où leur imagination s'est vivement représenté les impressions qu'ils doivent produire. De là ces descriptions tristes et sans âge qui plaisent, parce que c'est le privilège de tout ce qui est vrai. Mais la profonde mélancolie, qui vient, non des sensations causées par les objets extérieurs, mais d'une profonde sensibilité, et par conséquent de l'âme, cette touchante mélancolie, si différente de la tristesse vague et physique, ne tient rien des lieux et des climats. On l'éprouve en Orient aussi vivement que dans le Nord. Le Livre de Job est le chef-d'œuvre de la mélancolie d'une âme profondément blessée, et les Orientaux ont excellé dans le genre élégiaque, outre les livres saints qui en offrent les plus beaux modèles.

Le climat influe sur les langues en ce qu'elles doivent naturellement être riches en mots et en synonymes faits pour exprimer ce qui, dans les différents pays, frappe le plus les sens ; dans les pays sauvages, parmi les rochers et les champs

de bruyères, sous des cieux sombres et nébuleux, le peuple,
au déclin du jour et durant la nuit, voit partout des spectres
et des fantômes, qui paraissent être les habitants naturels de
ces tristes paysages; il est reconnu que les nuages au-dessus
des lacs affectent plus particulièrement ces formes bizarres et
variées où l'imagination croit découvrir des ruines et des
figures de toute espèce. J'ai passé quatre mois sur les bords
du lac de Zug, et j'étais sans cesse à ma fenêtre pour admirer
les nuages; ils sont aussi singuliers en Écosse et dans quelques
parties de l'Angleterre; de là viennent toutes ces rêveries de
poeries erres sur les nuages et toutes ces histoires d'appari-
tions dans la littérature anglaise. Aussi, la langue anglaise
abonde-t-elle en expressions et en mots faits pour peindre ces
images fantastiques. La plupart de ces mots sont très expres-
sifs, et en même temps fort nobles, et nous ne pouvons les
traduire, parce que nous n'avons pas l'équivalent de ces
mots. Par exemple, ils ont un mot uniquement consacré à la
marche des fantômes qu'ils supposent graves et allant à très
grands pas; ils disent qu'ils marchent *by stride*, ce que nous
ne pouvons rendre que par *grandes enjambées*, mais le mot
enjambées est ignoble, et leur mot *stride* est noble et frap-
pant.

Les paysages anglais sont éminemment pittoresques et
embellis par une verdure ravissante. La poésie pastorale et
descriptive doit être en honneur dans un tel pays. Aussi se
sont-ils plu à l'enrichir par une multitude de synonymes que
nous n'avons pas; ils ont une quantité de mots pour dire ou
le ramage d'un oiseau, ou le murmure d'un ruisseau, et
même ils en ont trop. Cette vicieuse abondance de synonymes surcharge beaucoup trop d'épithètes leur poésie cham-
pêtre, et je trouve que dans *les Saisons* de Thompson, un de
leurs chefs-d'œuvre, les mots sonores sont trop souvent mis à
la place des idées.

Vous me demandez, mon enfant, de vous parler de l'influence que peut avoir un grand guerrier, un conquérant
souverain sur la langue du pays qu'il gouverne. Je crois
qu'il n'en a aucune (et cela est à désirer) si la langue de ce
pays est fixée par de beaux ouvrages en tout genre. Alexandre

ne produisit point de changements dans le beau langage des Grecs, et, dans les temps modernes, Guillaume le Conquérant eut une extrême influence sur la langue anglaise qu'aucun homme de génie n'avait encore illustrée. Ce prince introduisit dans cette langue, barbare alors, une énorme quantité de mots français qui y sont encore. Ils en ont même conservé un grand nombre de notre vieux langage, que nous n'avons plus, outre tous les mots en *on* qui nous sont communs avec les Anglais.

Au reste, une longue guerre, conduite par un conquérant qui parcourt divers pays, doit nécessairement produire quelques changements (toujours fâcheux) dans la *langue parlée* et trop souvent dans la *langue écrite*. Nous avons dans notre idiome quelques mots dont la racine est allemande et que nous devons à Charlemagne. C'est une petite usurpation des peuples conquis et une sorte de mésalliance que nous faisons avec eux. Nous sommes bien heureux lorsqu'ils ne nous rapportent que de mauvais mots et quelques mauvaises locutions, au lieu de nous donner d'horribles maux physiques et de nouveaux vices, fruits presque inévitables d'une longue suite de conquêtes.

Voilà, mon ami, tout ce que je puis répondre à vos questions. Je crois qu'au moins ce ne sont pas idées rebattues: je ne les ai vues nulle part; je ne les emploierai dans aucun autre ouvrage. Comme je vous l'ai dit, je ne fais jamais de *brouillon* de ce que j'écris et je ne garde aucune copie de ces lettres. Elles sont uniquement pour vous. Vous voyez qu'il y a bien peu de ratures; c'est toujours ainsi que je compose, parce que je fais mes *brouillons* dans ma tête, en me promenant, ou dans mon lit, quand je ne dors pas. Je sais toujours parfaitement ce que je dois dire quand je me mets à mon écritoire, et je crois que c'est ainsi qu'on écrit bien, c'est-à-dire avec clarté et sans verbiage.

N'est-il pas singulier que ces tableaux littéraires aient pu vivement intéresser de vieux guerriers? Il convient d'ajouter que notre belle lectrice les parait d'un charme que, gentiment d'ailleurs, les autres femmes présentes nous reprochèrent de subir avec une trop évidente émotion. Mme de Genlis n'était point de notre parti, car elle avait crié contre « l'ogre corse. » Néanmoins, nous demandâmes à entendre lecture de la seconde épître qu'elle adressait bientôt à de la Wœstine, et que celui-ci avait communiquée à Mme de Latour.

Nous allons reprendre maintenant, cher Anatole, ce que vos questions ont interrompu. Je vais vous parler de la formation de la langue française. Charlemagne, dans le neuvième siècle, s'occupa beaucoup du rétablissement des lettres; il fit venir deux savants : Alcuin et Théodulphe, qui ranimèrent le goût des études anciennes; mais ce n'est pas à Charlemagne que l'on doit les progrès de la langue française, dont voici en peu de mots l'histoire.

Les Romains, fiers de leur puissance et jaloux de leur autorité, souffraient avec impatience qu'il y eût en usage d'autres langues que la langue latine. Valère Maxime rapporte qu'ils avaient établi une loi parmi eux qui prescrivait de ne haranguer qu'en latin les ambassadeurs des Grecs. Tibère, suivant Suétone, dans un discours adressé au Sénat, ne se servit du mot *monopole* qu'après en avoir demandé la permission aux sénateurs, parce que ce mot était emprunté du grec. Le même Tibère, par la même raison, fit effacer d'un décret le mot *emblème*. L'empereur Claude poussa encore plus loin sa passion pour la langue latine; il fit non seulement rayer de la liste des juges un personnage recommandable par sa capacité et son intégrité, mais il le priva de sa qualité de citoyen romain parce qu'il n'entendait pas parfaitement la langue latine. Caligula se piquait aussi d'un grand goût pour la littérature latine; il établit à Lyon une Académie dont il fit les statuts. L'un de ces statuts portait que tout académicien qui ferait un mauvais discours serait obligé de l'effacer entièrement avec sa langue. Heureusement pour la majorité de nos beaux esprits que le cardinal de Richelieu n'a pas établi cette loi. Ainsi, il n'est pas étonnant que ces peuples n'aient pas voulu souffrir que les nations qu'ils avaient subjuguées parlassent une autre langue que la leur.

Les Romains s'emparèrent des Gaules quarante-trois ans avant la naissance de Jésus-Christ. Leur premier soin fut d'y introduire leur langue, chose facile chez des peuples qui n'ont cultivé ni les arts ni la littérature, car ils n'ont qu'un très petit vocabulaire, et ils n'ont rien à regretter en perdant leur langue. Les Romains ont fait tomber dans l'oubli le celte et l'ancien gaulois (en supposant, ce que croient plusieurs savants, que le gaulois d'alors différait du celte). Ils ont aussi conquis la Grèce et n'ont pu abolir la langue grecque, parce qu'elle avait des chefs-d'œuvre, ainsi que la langue latine. Saint Jérôme, qui florissait dans le quatrième siècle, nous prouve que le latin, dans son temps, était d'usage dans les Gaules. Dans le sixième siècle, il y avait à Paris des écoles où l'on enseignait le latin. Tous les actes juridiques étaient en latin depuis les invasions des Romains. Dans ces premiers siècles, les Gaulois, prononçant mal le latin, formèrent une langue que l'on a appelée *langue romane vulgaire*, langue romaine, et qui par la suite s'est appelée langue française. Cette langue romane vulgaire, c'est-à-dire langue corrompue du latin, se forma promptement en France, après l'établissement de la monarchie. On lui donna le nom de *rustique*, dans les sixième et septième siècles, parce qu'elle était alors tout à fait en usage parmi le peuple. Enfin, dans le neuvième siècle, la langue romane avait fait de tels progrès qu'elle ne ressemblait presque plus à la latine, dont elle était formée, et elle était d'un usage si habituel et si général que les laïques et le peuple n'entendaient plus le latin. Mais comme les instructions et les actes publics se faisaient toujours en cette langue, et que l'on voulait que les peuples fussent instruits de la religion, il fut ordonné, par un canon d'un concile tenu à Tours en 813, que les évêques s'appliqueraient à traduire en langue *romaine rustique* toutes les homélies afin que le peuple en pût profiter. Ce même canon fut renouvelé dans le concile tenu à Arles en 851. Ainsi, cette langue imparfaite et grossière, mère de la nôtre, ne cessa d'être un jargon qu'à cette époque. Ce fut la religion

qui la consacra et qui assura son existence et sa durée.
Malheureusement, depuis, dégradée de son origine, elle a été
souvent profanée par l'impiété, mais du moins ses véritables
chefs-d'œuvre honorent la religion ou ne la blessent pas.
Dans les treizième et quatorzième siècles, la langue française
avait déjà fait d'immenses progrès; nous avons des ouvrages
de ces siècles dans tous les genres; des traductions de l'Écriture sainte, des histoires sacrées et profanes, des ouvrages
de théologie, de morale, de philosophie, des poésies, des romans, des chansons, des poèmes épiques et dramatiques, des
satires, etc.

On a dit avec vraisemblance que les voyages d'outremer,
au temps des croisades, ont mêlé à la langue française
quelques mots arabes qui y sont restés, mais le nombre en
est peu considérable. Le commerce des provinces méridic-
nales de France avec l'Italie faisait que leur langue vulgaire
avait conservé plus de traits de ressemblance avec le latin
que celle des autres provinces. Les Provençaux, portés par
leur vivacité naturelle à la poésie et à la galanterie, n'employèrent d'abord la langue vulgaire qu'aux récits des événements qui avaient rapport à l'amour; ce qui fit donner à
ces ouvrages le nom de romans, parce que la langue dans
laquelle ils étaient écrits s'appelait romaine, ou romane,
ou romance. Les poètes allaient débiter ces vers dans les
cours et dans les châteaux. Souvent, ils les chantaient en
s'accompagnant de quelque instrument, et surtout de la viole.
On nommait ces poètes jongleurs, ménétriers, musards
(comme ils erraient sans cesse de côté et d'autre sans jamais
s'occuper d'affaires), chantoires, troubadours, qui vient du
mot *trobar,* inventer. Nous avons du treizième siècle quelques
ouvrages en prose, qui ont de la naïveté, mais les vers n'ont
aucun genre de mérite, pas même les chansons de Thibaut,
comte de Champagne...

Nous trouvâmes que Mme de Genlis coupait court.
En somme, ces études étaient bien dans leur cadre à
la « Nouvelle Athènes. » Baour-Lormian, Lemercier,
Ducange, Picard, Chênedolé, Béranger, le duc d'Or-

léans les entendirent et jugèrent favorablement un auteur si clair dans ses explications. Mais je fus le seul à en prendre une copie pour la verser dans mes Mémoires.

Un drame vint troubler la tranquillité relative dont nous pouvions jouir en observant les lois des Bourbons. J'avais retrouvé à Paris un ancien camarade de l'état-major d'Augereau. C'était le général Letellier (qui avait accepté du service sous Louis XVIII, tout en gardant un culte à l'Empereur), homme chevaleresque autant qu'ami dévoué, mais caractère exalté, violent dans ses passions comme dans ses affections, ses colères et ses jalousies. Il avait épousé à quarante-deux ans une jeune femme, trop jeune pour lui. Il eut l'imprudence de la confier à son aide de camp pour la conduire à Bruxelles, où il devait la rejoindre deux ou trois jours plus tard. Cet aide de camp, M. de Coincy, profita d'un moment de faiblesse de la jeune femme, à laquelle il avait fait boire, avec intention, du vin de Champagne, pour en abuser. A son arrivée à Bruxelles, trouvant sa femme dans une sorte de désespoir, le général Letellier la pressa de questions, et elle lui fit l'aveu de sa faute. Le pauvre homme, qui l'aimait avec la passion qu'il apportait à ses affections, courut chez M. de Coincy, le souffleta et le maltraita comme il le méritait, le provoqua en duel et lui cassa le bras d'un coup de pistolet. Puis, ayant pardonné à sa jeune femme, il la combla de caresses et d'attentions pour lui faire oublier l'aventure. Un an plus tard, rentrant en tilbury d'une propriété qu'ils habitaient à Saint-Maur, le cheval s'emporta. La générale, effrayée, sauta en bas de la voiture et tomba si malheureusement qu'elle se brisa la cuisse, l'os rompu traversant les chairs et allant se planter dans la terre. Les plus habiles chirurgiens furent appelés. On entrevit d'abord l'espoir de la

sauver sans amputation ; mais la pitié d'un jeune aide
laissé auprès de la blessée, et qui n'eut pas la force de
résister aux supplications de cette jolie femme souffrant le martyre, compromit tout. Il desserra l'appareil,
les os se dérangèrent, il fallut se décider à pratiquer
l'amputation, et la jeune femme mourut trois jours
après.

Le général Letellier, brisé de douleur, voulait se
tuer. Je ne le quittai plus pour le préserver d'un
malheur. Il se décida, après avoir subi de longues et
pressantes sollicitations, à venir habiter pendant
quelques jours le pavillon qu'abandonnait Mme Lallemand. Il y resta assez tranquille pendant deux semaines, prenant ses repas avec nous, faisant jouer Olivier. Nous le crûmes apaisé et résolu à vivre. Il parla
alors de rentrer chez lui pour y mettre un peu d'ordre.
Nous ne le vîmes pas partir sans regret, mais nous
étions assez confiants dans son courage. J'allais lui
faire, chaque matin, une visite.

Le cinquième jour, de grand matin, un mot pressant
de Letellier me mande auprès de lui. Je préviens Théodore Géricault et nous nous rendons ensemble chez le
général. Il était dans son lit garni de draps blancs,
revêtu d'une chemise également blanche, la tête entourée d'une écharpe de sa femme, un de ses poignets
tenant encore, crispé, un mouchoir de la chère morte,
ses dents même serrànt plusieurs de ses bagues. Un
pistolet était dans son lit, encore chaud. Il s'était traversé le cœur quelques moments avant l'arrivée de ses
amis. Il avait pris toutes ses dispositions testamen-
taires. J'en étais expressément l'exécuteur, ce qui ne
devait pas être une sinécure. Il me léguait ses armes,
décorations et uniformes militaires, à la condition de
faire exhumer sa femme et de les réunir, non seulement dans le même tombeau, mais dans la même

bière. Il fallut mille peines pour mener à bien ces dispositions. D'abord, transporter le suicidé à Saint-Maur, parlementer avec les autorités qui arguaient du danger de mettre à jour un corps enterré depuis deux mois, refus des ouvriers qui répugnaient à exécuter une pareille besogne... Enfin, les dernières volontés de Letellier furent exécutées... Et mon bon ami Géricault a fait de ces obsèques un sujet touchant... Dois-je ajouter?... Le pauvre Letellier avait une petite chienne anglaise nommé Lowe, noire et marquée de feu. Il me l'avait donnée pendant son séjour chez moi; mais la pauvre bête était retournée opiniâtrément chez son maître, qui nous l'avait ramenée. Après la mort du général, elle se sauva encore, rentra dans la maison mortuaire, y hurla. Ramenée rue des Martyrs, elle y mourut de chagrin.

A ce deuil d'un ami, un autre devait bientôt succéder. Le vendredi 6 juillet 1821, vers neuf heures du soir, le colonel·Brack entrait dans le jardin d'Horace Vernet et, parvenu au milieu du petit groupe que formaient les hommes, il disait, d'une voix que des sanglots allaient couper :

« Mes bons amis, je vous apporte une bien triste nouvelle. *Il* est mort, le 5 mai après-midi, en l'isle de Sainte-Hélène. »

Nous fûmes tous debout à l'instant. Tous les yeux se remplirent de larmes. J'éprouvai un étourdissement et Béranger me soutint, sans quoi je serais tombé. On me rassit, et je crus voir, au travers de mon trouble, l'Empereur à cheval, devant sa Garde, la Garde à laquelle j'avais appartenu! Laure vint me consoler et essuyer mes larmes, qui coulèrent pendant longtemps. Vernet fit éclairer son atelier et placer le buste de Napoléon sur une table. On mit un large crêpe sur les épaules de marbre du héros et l'on alluma devant deux cierges qui brûlèrent jusqu'au matin. J'appris le 7 que le général Rapp, de service auprès de Louis XVIII, à Saint-Cloud, était tombé malade en apprenant la fin du grand capitaine. Mon jardinier bâtonna, le 10, un individu qui criait à la grille : « Demandez la mort du brigand Buonaparte, pour deux sols. » Le 14, le *Journal du Commerce*, seul organe bonapartiste à Paris, nous donna quelques renseignements. Auguste Regnault ne voulait pourtant voir encore là qu'une fausse nouvelle. Mais, le 22 août, Marchand, valet de chambre de l'Empereur, nous donna des détails sur son agonie. Et les « fidèles », pendant un an, ne portèrent que des habits noirs.

Indifférents aux actes du gouvernement, ni l'assassinat du duc de Berry, ni la guerre d'Espagne, ni l'avènement de Charles X ne nous troublèrent. En vain, mon beau-frère, Péan de Saint-Gilles, notaire du roi, voulut me réconcilier avec le pouvoir. Je fermai l'oreille à toutes les sollicitations de cette nature, me contentant de poursuivre — du reste assez péniblement — mes transactions financières ou autres, en guise de distractions. J'aurais continué à m'en occuper longtemps encore, sans doute, si, en juillet 1830, un vibrant appel aux armes ne m'eût, avec mes amis, rejeté dans la mêlée.

CHAPITRE VIII

JE SUIS ENFIN COLONEL

Le 26 juillet 1830, j'étais rentré d'Amiens à midi.
Il faisait très chaud. A six heures du soir, Duval, un
peintre, vint m'apporter cette nouvelle : « Que le Roy
venait de décider la suppression des dernières libertés.
— Lesquelles ? demandai-je. — Celles des réunions et de
la presse. Paris est maintenant en état de siège et sous
la férule du fameux Marmont, le traître qui livra, en
1814, la capitale aux alliés... » A ce moment le tambour battit dans l'atelier d'Horace Vernet, et le chant
de la *Marseillaise* y répondit, de la rue, comme un
puissant appel.

« Allons, enfants de la patrie, — le jour de gloire
est arrivé... »

Je courus à la porte. Un groupe, formé de jeunes
gens, descendait la rue des Martyrs, accompagnant
le père Muchedon, grenadier de l'ex-Garde, qui portait un drapeau tricolore : trois mouchoirs, bleu,
blanc et rouge, noués au bout d'une canne de pêche.
Mon émotion était telle, en revoyant les couleurs
sacrées, que je dus m'appuyer au pilier pour ne pas
tomber :

« Cette fois, cria Muchedon, on nous rendra le roi
de Rome. Il sera Napoléon II. »

Et le grognard s'arrêta pour crier : « Vive l'Empereur ! »

Une heure plus tard, le général Sébastiani arrivait chez moi et disait :

« Colonel Bro, Charles X a cessé de régner, de par la volonté du peuple. Mais il faut le forcer à signer son abdication. Les demi-soldes sont rappelés à l'activité. La deuxième légion de la Garde nationale, récemment licenciée, va reprendre les armes. Son ancien chef, une créature de Polignac, est écarté. Les officiers, réunis au manège de la rue Cadet, vous ont élu. Vous trouverez vos hommes demain, à quatre heures du matin, derrière l'église Notre-Dame-de-Lorette. Le gouvernement provisoire, que préside notre grand Lafayette, vous confère les pouvoirs les plus étendus. Vous vous tiendrez prêt à marcher sur les Tuileries. »

Je décrochai mon vieux sabre de cavalerie. Il était un peu rouillé dans son fourreau. Laure m'aida à faire disparaître les taches. Olivier, qui avait seize ans, prit un fusil de chasse.

« Non, dis-je, les jeunes collégiens doivent attendre. Tu resteras auprès de ta mère, qui se montrera naturellement anxieuse, voyant le danger si proche. Patience ! tu seras soldat à ton tour ! »

La légion du deuxième arrondissement comptait — lorsque, vêtu d'un habit bleu que m'avait prêté Vernet, j'en pris effectivement le commandement — douze cent cinquante hommes. Un quart, les timides et les amis du pouvoir, n'avaient pas répondu à l'appel. Cette troupe était résolue à refaire 1789, non 1793. On l'avait réunie sous le prétexte de maintenir l'ordre. Les officiers m'ayant entouré, je montai sur un banc et leur fis ce petit discours :

« Mes camarades, il vous a plu d'accorder votre confiance à un vétéran des armées impériales. Le pouvoir qui nous opprime ne peut, l'heure du réveil natio-

nal ayant sonné, se prolonger plus longtemps. Tant
pis si le roi a écouté de mauvais conseillers! Nous le
rendons responsable de leurs fautes... Il paiera, en
même temps, les persécutions dont nous avons tant
souffert depuis quinze ans. Nous devons nos forces,
même notre vie, au devoir qui s'impose. Vous me sui-
vrez sans jamais regarder derrière vous. »

Les gardes jurèrent de m'obéir en tout ce que je leur
commanderais; et je leur fis prendre, aussitôt, des
postes d'observation.

Ces trois journées, que le peuple de Paris surnomma
« Les Glorieuses », amenèrent les défections de la
garde suisse, la reprise des Tuileries, la retraite de
Marmont, la fuite de Charles X et la nomination du
duc Louis-Philippe d'Orléans au poste de lieutenant-
général du royaume. C'était, pour ce libéral, l'entrée
de la salle du trône. En effet, le prince « Valmy » —
Vernet le désignait ainsi, car il avait combattu à cette
bataille, — tiré de sa solitude de Neuilly, était fait
roi des Français le 9 août, sept jours après l'abdication, au château de Rambouillet, du successeur de
Louis XVIII. Louis-Philippe rouvrait la France aux
exilés qui avaient servi Napoléon; et il s'entourait des
braves qui avaient formé, dans les jours de succès et
dans les jours de tristesse, l'état-major du héros.

Sébastiani m'avait fait colonel le 26 juillet. Le 30,
mes fonctions étaient confirmées par cette note :

« *Au nom du Gouvernement provisoire. — Quartier général de l'Hôtel de Ville de Paris, le 30 juillet
1830.* — M. le colonel Bro se transportera dans la
deuxième légion de la Garde nationale de Paris, pour y
être employé en sa qualité de colonel de ladite légion.
— *Pour monsieur le lieutenant-général, commandant
en chef la Garde nationale de Paris* : ZIMMER. »

Nous devions, après la bataille, qui me coûta sept

morts et trente-huit blessés, assurer l'ordre. C'est que,
des faubourgs, la canaille descendait pour livrer Paris
au pillage. Quelques exécutions faites, chacun reprit
confiance. Je pus rentrer, le 2 août, rue des Martyrs.
J'y trouvai ma femme et mon fils, très heureux de
notre triomphe, et cette lettre du grand dessinateur
Charlet :

Colonel, nous sommes d'anciens amis, et la circonstance
nous rapproche; je me trouve un de vos soldats citoyens et
je commence par renouer connaissance en vous recommandant un brave soldat, M. Grandjean, amputé, mais très
ingambe malgré cela; je l'ai vu au 30 mars, c'est un solide
lapin; je l'ai vu adjudant-major des fédérés, et je vous
garantis que c'était un bon zig. Je vous le recommande donc
dans le cas où, selon les données publiques, on formerait avec
les braves et intrépides ouvriers de Paris des bataillons de
tirailleurs de la Garde Nationale. Enfin, c'est un vieux
soldat qui mérite toute votre bienveillance. Colonel, prenez
en considération ma demande et je ne doute pas que, s'il y
a moyen de l'utiliser, vous le ferez avec plaisir. — Salut et
fraternité. — Le 1ᵉʳ samedi de la liberté. — 1830.

Je fis venir M. Grandjean. Il était fort triste et me
dit :

« Mon colonel, je suis tout chagrin parce que l'Autriche ne veut pas nous rendre le roi de Rome... Mais
je consens à servir d'Orléans. Je reste à votre disposition. »

Un député de la Lozère, Garraube, m'accusa d'avoir
à dessein, et par malveillance, arrêté le service des
postes pendant l'émeute. Charlet, directeur de ces
postes au ministère des finances, m'envoya, le 4 août,
une justification :

« Je certifie que, loin d'avoir entravé la marche des
malles-postes, le vendredi 30 juillet dernier, M. le colo-

nel Bro s'est empressé de leur faire livrer le passage qui leur avait été intercepté par un officier de la Garde Nationale de sa légion. »

Muni de cette pièce, je joignis Garraube et le secouai assez fortement pour avoir voulu me nuire. La querelle aurait pris assez mauvaise tournure sans l'intervention de M. de Rumigny, qui, aide de camp du roi, arrangea cette affaire à ma complète satisfaction.

M. Valmy voulut bien se rappeler qu'il m'avait, Louis XVIII régnant, honoré de son amitié alors qu'il fréquentait l'atelier d'Horace Vernet. Le général Gérard, ministre de la guerre, me nomma, le 8 août, colonel du 1er régiment de lanciers, dit de Nemours, à titre provisoire, et définitivement le 17 du même mois. Je devais aller rejoindre incessamment, à Commercy, mon corps qui s'y trouvait cantonné. Jusqu'au départ, j'étais à la disposition du duc de Nemours, second fils du roi.

Avant la prise effective de mon commandement, la première lettre que je reçus fut du comte de Busseuil, chef du régiment, mis en non-activité pour ses opinions bourboniennes :

Mon cher Colonel,

Je suis extrêmement privé de quitter le régiment sans avoir l'honneur de vous voir. Connaissant votre réputation militaire, j'aurais éprouvé une grande satisfaction en vous remettant à vous-même un aussi bon régiment et en vous en parlant. Personne n'est à l'abri des révolutions ; je me retire dans ma solitude ; mais jamais le bonheur dont je jouissais ici ne s'effacera de ma mémoire.

Je vous laisse, Monsieur le Colonel, un bon et beau régiment, dans un état parfait et d'une bonne composition. J'ai l'honneur de recommander à vos bontés particulières le maréchal des logis Dupeyroux, du 1er escadron. Ce jeune homme, neveu du général Dupeyroux, ancien colonel du

115° de ligne, est avec moi depuis neuf ans; sujet parfait, je comptais cette année le porter pour passer officier; je serai très reconnaissant de l'intérêt que vous voudrez bien lui porter. J'ai aussi un jeune chasseur, auquel je porte le plus grand intérêt : Claude Lamotte, du 6° escadron. Cet homme est de chez moi; il était à mon service particulier; il a eu deux maladies très graves, sa poitrine est fort mauvaise. M. le docteur Millet le juge susceptible de la réforme; vous me feriez, Monsieur le Colonel, un grand plaisir de vouloir bien appuyer cette demande et, si cela n'était pas possible, lui accorder au moins un semestre de repos, dont il a absolument besoin, n'ayant pas profité d'un congé qu'il avait obtenu cet été pour tâcher de se remettre un peu.

Je vous laisse plus de cent mètres de drap en économie et quelque argent que j'ai moi-même trouvé au corps en en prenant le commandement; comme, sous mon administration, il ne s'en faisait pour ainsi dire aucune, je n'ai pas pu les augmenter, ayant eu des dépenses à faire pour le camp de Lunéville où le régiment était l'année dernière.

Je ne saurais trop vous dire de bien de M. de Kervardonné, votre lieutenant-colonel, sous tous les rapports; il mérite toute votre confiance; il est militaire très distingué et fut mon véritable ami. J'ose espérer et suis même certain qu'il sera assez heureux pour vous convenir.

Je me proposai, en effet, de m'intéresser à ces braves gens, me réservant toutefois le soin de contrôler s'ils n'étaient pas, comme je le pouvais craindre, d'anciens émigrés, mal disposés à servir un roi libéral.

D'autres recommandations arrivaient. Celle du général Drouot, datée de Nancy, le 11 septembre :

Mon cher Colonel,

Voulez-vous permettre à un de vos anciens compagnons d'armes de réclamer vos bontés en faveur de M. le baron Lacour, capitaine adjudant major dans votre régiment. M. de Lacour est le fils du général Lacour tué à Wagram;

je l'ai suivi depuis son enfance; je l'ai vu page, et ensuite premier page de l'Empereur, et je n'ai cessé de lui porter un intérêt qu'il a toujours justifié. Il justifiera également votre protection et votre bienveillance, je les sollicite avec confiance. J'ai l'honneur de vous prier d'agréer la considération la plus distinguée avec laquelle je suis votre très obéissant et dévoué serviteur.

Cinq jours plus tard, le comte Drouot m'écrivait :

Colonel, s'il vous était possible de disposer d'un moment et de vous donner la peine de venir chez moi, vous me rendriez un très grand service, ayant à vous parler d'une affaire où vous pouvez beaucoup. Veuillez, je vous prie, vous rendre à ma demande.

J'allai, le 17, le matin, rue Neuve-du-Luxembourg, n° 6. Je trouvai là, dans une mise modeste qui indiquait la pauvreté, cet homme admirable que j'avais vu conduire la grande batterie à Wagram et à Lutzen, celui que Napoléon avait surnommé « le Sage. » Il entendit l'assurance que de Lacour serait l'objet de ma bienveillante attention. Il me dit :

Votre légion a, le 29 juillet, arrêté, près du Palais-Royal, M. de P..., ancien garde du corps, comme officier. Cet homme tirait sur votre troupe. Il n'a blessé personne, mais l'accusation portée contre lui peut lui valoir la mort. Il a une femme et sept enfants. Je vous demande de relater, quand votre témoignage sera demandé, que personne n'a la certitude qu'il employa des armes... Oui, un mensonge... Je le sollicite au nom de son cousin, qui servit auprès de moi. Sachez que M. de P... contribua, en 1815, à me faire emprisonner. Il me destinait le sort qu'a subi notre grand maréchal Ney. Je pardonne aujourd'hui à cause des enfants. Soyez vous-même indulgent !

Quelle grandeur d'âme chez Drouot ! Je ne pouvais

qu'essayer de l'imiter. Sur mon rapport, M. de P...
fut libéré, mais il n'eut pas même la politesse de venir
me remercier.

Le 15 du même mois, Mme Adèle Moreau, filleule
d'Arnault, me demandait un service, en termes si touchants que je veux les consigner ici :

Me pardonnerez-vous, Monsieur, d'oser me prévaloir de
ma tendre affection pour votre excellente femme, de celle
que Zoé vous porte, et de sa confiance dans la vôtre pour
réclamer de vous un service que j'oserais à peine prétendre
d'un ami plus intime? Le plus jeune de mes fils, que vous
aurez peut-être entendu désigner sous le nom de Paul, s'étant
laissé entraîner à quelques étourderies de jeunesse, je me
suis vue forcée de le renvoyer à Vienne, près de son père,
où il se trouve dans le désœuvrement le plus complet. Le
bruit des événements si glorieux qui viennent de se passer
en France a excité dans son cœur un enthousiasme dont je
le croyais peu susceptible, et réveillé chez lui une inclination
pour les militaires, que je n'avais regardée jusqu'à présent
que comme une bien faible velléité. Auguste (Regnault de
Saint-Jean-d'Angély), auquel j'en ai parlé, m'a donné l'assurance que vous consentiriez volontiers à le prendre dans
votre régiment, et s'est informé auprès de M. Daure (ancien
préfet de Saint-Domingue quand j'y étais) qu'il ne pouvait
y avoir aucun inconvénient à prendre dans vos rangs un
jeune homme né à Vienne, de parents français. J'ai donc
écrit à mon fils de se mettre en route le plus tôt possible, et
à moins que quelques difficultés ne lui soient élevées par les
autorités du pays, je présume qu'il arrivera incessamment.
Beaucoup de raisons me faisant désirer qu'il ne revoie
Paris de longtemps, je lui ai enjoint de descendre à Bar, où
je lui ferai tenir de nouvelles instructions pour se rendre
auprès de vous. Je ne doute pas que l'espoir que je lui ai
donné d'être employé sous vos ordres ne prête une nouvelle
force à ses résolutions. Mais, vous le dirai-je, Monsieur,
plus le moment décisif approche, plus je sens mes forces
défaillir et le courage m'abandonner. Je ne vois plus, malgré

moi, que tous les dangers inséparables de cet état. Ce qui m'inquiète surtout, c'est la crainte qu'entraîné par l'impulsion du moment, et malgré mes objections, il n'ait pas assez réfléchi à tout ce que son noviciat aura de repoussant et qu'une fois à l'œuvre, le dégoût et le découragement ne s'emparent de lui. Je le crains d'autant plus que jusqu'à présent il n'a montré aucune énergie et que le fond de son caractère est une grande nonchalance. Si la vie de soldat pouvait le régénérer un peu, je serais bientôt consolée de la lui voir embrasser, car, toute faible que je suis, je ne compare pas le chagrin de perdre un fils à celui de le voir inutile à la société dont il fait partie. Veuillez donc, Monsieur, scruter ses véritables dispositions et lui peindre les choses telles qu'elles sont. S'il recule, tout sera dit, et, quitte à encourir quelques reproches de son père, il faudra qu'il regagne Vienne. Si, au contraire, il persiste, je me croirai dégagée de toute responsabilité et ne serai plus qu'au sentiment si consolant de le savoir sous votre surveillance paternelle.

L'habitude du travail des bureaux pourra peut-être le rendre de quelque utilité dans les vôtres. J'en serais d'autant plus charmée que je désire par-dessus tout qu'il soit occupé sans relâche, et qu'un de mes grands soucis est le contact des gens subalternes avec lesquels il va se trouver journellement en rapport. Je ne vous cacherai pas non plus que notre fortune ne nous permettra jamais de faire pour lui d'autres sacrifices que ceux que nous commandera la nécessité, et que ce serait à tort qu'il se flatterait de nous en imposer d'autres.

Vous voyez, Monsieur, avec quelle confiance parfaite je m'abandonne à vous. Je vous dirais bien sur quoi elle se fonde, mais cela ressemblerait à la louange, et je serais bien fâchée de prêter son langage à tous les sentiments que vous m'inspirez.

Tous les habitants de la Chaumette, au milieu desquels je vous écris, se rappellent à votre bon souvenir. Nous n'y avons pas revu votre Laure depuis tous les grands événements qui nous l'ont enlevée. Je m'en afflige d'autant plus que j'ai presque la certitude de partir pour Vienne dans le courant du mois prochain.

Adieu, Monsieur. Je compte tellement sur vous que, sans attendre votre réponse, je ne crains pas de vous offrir ici l'expression des sentiments de reconnaissance qu'il me sera si doux d'ajouter à ceux que m'inspire depuis très longtemps le mari de Laure et le père d'Olivier.

Je reçus Paul Moreau à Commercy. Il me parut tel que sa mère me l'avait dépeint, mais disposé à faire un bon lancier. Ce jeune homme avait pu voir, avant de quitter Vienne, le pauvre roi de Rome, devenu duc de Reichstadt. Le fils de Napoléon l'avait chargé de dire aux compagnons d'armes de son père quel souvenir il leur gardait au fond du cœur et avec quelle joie il eût répondu à leur appel, après les journées de Juillet, si le ministre Metternich ne l'avait pas mis en quelque sorte aux fers.

J'avais trouvé mon régiment sur un bon pied. Les officiers étaient tièdes envers Louis-Philippe. Seuls, les vieux soldats avaient salué la révolution comme une régénération des citoyens; et peu à peu, dans l'armée, des gens qui se disaient « bonapartistes ou républicains » travaillaient à saper les fondations du pouvoir nouveau. Des femmes d'officiers conspiraient et osaient se dire légitimistes. Marcellin Marbot, rentré en faveur, me communiquait là-dessus ses réflexions, le 14 octobre :

Je connais l'affaire (conjuration) de Mme de Galla; elle n'est malheureusement pas la seule de ce genre qui ait affligé les amis de la discipline militaire. Si les sous-officiers chassent leurs chefs, il n'y aura plus d'armée en trois mois. Il suffirait donc d'un peu de fermeté de la part du ministre de la guerre pour arrêter le mal. Il devrait casser quelques sous-officiers et faire un ordre à l'armée. Au lieu de cela, il tourne autour de la guerre, comme un chat autour de la souris, et n'avance pas. Aussi, tout va à la diable.

De Commercy, le 1ᵉʳ de lanciers se rendit à Cambrai, puis à Provins; on le rapprochait de Paris, où les troubles continuaient. J'y fus mandé le 22 décembre :

« Le maréchal Gérard désire que M. le colonel Bro se rende sur-le-champ au palais royal. »

C'était le jour même où les ministres de Charles X, Polignac, Chatelauze, Peyronnet et Guernon de Rauville, venaient d'être condamnés à la prison par la cour des pairs. L'artillerie de la Garde Nationale cernait le Sénat, exigeant la mort des coupables. Le roi me pria d'accompagner Lafayette qui allait demander aux émeutiers la pitié nécessaire. Notre démarche et nos discours produisirent l'effet attendu. Les ministres furent transportés du donjon de Vincennes à la prison de Ham.

Je rentrai vite à mon régiment massé à Charenton. En rédigeant ce journal qui est la relation des événements de ma vie, je ne manquai pas d'y transcrire les lettres que m'adressa alors S. A. R. le duc de Nemours, qui signait « Louis d'Orléans. »

Palais-Royal, ce 15 septembre 1830.

Je vous remercie bien, mon cher colonel, du soin que vous avez pris de m'envoyer les divers états de situation du régiment. Je suis très flatté qu'il ait mérité l'approbation de l'inspecteur général. Je ne puis qu'approuver les divers changements qui y ont été faits. J'ai aussi à vous exprimer mes remerciements d'avoir fait assister le régiment en armes au service funèbre du prince de Condé et d'avoir fait attacher un crêpe à l'étendard. Je pense qu'à présent ce crêpe y est resté un temps suffisant et que vous pouvez le faire ôter. J'ai reçu également la lettre où vous m'annoncez qu'il y a une place vacante pour M. Dumont et où vous me donnez le prix de l'équipement d'un chasseur. Mon intention était simplement d'avoir ces renseignements. J'ai fait remettre à M. Dumont le certificat de non-complet pour qu'il se présente devant l'officier de recrutement, s'il est toujours dans les mêmes intentions. Votre affectionné.

Du mardi, 5 octobre 1830.

MON CHER COLONEL,

Je vous remercie du tableau que vous m'avez envoyé pour me faire connaître le personnel des officiers dans l'état actuel du régiment. Je suis fâché que vous ayez éprouvé quelque contrariété dans la nomination du major. Je n'ai pu appuyer M. Granthil comme vous le désiriez, parce que j'avais déjà cédé à de pressantes sollicitations en faveur de M. de Grammont, mais j'espère qu'il y aura moyen de tout arranger à la satisfaction commune. M. de Bourjolly devant passer lieutenant-colonel, M. de Grammont passerait chef d'escadron et vous auriez M. Granthil pour major. J'ai déjà parlé de cet arrangement et je ne négligerai rien pour qu'il ait lieu. Je m'étais trompé dernièrement sur l'âge de M. Dumont qui désirait entrer au régiment comme chasseur. Il n'aura dix-huit ans que dans trois mois. Le capitaine de recrutement n'a pas voulu le recevoir avant cet âge. Je pense qu'à cette époque, lorsqu'il se présentera, il pourra toujours être admis avec son certificat de non-complet.

Du 19 janvier 1831.

MON CHER COLONEL,

Si j'ai tant tardé à vous répondre, c'était pour pouvoir vous donner quelque réponse sur les choses que vous désirez et que vous me demandez. J'ai plusieurs fois demandé au maréchal Soult (ministre de la guerre) de faire venir le régiment à Saint-Germain. Il m'a d'abord répondu qu'il avait déjà beaucoup rapproché le régiment, que Provins était le plus beau quartier de France. Enfin, le maréchal Gérard a eu la bonté de presser de son côté le Ministre pour cela, lequel a dit au roi qu'il ferait venir le régiment à Saint-Germain *lorsque les conscrits seraient habillés.* Mais j'ai appris que la garnison de Saint-Germain présentait un grave inconvénient : c'est qu'il n'y a, m'a-t-on dit, d'écuries que pour trois cents

chevaux, qu'il est toujours mauvais de couper en deux un
régiment et que d'ailleurs je ne connais pas d'endroit aux
environs de Saint-Germain où l'on puisse détacher la moitié
du régiment. — Quant à l'affaire de M. de Grammont, je
crains que nous n'ayons un peu de peine à arranger cela,
car il faut faire passer M. de Bourjolly lieutenant-colonel, et
l'on dit qu'on ne veut plus faire de lieutenants-colonels.
Cependant, je ne désespère pas d'arranger la chose. Je suis
bien aise de vous avertir aussi, mon cher colonel, que lundi 24
la reine donnera un bal au Palais-Royal, et qu'elle m'a chargé
de vous faire savoir qu'elle y invitait le corps d'officiers. Je
vous prierai de m'envoyer la liste de ceux de ces messieurs
qui pourront y venir. La grande tenue sera prise, avec
giberne...

Du 22 janvier.

MON CHER COLONEL,

Je viens de recevoir votre lettre; je vous écris vite un mot
pour expliquer la première lettre, espérant qu'elle arrivera
encore à temps. Quand j'ai dit que la tenue des officiers
était la grande, j'ai voulu dire pour ceux qui en avaient;
seulement les autres venant avec la plus grande tenue qu'ils
pourraient avoir. Je profite aussi de cette occasion pour vous
parler d'une chose que je voudrais que vous me fissiez le
plaisir de faire. Vous devez vous rappeler qu'il y a quelques
mois je vous demandais, s'il y avait une place vacante au
régiment, pour M. Félix Dumont, un de mes camarades de
collège. Il n'avait pas encore l'âge et ne put s'engager
aussitôt, mais il va bientôt s'engager. Il désirerait que son
frère, Alexandre Dumont, brigadier au 2ᵉ régiment de chasseurs, fût avec lui. Je vous prierai de vous informer auprès
du colonel du 2ᵉ si c'est un bon sujet, auquel cas vous pourriez me faire le plaisir de lui demander pour le faire passer
au régiment. Je n'ai pas le temps de vous en dire davantage.
J'espère que j'aurai le plaisir de vous voir lundi.

Le bal de la reine Amélie, petite-nièce de Marie-
Antoinette et fille de la reine Caroline de Naples, fut

très brillant. Laure n'avait pas assisté à un bal de cour depuis février 1813. Alors, le poète Arnault (qui boudait un peu le nouveau régime) l'avait accompagnée et présentée à Marie-Louise. Je manœuvrai, le duc de Nemours m'aidant, pour obtenir la garnison de Saint-Germain. Le duc de Dalmatie bougonna un peu et dit :

« Colonel des piques, vous attendrez une garnison. »

Le roi daigna me prendre le bras et me demander des nouvelles d'Horace Vernet, et pour mon fils :

« Faites-en un bon soldat et nous l'aiderons. »

Je reviens à la correspondance de Son Altesse Royale.

Tuileries, ce 19 février 1831.

MON CHER COLONEL,

Le temps m'ayant manqué pour répondre à votre première lettre, je réponds en même temps aux deux. J'ai parlé au général Préval des sous-officiers dont il m'avait fait espérer la nomination aux chasseurs d'Afrique. Il m'a encore dit qu'il tâcherait de le faire. J'espère que vous obtiendrez également la nomination de M. Besançon. J'en parlerai encore au général Préval à la première occasion. Quant à Fesson, vous m'avez, je crois, écrit qu'il ne désirait pas aller en Afrique, et j'ai à son égard une autre combinaison à vous proposer. M. de Bouillé, pendant qu'il était ici, m'a parlé d'un M. Hector d'Étampes, maréchal des logis-chef au 1er de cuirassiers, comme d'un sujet méritant et distingué et qui désirerait être nommé officier au 1er de lanciers. Sa famille ayant été longtemps attachée à la famille d'Orléans (il compte d'ailleurs toutes les conditions nécessaires pour cela), on pourrait le faire nommer à une des premières sous-lieutenances vacantes au régiment et envoyer Fesson comme sous-lieutenant au 1er de cuirassiers. Cela ne nuirait en rien à l'avancement des sous-officiers du régiment, et cet arrangement obvierait au désagrément que vous pouvez trouver à la nomination de

Fesson au régiment. Si vous ne voyez point d'obstacle à cette combinaison, je pense qu'il serait facile de l'obtenir. Vous me parlez aussi dans votre dernière lettre de plusieurs des capitaines du régiment à retraiter. J'ai su par M. de Bouillé que le capitaine de Knobel désirerait avoir une bourse pour son fils au collège de Metz, et M. Langeron une place d'adjudant dans quelque château. Si vous pensez que ces deux objets méritent quelque considération, je vous prierai de faire faire à M. Knobel, à cet effet, au Ministère de l'instruction publique, une demande que vous m'enverrez et que j'appuierai. Pour ce qui est de M. Langeron, je parlerai de son affaire au général Athalin et tâcherai de lui faire obtenir ce qu'il désire. Si vous avez en vue d'autres officiers à favoriser, je vous prie de me donner, sur ce qu'ils désirent et sur ce qu'ils méritent, des renseignements, d'après lesquels j'agirai. Vous m'avez également parlé, mon cher colonel, du désir de voir le lieutenant-colonel Regnault vous succéder dans le commandement du régiment lorsqu'un avancement bien mérité vous aura appelé à d'autres fonctions. J'avais déjà jeté les yeux pour cette place sur M. Regnault de Saint-Jean-d'Angély. Mais, d'un autre côté, avec le système d'économies de tous genres que la Chambre des Députés paraît avoir adopté (elle est certainement dans l'intention de réduire le cadre des officiers généraux), je ne sais quand il sera possible de faire une promotion d'officiers généraux, en sorte qu'il pourrait se faire que l'avancement du colonel Regnault en souffrît. Quant à ce qui est du remplacement de ce dernier par M. Granthil, cela me paraît difficile, car, malgré ses services et sa capacité, malgré le bien qu'il pourrait faire au régiment, il est peu ancien major et n'a pas l'ancienneté voulue par la *nouvelle loi* pour être promu au grade de lieutenant-colonel. Pour ce qui concerne son fils, ce ne serait en tout cas qu'une demi-bourse qu'on pourrait d'abord lui faire obtenir. S'il veut m'adresser à ce sujet une demande au ministre de l'instruction publique, je tâcherai de la faire réussir. Quant à son désir de devenir sous-intendant (il ne pourrait l'être que de troisième classe), je crois que ce serait sous tous les rapports une mauvaise carrière à prendre. On aurait beaucoup de peine à l'y faire entrer, et sa position y serait beaucoup moins assurée.

En tout cas, mon cher colonel, croyez bien que, quant à votre position personnelle, ce sera toujours avec bien du plaisir que je verrai l'accomplissement de vos souhaits et que, lorsque l'occasion s'en présentera, je ne négligerai rien pour vous faire obtenir ce que vous désirez et ce à quoi vos bons et utiles services vous donnent droit de prétendre.

Les vives instances du duc de Nemours amenaient enfin, le 15 mars, mon régiment à Saint-Germain. On le logeait difficilement, mais il était logé. La ville nous offrait un banquet et un bal le samedi 2 avril. Du Palais-Royal, Son Altesse m'écrivait, le même jour :

J'ai recours à votre complaisance pour me tirer de l'ignorance où je suis. Je vous prierai de bien vouloir m'indiquer l'heure à laquelle je dois être rendu à Saint-Germain pour le banquet que la ville donne aux officiers du régiment. Je vous prierai également de me dire dans quelle tenue je dois y aller. Je n'ai que le temps de vous écrire ce mot à la hâte.

Le fils aîné du roi, Ferdinand-Philippe, alors duc d'Orléans, s'intéressait à notre réunion et en prenait la présidence. J'en avais reçu ce billet, le mardi 29 mars :

Ce billet vous sera remis, mon cher colonel, par M. Oginer, qui amène avec lui le chef d'orchestre et le glacier. Veuillez faire montrer à M. Oginer le local et toutes les dispositions que vous avez prises. Son activité et l'habitude qu'il a de surmonter bien des difficultés, jointes à son expérience de ce genre de fêtes, nous seront d'un grand secours pour la réussite du bal de samedi. Je compte, mon cher colonel, sur votre obligeance pour M. Oginer, dont, je le répète, l'activité et l'esprit d'ordre vous seront d'une extrême utilité. Tout à vous.

Nouvelle lettre du même prince, le mercredi matin :

Je vous écris à la hâte un petit mot, mon cher colonel, pour vous demander encore soixante billets d'hommes; tous ceux que vous avez bien voulu m'envoyer étant déjà placés. Quant à ceux de femmes, quand j'ai su que le nombre des invitations arrivait déjà à seize cents, j'ai pensé qu'il était plus que temps de l'arrêter, sous peine d'étouffer et de gâter tout le bal, et j'en ai gardé en portefeuille quatre-vingts que je ne distribuerai point, malgré les nombreuses demandes qui m'en sont faites. — Je crois cependant que les seize cents conviés tiendront dans la salle, pourvu que toutes les dames soient assises, car c'est là le point capital et je pense que, pour y arriver, il faudra mettre trois ou quatre rangs de banquettes tout autour de la salle, ou du moins, sans aucun doute, se priver des pièces de canon qui, en ornement, prendraient trop de place. Je n'insiste à ce sujet que parce que, deux cents dames devant venir de Paris sur ma parole de s'amuser à ce bal, je serais bien honteux qu'elles ne pussent être assises et je crois que, pour que cela ne soit pas, il faut ménager scrupuleusement son terrain et sacrifier plutôt quelques avantages accessoires à la nécessité d'augmenter le nombre des banquettes. — Je ne suis au surplus que le secrétaire de mon frère, qui vous aurait écrit ce matin s'il en avait trouvé le temps, mais il est enfoncé dans les paperasses et me charge de mille choses pour vous. Au revoir, mon cher colonel. Tout à vous. J'espère que vous avez été content d'Oginer. Auriez-vous la complaisance de me faire parvenir mes soixante billets d'hommes dans la journée?

M. le duc de Montpensier devait m'écrire encore :

Palais-Royal, ce jeudi 28 avril 1831.

MON CHER COLONEL,

J'espérais avoir le plaisir de vous voir dans la semaine. J'aurais voulu vous dire diverses petites choses relativement à la revue du 2 mai. Vous m'avez promis de mettre à cheval

cinq escadrons à quarante-huit files. J'ai pris des renseignements de divers régiments; ils mettront tous six escadrons à
cheval. Je ne voudrais pas que le 1re régiment de lanciers
fût le seul qui n'eût que cinq escadrons. Je crois que
vous pourrez sans peine en mettre six. En effet, vous en mettrez
cinq à quarante-huit files, ce qui fait au moins cent hommes
par escadron; par conséquent cinq cents hommes sur le terrain.
Eh bien, six escadrons à quarante files (quatre-vingt-quatre
hommes par escadron) ne feraient que cinq cent quatre
hommes. Vous voyez donc que vous pouvez mettre six escadrons à cheval. Je vous prierai également de me donner
votre itinéraire exact, afin que je ne sois pas une heure à vous
chercher inutilement comme la dernière fois. Vous savez que
c'est à neuf heures précises qu'il faut être sur le terrain, car
le roi sera au Champs de Mars à dix heures. Je vous prie
donc, en conséquence, de m'envoyer un sous-officier — un
autre que François, — ici, au Palais-Royal, avant sept heures
et demie, car c'est à cette heure que je compte partir pour
aller à la rencontre du régiment. Vous enverrez aussi un
officier pour servir d'aide de camp au général Marbot, mais
je crois qu'il sera inutile de l'envoyer d'aussi bonne heure.
Voilà, je crois, à peu près tout ce que j'avais à vous dire sur
la revue. Cependant, il est possible que j'aie oublié quelque
chose. Si vous avez un moment pour venir à Paris, ce sera
avec grand plaisir que je vous y verrai. — P.-S. Je ne sais
si vous avez appris qu'on nous avait changé les épaulettes de
la troupe et qu'au lieu de les mettre *aurore*, ce qui est fort
laid, comme on l'avait projeté d'abord, on nous les avait
mises rouges et bleues, ce qui était encore plus laid. Enfin,
plusieurs personnes ont fait observer au maréchal que cela
serait affreux, et il a décidé qu'elles seraient blanches, ce qui,
je crois, sera très joli. Je n'ai pas besoin de vous dire que j'ai
envoyé le schapska anglais au ministère et que le maréchal
l'a trouvé si bien qu'il a dit qu'il n'en voulait pas d'autre et
qu'il l'a adopté. Mais il n'a pas voulu changer sa plaque
toute unie, il a dit que la simplicité était ce qu'il y avait de
mieux, qu'il ne voulait pas de coq; enfin, il a gardé l'ancienne plaque. Maintenant, il nous fait une guerre terrible

pour nos sabretaches ; je crains bien qu'il ne nous les supprime.
Si vous le voyez, tâchez de lui en parler.

De Saint-Cloud, samedi 14 mai.

MON CHER COLONEL,

Je vous écris un mot pour vous prier de me dire si vous
avez reçu quelques ordres relativement au passage du roi à
Saint-Germain. J'ai demandé l'autre jour au général Merlin
s'il savait ce qu'il fallait que nous fissions ; il ne m'a donné
aucune réponse positive. Enfin, pressé par le temps, je m'a-
dresse à vous. Tâchez de me répondre avant que nous soyons
partis. J'ai appris également hier une nouvelle qui m'a fait
bien plaisir ; c'est que M. de Grammont était nommé chef
d'escadron au régiment. Je suis sûr que cela ne vous a pas
fait moins plaisir qu'à moi. Je profite de cette occasion pour
vous envoyer quelques lettres que j'ai reçues relativement au
régiment, entre autres celles d'un officier, qui s'appuie de
votre recommandation pour y entrer... Je suis obligé de terminer ma lettre pour qu'elle puisse partir par la poste de ce
matin...

De Saint-Cloud, ce dimanche 5 juin.

MON CHER COLONEL,

J'ai vu hier le maréchal Soult, qui m'a dit qu'on allait
mettre trois sous-lieutenants à la suite de chaque régiment,
dont deux seraient pris dans la non-activité. Il m'a demandé
si j'avais quelqu'un à placer là, de le lui indiquer. Je lui ai
dit que je m'adresserais à vous pour cela. Je vous prie donc
de lui adresser les noms et la position de ceux de MM. les
officiers que vous voudriez avoir à la suite du régiment. J'ai
également vu M. Daure, à qui j'ai demandé des gibernes, en
appuyant cela de ce qu'elles n'étaient pas toutes pareilles.
M. de Chabannes était là aussi. Il m'a dit qu'il vous avait
vu et qu'il ne désespérait pas de changer vos dispositions à
son égard. Je lui ai dit que je m'en rapporterais entièrement
à vous, et il m'a remis une lettre que je vous envoie. Vous

aurez également vu, je pense, dans le *Journal militaire*, l'ordonnance de notre habillement qui nous donne des manteaux
et des capotes bleus et enfin qui supprime les têtes de lion
de nos sabres. Je pense que, comme tous les officiers ont à
leur sabre des têtes de lion, il sera inutile de les supprimer
jusqu'à nouvel ordre. Quant à l'indemnité des capitaines, j'ai
vu M. Daure qui m'a dit qu'il pensait qu'on y ferait droit...

Du 5 août 1831.

Mon cher colonel,

A la réception de cette lettre, l'ordre de partir pour la
Belgique, avec le régiment, vous aura sans doute déjà été
donné. J'ai bien regretté de ne pas pouvoir rejoindre le régiment dans une pareille circonstance. Mais je devais, ainsi
que mes frères, me trouver à la frontière au moment où les
troupes françaises entreront sur le territoire de la Belgique.
Vous pouvez compter néanmoins, mon cher colonel, que ce
sera toujours avec un nouveau plaisir que je me trouverai au
milieu du 1ᵉʳ régiment de lanciers et que je me mettrai à sa
tête dans cette nouvelle circonstance, toujours persuadé qu'il
déploiera dans cette occasion le même patriotisme et le même
dévouement à la cause nationale qu'il a montrés jusqu'à présent. Je vous prie de nouveau, mon cher colonel, d'être,
auprès du régiment, l'interprète de tous mes sentiments.

Il est nécessaire d'expliquer ici les raisons qui moti-
vaient une entrée en campagne. Le contre-coup de
notre révolution de 1830 s'était fait sentir à Bruxelles.
Les Belges, longtemps associés aux destinées de la
France, secouèrent le joug imposé par les Hollandais.
Ils chassèrent les princes d'Orange. L'Europe forma
un Congrès et décida que la jeune nation serait libre de
ses destinées. Mais les Prussiens avaient voulu d'abord
entrer dans le pays et y faire la loi. Louis-Philippe leur
déclara qu'ils rencontreraient ses soldats, et les vieux
guerriers d'Iéna se préparèrent à rosser de belle façon

ces vantards de l'Allemagne, qui s'étaient mis, en 1814, huit contre un, pour nous vaincre. Les Prussiens s'arrêtèrent net. Nous n'avions plus qu'à rejetter les Bataves chez eux. Le Congrès belge offrit la couronne au duc de Nemours. Son père refusa, pour éviter des complications. Léopold de Saxe-Cobourg (qui devait épouser Marie-Louise d'Orléans) fut nommé en juillet 1831 et nous employa, surtout à Anvers, contre ses ennemis. Le maréchal Gérard prit le commandement de l'armée du Nord, et mon corps, dit d'observation, descendit la vallée de l'Escaut.

Le duc d'Orléans m'écrivait de Mons, le 9 août, à quatre heures du soir :

C'est avec un bien vif plaisir, mon cher colonel, que j'ai appris que le roi m'avait accordé d'avoir dans ma brigade votre beau régiment de lanciers, avec lequel je suis heureux de faire mes premières armes pour une cause que je regarde comme celle de la France et de tous les patriotes. Veuillez, je vous en prie, témoigner à tout votre régiment combien il me tarde de l'avoir ici près de moi et de pouvoir avec mon frère (le duc de Nemours, son cadet) le présenter à la fois à nos bons amis les Belges et à nos antagonistes les Hollandais. Jusqu'à présent, je n'avais pas cru que nous avions chance de les rencontrer. Maintenant qu'ils viennent de battre l'armée belge de la Meuse, qu'ils ont pris Saint-Fron, se sont mis en communication avec Maëstricht et menacent Liège, je commence à espérer qu'ils voudront bien nous attendre. C'est dans cet espoir que je vous envoie un courrier pour vous *prier instamment* d'arriver ici le plus vite qu'il vous sera possible, sans nuire à l'état de vos chevaux et de vos hommes. Je vous expédie l'ordre du jour du maréchal, que vous voudrez bien faire lire et distribuer à la troupe, en lui recommandant de ne porter atteinte par aucune démonstration à l'ordre de choses actuellement établi en Belgique par le vœu du peuple belge, mais de témoigner à ce peuple frère toute la sympathie que mérite la cause que nous allons

défendre avec eux. — J'espère, mon cher colonel, que vous
serez bien persuadé qu'un des principaux motifs qui m'ont
fait désirer d'avoir le 1er de lanciers dans ma brigade était de
pouvoir éclairer ma jeune ardeur de votre expérience et de
vos connaissances militaires. J'escompte donc que vous ne
me refuserez pas vos conseils et que vous croirez à tous les
sentiments de votre affectionné, FERDINAND.

P.-S. — J'oubliais de vous parler de notre entrée ici.
C'était un véritable triomphe. C'est un enthousiasme difficile
à décrire et qui est tout à fait réciproque. Votre jeune colonel
(Nemours) est surtout l'objet d'un intérêt particulier. Veuillez
me répondre un mot à Mons, au quartier général.

Quand les Hollandais se furent retirés, le duc d'Orléans m'adressa cette lettre de Tirlemont, le 21 août,
à midi :

MON CHER COLONEL,

Étant obligé de me rendre à Bruxelles à une invitation du
Roi des Belges, je vous prie, en mon absence, de vouloir
bien prendre le commandement de la brigade. M. le général
Saint-Cyr en est prévenu. Pardon de mon griffonnage. Je
suis très pressé. Tout à vous.

Autre lettre de Tirlemont, le 25 :

Je vous envoie, mon cher colonel, l'ordre du jour dont je
vous avais parlé hier ; j'ai été obligé de me restreindre dans
mes regrets et dans mes espérances, et de mettre de la diplo-
matie jusque dans ce malheureux ordre. — Je vais m'occuper,
en arrivant à Paris, de vous faire envoyer, si je le peux, votre
quatrième escadron, et votre lieutenant-colonel, et votre
musique. Il faut aussi absolument que je vous parle encore
une fois de mon regret de n'avoir pas vu auprès de vous, aux
escadrons de guerre, votre fils, qui, j'espère pourtant, va
bientôt vous rejoindre dans vos cantonnements. Tout à
vous.

En effet, notre cher Olivier s'était engagé, le 19 décembre 1830, au 1er régiment de lanciers. Bon musicien, il avait voulu être élève-trompette. La tendresse de Laure le conservait près d'elle, à Saint-Germain, parmi les musiciens. A la demande du duc de Nemours, mon fils avait, sur la proposition de la commission des récompenses nationales, été nommé maréchal des logis le 1er mars 1831. C'était un beau et brave soldat, très respectueux de la discipline et donnant partout, à ses camarades, l'exemple du devoir. Il put me rejoindre le 15 septembre.

Le 3 du même mois, le duc d'Orléans m'avait mandé de Paris, où il était allé faire des rapports au roi :

J'ai gagné mon procès. Je vais vous rejoindre dans le courant de la semaine prochaine. Je suis si pressé que je n'ai pas le temps de répondre en détail à votre lettre, dont je vous remercie bien; mais soyez sûr qu'avant de partir je m'occuperai de tous les objets dont elle traite. Tout à vous.

Nous restions chargés de couvrir Bruxelles. Le roi Léopold m'accorda d'abord de l'attention, puis de l'amitié. Le 15 novembre, il ne me vit pas partir sans manifester de vifs regrets. Nous allions rentrer à Saint-Germain par petites étapes, laissant au maréchal Gérard le soin d'achever la libération de la Belgique. Dès lors, mes rapports redevinrent plus fréquents avec le duc de Nemours. Il m'écrivit des Tuileries, le 5 décembre 1831 :

MON CHER COLONEL,

N'ayant pas eu, comme j'y comptais, le plaisir de vous voir hier, je m'empresse de m'acquitter envers vous d'une commission de la reine, en vous priant de venir dîner ici aujourd'hui à six heures, ainsi que MM. de Grammont et

Granthil. Je compte sur votre obligeance pour le faire savoir
à ces deux messieurs.

On nous renvoie à Cambrai le 15 décembre. J'y fus
touché par cette lettre du duc de Nemours, écrite aux
Tuileries le 25, jour de Noël :

N'ayant pas pu vous répondre plus tôt, mon cher colonel,
je profite d'un moment que j'ai avant le dîner, pour le faire.
J'ai eu la note que vous m'avez envoyée sur les chevaux de
remonte. Il est bien fâcheux que nous en soyons là après si
longtemps. J'en parlerai au général Préval à la première
occasion. Je lui avais déjà écrit pour placer à Alger M. Jou-
bert et les maréchaux des logis Fesson et Renouard, car je
*ne savais pas que vous aviez demandé des places pour aucun
des autres, mais je tâcherai de lui en parler le plus tôt possible. J'ai reçu d'un député de la Manche une longue lettre*
en faveur de Fesson, dans laquelle il prouve que Fesson devrait être officier depuis longtemps. Je vous envoie cette
lettre, pour que vous en fassiez l'usage que vous jugerez convenable. J'ai reçu aussi une lettre du major Granthil, dans
laquelle il me parle et se plaint de la position différente où se
trouve son dépôt d'avec les escadrons de guerre. Vous êtes
mieux à même de juger cela que personne. Je vous prierai
donc de m'écrire un mot pour me dire ce qu'il serait dési-
rable de faire et à qui il faudrait m'adresser pour appuyer la
chose en cas de besoin. J'ai transmis au colonel Berthois la
lettre que vous m'avez envoyée pour lui. Toutes les raisons
que vous lui avez données (pour une mutation) me paraissent
justes. Il m'a dit que le jeune homme désirait aller à Alger,
mais qu'il n'avait pas voulu s'engager à cela sans avoir con-
sulté son père. S'il est encore temps de le faire partir dans ce
détachement, et que vous n'y trouviez point d'inconvénient,
je me joindrai aux nombreuses prières que vous avez déjà
reçues à son sujet en vous demandant de l'envoyer à Alger.
J'aurai aussi recours à votre obligeance pour autre chose.
Lorsque vous aurez composé un autre tableau d'avancement,
je vous demanderai de m'envoyer une copie de ce tableau,

avec des notes sur les services et les mérites de chacun des sous-officiers qui s'y trouveront, afin que je sache un peu à quoi m'en tenir lorsqu'on me parle ou que l'on me recommande quelqu'un d'entre eux.

P.-S. — J'ai envoyé la lance que vous m'avez fait faire au colonel Fugnot, directeur de l'artillerie au ministère de la guerre.

Nous commençons à Cambrai l'année 1832, afin de pouvoir joindre, au besoin, le maréchal Gérard. Son Altesse m'écrit des Tuileries, le 16 janvier :

MON CHER COLONEL,

Je m'empresse de répondre à votre lettre du 14 que j'ai reçue hier soir. M. Rossignol est effectivement nommé au 6ᵉ de lanciers. M. Chastain est, je crois pouvoir l'assurer, nommé chef d'escadron au 4ᵉ de lanciers, et j'ai eu la promesse positive du général Préval que M. Debut était nommé chef d'escadron au régiment. Je le lui ai même fait écrire par le colonel Boyer. Je pense que vous serez satisfait de cet officier, qui, dans plusieurs occasions, a eu une conduite vraiment distinguée. Je suis d'autant plus étonné du désir de M. de Charbonnel de changer de corps que je l'ai vu lorsqu'il revenait de son pays et qu'il ne m'en a pas parlé du tout. Il m'a dit qu'il désirait vivement changer de position pour prendre le commandement d'un escadron, mais il ne m'a pas dit un mot de son désir de changer de corps. J'espère que vous aurez un instructeur qui pourra bien le remplacer au régiment. Quant à M. de Chabannes, je pense qu'il a tout à fait renoncé à sa candidature. D'ailleurs, je ne le crois pas ici; je pensais même qu'il était à Cambrai avec l'état-major général. Ainsi, mon cher colonel, je pense que vous recevrez bientôt les nominations de MM. Rossignol et Chastain, comme lieutenant-colonel et chef d'escadron aux 6ᵉ et 4ᵉ lanciers, et celle de M. Debut comme chef d'escadron au régiment.

Du 17 mai.

J'ai transmis au roi, mon cher colonel, l'expression des
sentiments que vous m'avez chargé, à l'occasion de sa fête,
de lui porter au nom du régiment; expression à laquelle il a
été bien sensible, mais dont il n'avait pas besoin pour être
persuadé de l'entier dévouement du 1ᵉʳ de lanciers au système actuel, à nos institutions et à notre drapeau, que nous
saurons toujours défendre contre tous ceux qui voudraient y
porter atteinte. J'espère que le choléra vous traitera à Cambrai avec moins de rigueur qu'il n'a fait à Paris. Je ne doute
pas d'ailleurs que l'empressement que vous avez montré à
prendre, conjointement avec MM. les officiers, les mesures
nécessaires à prévenir cette maladie, et le zèle avec lequel
vous visitez et encouragez ceux qui en sont atteints, ne con-
tribuent beaucoup à affaiblir les effets tant physiques que
moraux de cet horrible fléau. Vous m'avez parlé il y a quelque temps de M. le lieutenant Labrousse, qui avait perdu
deux chevaux en peu de temps. J'aurais voulu pouvoir lui
remplacer cette perte, mais pour le moment mes moyens
financiers ne me permettent que de lui faire parvenir une
somme de 500 francs, que je vous prierai de lui transmettre
pour ajouter au prix qu'il pourrait mettre à se monter. Vous
voudrez bien me porter cette somme en compte, ou, pour peu
que cela vous soit plus commode, la tirer à vue sur M. Larnac, secrétaire de mes commandements. J'oubliais encore
une chose. On parle d'organiser un 3ᵉ régiment de chasseurs
d'Afrique. Envoyez-moi les noms des sous-officiers qui voudraient y passer, pour que je les présente encore une fois au
général Préval.

Les funérailles du général Lamarque amenèrent à
Paris une émeute. On se battit dans les rues les 5 et
6 juin. Son Altesse m'écrivit le 16, de Saint-Cloud :

MON CHER COLONEL,

Je regrette bien sincèrement que des occupations multiples
m'aient empêché de répondre aussitôt que j'aurais voulu à

vos lettres et surtout à celle du 9 juin. J'ai appris avec le
plus vif plaisir l'élan du 1er de lanciers dans ces circonstances (pour maintenir l'ordre à Cambrai); et tout ce que
vous me dites de son dévouement et de son patriotisme, qui
me sont bien connus, m'a sensiblement touché. Je vous prie
de remercier de ma part tout le régiment, et si j'ai le regret
de ne pas vous avoir transmis plus tôt ces remerciements, j'ai
le plaisir de pouvoir y joindre de nouvelles félicitations sur la
souscription de MM. les officiers et sous-officiers en faveur
des blessés de la ligne et de la garde nationale, des veuves
et des orphelins de ceux qui ont péri en combattant l'anarchie. J'ai fait porter aussitôt cette offrande au *Journal des
Débats* et j'y ai joint la mienne comme colonel du 1er lanciers.

De Saint-Cloud, le 2 août.

MON CHER COLONEL,

Je viens encore à l'instant même de faire recommander au
général Préval la demande du passage en Afrique des sous-
officiers du régiment; j'espère que vous pourrez en obtenir
quelques-unes. Quant au capitaine Langeron, le général
Athalin l'a trouvé un peu vieux pour faire un adjudant (de
place) et je pense qu'il vaudrait peut-être mieux pour lui travailler à lui faire avoir un poste tel que celui de capitaine de
recrutement ou dans quelque dépôt. Là, il pourrait attendre,
pendant trois ans, l'expiration de ses douze ans de grade, au
bout desquels il obtiendrait sa retraite de chef d'escadron, ce
qui est, d'après ce qu'il m'a dit, le but de ses prétentions.
J'ai également à vous parler de la demande que m'a faite
M. Bouvatier, maire du 8e arrondissement, au sujet de son
fils, sous-lieutenant de hussards, en ce moment à Saumur.
Entré comme cavalier à Saumur, au moment de la Révolution, il fut nommé sous-lieutenant le 1er mai 1831, par récompense nationale. Il désirerait vivement maintenant entrer
dans le 1er régiment de lanciers. Tous les rapports que j'ai
eus sur son compte ont été très satisfaisants. J'ai promis à
M. Bouvatier de m'intéresser à sa demande et de tâcher de
faire changer son fils de corps. Il s'agirait maintenant, de-

votre part, de tâcher de déterminer un sous-lieutenant du
régiment (le moins éloigné possible de sa date de nomination)
à permuter avec lui. Si le changement d'uniforme arrêtait
cet officier, je pourrais le soulager dans cet embarras.

De Neuilly, le jeudi 30 août.

Je n'ai reçu que ce matin, mon cher colonel, la lettre par
laquelle vous me demandez, au nom de tous ces messieurs,
des détails sur ma chute. Je suis bien sensible à cet empressement de votre part et de la leur. Je vais vous en donner la
relation exacte, pour qu'on n'aille pas faire encore là-dessus
tous les cancans qui ne manquent jamais en pareille occasion. Nous revenions, mon frère et moi, de la manœuvre qui
avait eu lieu le matin à six heures, à l'ancien Tivoli, accompagné de notre état-major habituel. En trottant dans la rue
de l'Arcade, les pieds de derrière de mon cheval glissèrent
sur ces morceaux de fer qui servent à fermer les trappes des
égouts. Il voulut se retenir avec les jambes de devant, mais,
comme le pavé était très glissant et très sec, il tomba de tout
son poids sur le flanc gauche; heureusement, j'eus le temps
de retirer ma jambe assez pour que le poids du cheval, au
lieu de m'arriver sur le milieu du tibia qu'il aurait broyé,
ne soit tombé que sur le pied, auquel il a fait une forte contu-
sion, mais sans aucune fracture. On m'a aussitôt transporté
dans une maison où je reçus les premiers soins. De là, je suis
retourné à Saint-Cloud. Maintenant, je vais tout à fait bien
et je marche presque comme si de rien n'était.

Le 1ᵉʳ de lanciers suit à Valenciennes, 15 septembre,
le quartier général de l'armée du Nord. Dans ma nouvelle garnison, je reçois cette lettre, écrite à Neuilly, le
jeudi 27 :

Ce n'est plus à Cambrai, mon cher colonel, que cette
lettre vous trouvera, mais je crois qu'encore cette fois-ci les
marches que vous pourrez faire (en vue de joindre les Hollandais) seront inutiles. Néanmoins, je suis ici toujours prêt à

partir et je serai charmé de profiter de cette occasion de me retrouver de nouveau au milieu de ma famille militaire. J'ai ressenti, comme vous pouvez le croire, une vive douleur de la perte que le régiment a faite dans la personne du major Granthil. M. Larnac vous aura déjà écrit au sujet de sa veuve; je regrette de ne pouvoir faire plus en ce moment. J'ai à vous parler maintenant, mon cher colonel, d'un maréchal des logis du régiment, nommé Coëtlogon. Ce sous-officier, septième enfant d'une famille malheureuse et frère d'un officier de dragons que j'ai connu à Paris, dans le 6ᵉ, qui a même été décoré pour sa conduite dans les émeutes; ce sous-officier, dis-je, était aux Pages et allait être nommé sous-lieutenant au moment de la révolution de Juillet. Depuis ce moment, on l'a tenu près de deux ans le bec dans l'eau, en le berçant de l'espoir qu'il irait en Afrique. Enfin, las d'attendre, il obtint l'autorisation de rentrer au 1ᵉʳ de lanciers comme maréchal des logis. Son frère, l'officier de dragons, dont l'histoire est un vrai roman, fut obligé de quitter le service. Le père et la mère perdirent un logement qu'ils avaient à Rambouillet. Enfin, ils sont dans une telle misère qu'ils en sont à devoir les comptes de leur boulanger. Ils n'ont donc, en ce moment, d'espoir que dans leur fils maréchal des logis, qui prétend actuellement que, de tous les sous-officiers, il est le seul qui reste au dépôt et qu'on lui ôte, par là, tout espoir d'avancement s'il y a la guerre. Je crois que cela ne l'avancera pas d'aller aux escadrons de guerre, car ils n'auront rien à faire. Mais enfin, si c'est possible de l'y envoyer, cela le tranquillisera et je vous en serai obligé.

On prévoyait, en octobre, une prochaine promotion de maréchaux de camp ou généraux de brigade. En ces temps où, comme toujours, la recommandation n'était pas sans utilité, je devais faire valoir mes services et suppléer à la protection que m'accordait le duc de Nemours. Mon plus puissant auxiliaire fut le général Gourgaud, ancien compagnon de captivité de Napoléon à Sainte-Hélène, devenu aide de camp du roi. Ce bon

Gourgaud m'avait écrit le 13 juin, après l'émeute, cette
aimable lettre :

MON CHER BRO,

Je n'ai pas attendu ta recommandation pour porter le brigadier Cauchy sur l'état des canonniers du 11ᵉ proposés pour
la croix. Ce jeune homme, plein de zèle et d'intelligence,
s'est parfaitement bien conduit les 5 et 6 derniers, et la justice seule me l'a fait présenter pour obtenir la récompense des
braves. Tout me porte à croire que ce que j'ai demandé à ce
sujet me sera accordé; cependant, je te prie de ne pas faire
savoir à Cauchy qu'il est proposé; d'abord, pour éviter les
réclamations des canonniers plus anciens que lui, et ensuite
parce que, si ma demande n'était pas accueillie, cela lui cau-
serait trop de soucis. Si tu avais été ici avec nous, tu aurais
fait passablement de mauvais sang en voyant qu'aucune disposition n'avait été prise à l'avance pour étouffer une insurrection à laquelle on devait s'attendre depuis plus d'un mois.
Pour te donner une idée de nos mesures de précaution,
apprends que la plupart des troupes et gardes nationales
n'avaient pas de cartouches, et que, si par instinct de ma part,
et en opposition aux ordres ministériels, je n'avais pas toujours conservé 120 000 cartouches au dépôt, à l'École militaire, ainsi que deux caissons à canon chargés, nous nous serions
trouvés dans l'impossibilité de délivrer des cartouches, avant
midi, dans la journée du 6! Si tu avais vu d'ailleurs la manière dont tout cela a été conduit... Mais, Dieu protège la
France, et le trône de juillet a été consolidé! Le retour du
roi à Paris, le 5 au soir, nous a été bien favorable, car je ne
sais ce qui se serait passé sans cela; beaucoup de gens per-
daient la tête. Le roi, en parcourant les quartiers insurgés, le
6 à midi, a montré à la fois un grand courage et de l'habileté. Cette démarche lui a gagné tous les cœurs, car en
France on aime un souverain brave. La présence de Sa Majesté a produit partout un enthousiasme extrême; des insurgés
qui, placés dans des maisons d'un accès difficile, avaient tiré
par les fenêtres sur la troupe et sur la garde nationale, n'ont
pas osé tirer au moment où le roi s'offrait à leurs coups.

Après le passage du roi, ils ont recommencé la fusillade. Je te le répète, le roi, par sa bravoure personnelle, a bien enfoncé la couronne sur sa tête ; il est plus populaire qu'il ne l'a jamais été. Avant tout ceci, au mois d'août 1830, on applaudissait le roi pour ce qu'on espérait de lui, c'était pour l'avenir ; maintenant, on l'applaudit pour ce qu'il vient de faire. Le 5 et le 6, avant midi, presque aucun des généraux qui sont à Paris ne s'est présenté chez Sa Majesté pour offrir ses services, l'horizon était noir ; mais, depuis le 6, les salons ne sont pas assez grands pour contenir tous ces généraux, qui viennent à présent au secours du vainqueur ! J'ai bon espoir pour toi... Je ferai ce que je pourrai pour ton autre protégé aussitôt que je pourrai passer au bureau de l'artillerie, mais les batteries ne se donnent qu'à l'ancienneté dans les régiments. Adieu, mon ami ; donne-moi souvent de tes nouvelles et ne te fâche pas si je ne te réponds pas toujours ; je ne connais pas de plus grand paresseux que ton ancien ami.

Le 11 octobre 1832, jour où le maréchal Soult formait un nouveau ministère, j'étais nommé maréchal de camp, à cinquante et un ans. J'en reçus la nouvelle à Saint-Amand. Laure et Olivier montrèrent une grande joie. M. le duc de Nemours m'écrivit en termes très affectueux, et le duc d'Orléans me manda, de Neuilly, le 26 :

Je vous écris un petit mot bien à la hâte, mon cher général, pour joindre ma part de félicitations à celles que vous avez reçues sur votre récente promotion au grade d'officier général. Vous savez que personne n'a vu avec plus de plaisir que moi cette juste récompense de vos anciens services, et je me flatte que votre nouvelle position militaire vous fournira incessamment l'occasion d'en rendre d'autres à la patrie. D'après une conversation que j'ai eue avec le ministre de la guerre, j'ai lieu de croire que, loin de vous laisser oisif, le maréchal vous destine un poste où vous pourrez déployer, avec succès et honneur, toute votre activité et vos connaissances spéciales dans l'arme de la cavalerie. En attendant que

14

nous nous revoyons, je vous renouvelle, mon cher général, l'assurance de tous mes sentiments.

Je laissais à mon bon ami Regnault le commandement d'un beau régiment qui comptait 37 officiers et 560 hommes. Je me rendis à Paris, où je devais connaître ma destination. Et je fus en effet, le 11 novembre, désigné pour servir en Algérie.

CHAPITRE IX

En 1827, Hussein, chef des États barbaresques, avait osé frapper M. Deval, consul de France, qui réclamait énergiquement l'exécution d'un traité toujours éludé. Une telle insulte appelait des excuses publiques ou des représailles. Le dey refusa tout arrangement. Il n'y avait plus qu'à châtier ces pirates, qui avaient réduit tant d'étrangers à l'esclavage. La répression militaire commença par un blocus de la ville, lequel favorisait l'étude des points de débarquement à fixer entre les caps Bengut et Tenès, pour une expédition, la plus formidable qu'on ait organisée depuis l'expédition d'Égypte.

Le 25 mai 1830, une armée de trente-sept mille hommes, commandée par le comte de Bourmont, portée par cent trois navires de l'État et par trois cent cinquante bâtiments de commerce, — flotte obéissant à l'amiral Duperré — sortait de Toulon et environs. Le 14 juin, la première escadre s'embossait à gauche du cap Césène, et quelques bataillons, débarquant à Sidi-el-Ferruch, repoussaient un gros d'Arabes sur Staouëli. La bataille de ce nom gagnée par nous, M. de Bourmont paraissait devant Alger, et une vive action en forçait l'entrée. Hussein et ses sanguinaires conseillers étaient pris, réduits à soumission. Malgré l'hostilité de l'Angleterre et la malveillance de l'Espagne, les Fran-

çais gardaient Alger, s'établissaient sur les côtes, avec
l'espoir de placer bientôt sous leur dépendance la
région de Constantine, où commandait le bey Achmet,
et Mascara où dominait le chef Abd-el-Kader. Le roi
Louis-Philippe tendait à nous assurer une grande colonie africaine. J'allais participer aux opérations de la
guerre, conduite, là-bas, par les élèves de Napoléon,
car le général Berthezène, que j'avais connu à Wagram,
lieutenant d'Oudinot, était désigné comme gouverneur
de nos futures possessions.

Nous ne quittâmes pas Paris, qui venait d'être si
éprouvé par le choléra, sans accomplir un pieux devoir.

Il me fallut porter une dizaine de couronnes sur des
tombes récemment fermées. Laure, malgré son grand
courage, déplorait de me voir laisser Olivier. J'ai déjà
noté que, engagé à la mairie de Cambrai, ses dix-huit
ans accomplis, le 19 décembre 1830, il était maréchal
des logis au 1ᵉʳ de lanciers, l'ami et le protégé du comte
Regnault de Saint-Jean-d'Angély. On devait saisir la
première occasion pour me l'envoyer. Je lui avais écrit,
le 29 novembre 1832 :

CHER PETIT,

J'ai lu ta lettre à ta mère, écrite le 21. Je suis content de
tes bonnes dispositions. Évite d'écrire les jurons, c'est de
mauvais goût quand on porte ton habit; cela n'est reçu que
chez les soldats de vaudeville; encore, cela ne fait pas un
bon effet. — Tu consens donc à venir en Afrique, cher
enfant; je t'en remercie; mais je ne veux pas que tu viennes
avant que l'épaulette de sous-lieutenant te soit donnée. Je
vais travailler de mon côté à te faciliter le chemin pour y
arriver, sans te dissimuler que nul ne peut faire pour toi plus
que toi-même. *Exactitude avant tout*, soin à bien faire ce
dont on te charge. Respect constant pour la hiérarchie militaire, seule égide de la discipline et abstraction faite des personnes qui occupent les grades. Sobriété, pour conserver la

santé et le sang-froid qui double les forces et les moyens de l'âme comme ceux du corps. Sois toujours ce que je t'ai vu pendant deux ans, cher petit maréchal, et tu seras ce que je désire. — Fais mes amitiés à tes camarades; je leur recommande mon fils, mon unique bien...

Le bon oncle Arnault nous garda pendant les fêtes de Noël. Il désirait que Laure demeurât chez lui au moins quelques mois. Mais, après réflexion, ma femme voulut me suivre; et le secrétaire de l'Académie écrivit ce billet à Savary, ancien ministre de la police sous Napoléon :

MONSIEUR LE DUC DE ROVIGO,

Permettez-moi de recommander à votre bienveillance particulière le ménage qui vous présentera cette lettre. Le général Bro, qui a épousé ma nièce, est non seulement mon neveu, mais encore un de mes meilleurs amis. Veuillez faire pour lui ce que vous feriez pour moi, et croyez que vous ne trouverez pas en lui un cœur moins dévoué et moins affectionné que le mien.

Rovigo avait succédé à Berthezène comme gouverneur.

Le ministre de la guerre, après m'avoir mis, le 11 novembre 1832, à la disposition du vicomte d'Uzer, commandant la place de Bône, me notifiait simplement, le 4 décembre : « sera employé à Alger. » Inquiet de ne pas voir nettement fixées les fonctions que j'aurais à remplir, connaissant déjà l'intrigue qui procurait les bonnes places en Algérie, je m'en fus voir, le 3 janvier 1833, au palais royal, les ducs d'Orléans et de Nemours. C'est mon vieux camarade Marbot qui m'introduisit :

« Me donnera-t-on de la cavalerie? » demandai-je.

A cette question, le duc d'Orléans répondit :

« — Le gouverneur décidera. Mais soyez patient...
Nous agirons, mon frère et moi, pour assurer votre
satisfaction... »

Marbot me dit, comme je me retirais :

« — On s'occupe de ton fils. Va donc, à ce sujet,
raser le Dalmate (Soult). C'est un vieux grigou qui dit
« oui » devant nous et « non » en arrière. Surtout ne
lui parle jamais de l'Espagne d'où il a rapporté tant
de douros, quand régnait (ici, il colla sa bouche sur
mon oreille) Napoléon le Grand.

« — Mauvaise langue !

« — Surtout, des jambes et de la langue; c'est le
moyen de parvenir. »

Le 11 janvier, je vois le maréchal Soult. Il me
comble de politesses et promet que toutes les satisfactions possibles me seront données.

« — Vous trouverez là-bas gloire et avancement. Le
roi et les ducs s'intéressent beaucoup à votre personne ;
et si je reste dans cette maison, les bureaux vous
seront toujours favorables. Mais restez, en Afrique,
toujours prudent... Nous ne chargeons plus comme à
Eylau le faisait l'intrépide Murat... J'aime, général, à
rappeler ce passé. Au milieu de quels hommes nous
avons vécu ! »

Le soir, j'étais gai, confiant, en dînant chez mon
neveu Armand Péan de Saint-Gilles. Béranger y vint
et raconta sa rencontre avec M. Thiers, « un petit
Marseillais haut comme un bâton d'aveugle », qui
détruisait ou essayait de détruire la réputation politique de Casimir Périer, mort du choléra à son poste
de ministre. Le chansonnier prétendait se préserver
des atteintes du fléau en se frictionnant, chaque matin,
au réveil, au moyen d'eau-de-vie camphrée, en buvant
du thé chaud additionné de vieux rhum, en mâchant
le soir quelques feuilles de tabac et en portant des

vêtements très amples, afin de ne point gêner la circulation du sang. Nous allions nous retirer lorsque ma nièce, Adélaïde, mariée à Saint-Ange Trutat, se présenta. Elle venait de sa campagne d'Hardencourt, près de Pacy-sur-Eure. Les difficultés du voyage, à travers la neige, formèrent le fond de son récit.

Ici, je dois me contenter de reproduire les fragments essentiels de mon journal pour bien fixer les événements que j'eus à traverser en compagnie de ma chère femme, attachée à moi par de si affectueux sentiments et uniquement préoccupée d'assurer mon bien-être en quelque lieu que je fusse, aidée en cela par sa dévouée servante Rose :

Dimanche, 20 janvier, je vais aux Messageries retenir pour le jeudi, 24, les places du coupé de la grande diligence, jusqu'à Marseille; il faut donner 180 francs d'arrhes et assurer (ce qui m'amuse) que l'on n'emportera ni chien ni perroquet. Nous partons à six heures du matin, assez fâcheusement impressionnés après avoir vu un malheureux mort du choléra dans la rue et entendu le glas des cloches de Notre-Dame annoncer les obsèques d'un grand seigneur. Les routes sont grises et boueuses, le paysage monotone entre les arbres dénudés. Le 25, déjeuner à Auxerre. Le 26, à sept heures, on arrête à Autun, où un petit nègre vend du lait aux voyageurs. Nous sommes à Lyon le dimanche 27, à une heure de l'après-midi, bien fatigués des cahots. Bon logement pris à l'hôtel de l'Europe, quai des Célestins.

Le lundi 28, départ aux lueurs des lanternes, à cinq heures du matin. Nous sommes très serrés dans une vieille et mauvaise voiture. « C'est l'ancien coche de Genève, dit un postillon, et M. Bonaparte monta dedans en 1800. » Déjeuner à Vienne, dîner et médiocre coucher à Valence. Le 28, arrivée dans Avignon à sept

heures et demie du soir, Laure eût voulu voir le célèbre
pont. Une pluie battante nous empêcha d'y aller. Je
visitai l'hôtel où fut assassiné le pauvre maréchal
Brune. Le 30, déjeuner à Aix et arrivée à Marseille vers
quatre heures du soir. Nous logeons hôtel de Beauvau,
rue du même nom. Pendant que je me débarbouille, un
officier vient m'inviter à la fête que donne le général
Damrémont, commandant la division. Je remercie. Le
31, je vais voir ledit Damrémont, à qui Préval m'a
recommandé. Bon accueil. Le général m'apprend que
Le Marengo est en partance pour l'Algérie. Il écrit
télégraphiquement au préfet maritime pour demander
qu'on veuille bien m'attendre. Quelques heures après,
arrive la réponse : « *Le Marengo* a reçu des instructions. Il est trop tard pour le retenir. Il met à la
voile. » Départ de Marseille le 1ᵉʳ février, à sept heures
du soir. Cette diligence, qui nous secoue, coûte 25 francs
pour un voyage terminé à Toulon le 2, vers huit heures
du matin. Descendus à l'hôtel de Malte, il faut attendre
un courrier qui nous emportera. Oisifs malgré nous,
nous faisons quelques excursions. Mardi 5, promenade
au fort Lannelongue et retour par la Grosse Tour. Le
8, je vais à l'intendance demander ma solde et les frais
de voyage. Le jeudi 7, je vais faire ma visite à l'amiral
Rosamel, préfet maritime. Nous parlons beaucoup de
l'amiral Baudin, qui est mon ami. Rosamel met à ma disposition une embarcation pour aller aux isles d'Hyères.
Dans cette terre merveilleuse, nous passons cinq jours.
Retour à Toulon le jeudi 14. A une heure du soir,
l'amiral m'annonce le départ du brick *Le Hussard* pour
le samedi, et il plaisante :

« — Un hussard monte sur des chevaux, mais des
chevaux ne montent pas sur un hussard ! Laissez partir ce sabot. Attendez *La Victoire*, ce qui convient
mieux à un guerrier.

« — J'attendrai donc », répondis-je.

Notre vendredi se passa à visiter, avec M. Auban, la rivière souterraine qui fournit la meilleure eau de Toulon, et j'allai, auprès du colonel Chapelle, de l'artillerie, évoquer des souvenirs de Saint-Domingue, où nous nous étions connus.

M. le capitaine de frégate Parseval vint me prendre, le samedi, pour aller visiter son navire *La Victoire* et me montrer la cabine réservée à Laure. Le soir du 21 février, je me blesse au tibia droit et je reçois les soins du docteur Auban. Ma femme s'alarme, on la rassure. Je pus prendre du repos jusqu'au 1er mars, tandis que la pluie tombait en rafales. Ce jour-là, M. Auban me soigna pour chasser l'escarre de ma cicatrice. Le 2, je vais toucher 998 francs de frais dus chez l'intendant Dutrochat. Dimanche 3, mes chevaux partent de l'arsenal, à sept heures, pour embarquer. Je paye à l'hôtel de Malte 365 francs pour nos dépenses et j'accorde 15 francs de pourboire aux gens du service. *La Victoire* lève l'ancre à deux heures du soir et je prépare un spécifique contre le mal de mer, dont ce bon Auban m'a donné la recette.

Nous étions en mer, vers le large, pour la première fois, et le spectacle eût été de nature à nous intéresser. Mais Laure paya d'abord un tribut au mal de tête. Le lundi 4, nous eûmes un temps assez rude. Les vents avaient varié de direction et d'intensité. La nuit arrivée, nous fûmes obligés de diminuer la voilure. Ma jambe me fit souffrir quoiqu'on la soignât matin et soir. Mme Bro se trouve très souffrante, au point de refuser tout aliment, et Matz commence, ainsi que Grognet, mes deux ordonnances, à éprouver le mal de mer. Rose, la bonne, se trouve aussi fort mal. Le mardi 5, à huit heures du matin, nous apercevons l'isle Minorque, terre d'Espagne. La mer devient calme. A midi, nous sommes dans le canal Lac Mola, l'une des entrées de Port-Mahon, et nous pouvons doubler le cap Nègre à midi. A onze heures, le 6, nous jetons l'ancre à quelques encâblures du port d'Alger ; et le matin du 7, nous apercevons la cité en amphithéâtre et toute blanche sous les rayons du soleil. Il nous arrive, en première nouvelle, que le duc de Rovigo, affligé d'un cancer à la langue, est parti le 4 pour la France, sur le brick *La Surprise*, laissant le commandement par intérim au général Avisart... Donc, la recommandation d'Arnault sera sans objet, cette fois.

Le jeudi 7 mars, nous débarquons à neuf heures du matin pour aller prendre logement chez le commandant Gallois. Il faut passer au travers d'une multitude d'Arabes, de Maltais, d'Espagnols et de marchands juifs qui veulent profiter de la conquête. Une voiture des temps préhistoriques m'a porté à domicile. Ma blessure, fort enflée, m'oblige au repos. Laure sait arranger, vite, notre existence. Le 8, nous sommes chez un restaurateur, qui fournira convenablement, au prix de 8 francs par jour, chambre et nourriture, en attendant notre installation. Je constate que tout est cher ici. A peine installé, le courrier de France m'apporte une lettre du camarade Marbot, écrite à Paris le 28 février :

MON BON AMI,

Je me suis occupé de l'affaire de ton fils, et si je ne t'ai pas écris plus tôt, c'est que je voulais avoir quelque chose de positif à t'annoncer, et il n'y a rien encore de terminé. — La chose est néanmoins en bon chemin. Ton fils est proposé (pour sous-lieutenant) et je puis t'assurer que le prince (d'Orléans) y prend beaucoup d'intérêt, mais le ministre désire placer des officiers en non-activité ; on nomme de très anciens sous-cfficiers aux emplois de sous-lieutenant et la concurrence est grande. M. Cretin, que j'ai vu ces jours-ci, m'a promis

de comprendre ton fils parmi les sujets proposés pour la formation du 4ᵉ escadron des chasseurs de Bonne, lorsqu'on
aurait décidé la formation de cet escadron. — Je conçois ta
juste impatience! mais tu connais trop bien la marche des
bureaux pour ne pas savoir que les affaires n'y vont pas toujours aussi vite qu'on le désire. L'essentiel, c'est de les conduire à bon port, et j'espère que nous y parviendrons en ce
qui concerne ton fils. Tu ne doutes pas du zèle que j'y mettrai. — Comment te trouves-tu à Alger? Madame a-t-elle bien
supporté le voyage? Rien de ce qui t'intéresse ne m'est
étranger. Adieu, mon cher Bro. Compte sur mon sincère attachement. — Écris-moi sous le couvert du prince. »

Les efforts de nos amis ne devaient pas tarder à
aboutir. Olivier était nommé, le 7 avril 1833, sous-lieutenant au deuxième régiment de chasseurs d'Afrique.
Regnault de Saint-Jean-d'Angély m'en prévenait
ainsi :

« Victoire, mon cher camarade. Le ministre a signé
la sous-lieutenance, et j'ai embrassé le jeune officier
avec des larmes de joie plein les yeux. »

J'étais étendu, le 9 mars, sur un fauteuil, quand les
généraux Avisart et Daulion vinrent me rendre visite.
J'appris que l'arrondissement d'Alger n'était qu'un
camp retranché, dont les Arabes, nos ennemis, excités
par le fanatisme, gardaient les abords. On devait
rompre le demi-cercle d'investissement; mais les
ordres venus de Paris nous commandaient une prudence qui indignait la troupe, forcée à piétiner autour
des bivouacs. Le dimanche 10, j'étais redevenu valide.
Le 11, j'allai voir le colonel Schauenburg, et Sidi-Mustapha, administrateur de la ville, et le général Trobriant que j'avais connu, en 1809, aide de camp du
maréchal Davoust. J'eus la surprise et la joie de voir
arriver chez moi, le lundi, le lieutenant-colonel Gachot,
du 13ᵉ léger. Je l'avais connu aspirant de marine à

Saint-Domingue, et lieutenant de marine à Brest. Il
m'avait, dans la colonie des Antilles, rendu quelques
services. En sa compagnie, j'effectuai ma première
reconnaissance d'Alger. Par les fossés du Midi, la porte
Neuve, nous gagnâmes la fameuse Casbah, quartier
principal des filles; et nous allâmes, pédestrement, le
long des fossés du couchant jusqu'au faubourg de Bab-
el-Oued. A notre gauche, s'élevaient les ruines du
fameux château de l'empereur Charles-Quint; en face,
la côte aboutissant au môle de défense; à droite, la
belle Méditerranée. Nous pouvions apercevoir, au
bout des plaines, les collines du Sahel et la chaîne du
Petit Atlas. Descendus par la grande rue d'Orléans,
nous examinâmes avec curiosité les mosquées et les
maisons des indigènes.

Laure avait copié, dans un recueil, cette descrip-
tion :

On retrouve, dans le pays d'Alger, les constructions élé-
gantes et riches d'ornements, dont les Maures ont laissé tant
de traces en Espagne. De même que dans le Levant, de
grandes portes, des appartements spacieux, des pavés de
marbre, des cours cloîtrées, ornées quelquefois de jets d'eau,
sont ce qui distingue surtout les constructions particulières.
Ces différentes dispositions conviennent parfaitement à la
nature du climat et aux mœurs des habitants. L'humeur
jalouse des hommes exigeant que toutes les fenêtres regardent sur la cour intérieure, un balcon garni d'un treillage
fort serré est le seul jour pratiqué du côté de la rue. — A
l'entrée des maisons, on trouve d'abord un porche avec des
bancs des deux côtés; c'est là que le chef de famille reçoit
ceux qui ont à lui parler et expédie ses affaires. Vient
ensuite une cour ouverte qui, suivant la fortune du propriétaire, est pavée de marbre ou d'autres pierres polies. En été,
et toutes les fois que de nombreuses visites sont attendues,
l'on garantit cette cour de l'ardeur du soleil au moyen d'une
toile appelée *umbrella,* qui, fixée par des cordes au mur d'en-

ceinte, peut être pliée ou étendue suivant qu'on le juge convenable. Autour de cette cour règne un cloître qui donne
entrée dans les appartements. Les pièces sont, en général,
très vastes; rarement elles communiquent entre elles; une
de ces chambres sert souvent de domicile à une famille
entière. — A l'extrémité de chaque appartement, on remarque une estrade élevée de quatre à cinq pieds, sur
laquelle les Maures placent leurs lits; elle est entourée d'une
balustrade. Chez les gens riches, les chambres, depuis le
plancher jusqu'à la moitié de leur hauteur, sont tapissées de
velours ou de damas; le reste du mur est chargé de toutes
sortes d'ornements en stuc ou en plâtre. Le plafond est ordinairement boisé et peint avec beaucoup d'art; les planchers
sont de brique ou de plâtre, et presque toujours couverts de
tapis. — Les escaliers se trouvent sous le porche ou à l'entrée de la cour, mais jamais dans l'intérieur des maisons. Les
toits des habitations sont plats et bordés, sur la rue et sur
la cour intérieure, de murs à hauteur d'appui. Les Arabes
donnent à leurs maisons le nom de *dar* ou *beït;* les bâtiments qui en dépendent souvent, et qui servent de magasins,
s'appellent *odah*. — Les mosquées, en arabe *mesg-djid*, sont
construites comme nos églises. Il n'y a point de sièges dans
l'intérieur, mais le pavé est recouvert avec des nattes. Vers
le milieu du vaisseau, surtout dans la principale mosquée de
chaque ville, est une espèce de grande chaire, élevée de
quelques marches et entourée d'une balustrade; c'est là que
se place, chaque vendredi, le mufti ou un iman, pour exhor-
ter le peuple à la piété et aux bonnes œuvres. La façade
des mosquées qui regarde la Mecque s'appelle le *kiblah*. Les
Mahométans, lorsqu'ils font leurs prières, ont toujours le
visage tourné de ce côté. Dans la partie opposée, il y a une
tour carrée, sur laquelle un crieur monte à différents instants
du jour pour annoncer au peuple les heures de la prière.

Fatigué d'une longue excursion, ma blessure me fait
souffrir. Gardant la chambre, cela me vaut la visite du
général Trézel, lieutenant-général et gendre du duc
de Rovigo. C'est un brave homme. Sa femme et sa

belle-mère ne sont pas aimées dans la garnison. Venues voir Mme Bro, elles eurent quelques paroles malheureuses, dont on s'abstint, du reste, de tenir compte. Le 23, je suis debout et alerte. Dimanche 24, le général Avisart, gouverneur intérimaire, me fait communiquer l'ordre du jour. A ma stupéfaction de cavalier, je suis nommé commandant des 13ᵉ et 67ᵉ de ligne, employé dans le camp, comme un vieux major, chargé de faire ouvrir les routes et de scruter l'horizon... Enfin, les officiers de la brigade me rendent visite le lundi. Le mercredi 3 avril, je vais inspecter mes régiments campés devant Mustapha, pour le gros. Ensuite rendre visite aux autorités civiles, faire beaucoup de compliments inutiles, entendre des éloges dont je n'ai que faire, recevoir le plein soleil et la curiosité des Arabes couchés, dans la rue, le long des maisons. M. Avisart et une partie de son état-major décident de m'accompagner, en reconnaissance de mon territoire, le 5; et l'intérimaire fixe le départ au point du jour. C'est mon officier d'ordonnance, Bondraud, qui m'apporte la décision. Les excursionnistes s'arrêtent à Mustapha. Seul, le chef d'état-major me guide à Eerkaden, à Fixerain et au camp de Delhy-Ibrahim. Les postes couvrant la route de Blidah n'ont pas vu paraître d'ennemis. Il paraît que nous devons dépasser la Metidja, pour étendre, très loin, notre domination... Alors, je marcherai avec l'avant-garde...

Je rentre à Alger pour assurer des services de bureau plutôt que pour exercer le commandement d'un corps. Dans cette ville, ce ne sont que dîners et réceptions, quand il faudrait préparer la guerre. On nous sert des mets indigestes lorsque le choléra décime la colonie européenne. Des vins capiteux échauffent les têtes. Il faut aller jusque chez le consul d'Angleterre, M. Saint-John (espion qui nous observe), donner des sourires à

sa femme, vraiment charmante, et bourrer de bonbons
ses huit enfants, dont cinq filles. Le 15, grand repas
donné par le général Avisart. Les officiers fument au
petit salon mauresque pendant que les dames racontent
des histoires. Notre hôte se permet de dire des généraux Gourgaud et Marbot :

« — Ce sont des généraux de salon; ils ne sont propres qu'à faire reluire les parquets des Tuileries...
Qu'en pensez-vous, Monsieur Bro?

« — J'en pense, Monsieur, dis-je sèchement, que
ces braves militaires ont servi le Grand Homme et mérité son estime.

« — Vous avez le droit, riposta-t-il, d'être de leurs
amis. »

Et le général ouvrit une fenêtre pour ne plus me
parler. Sa rancune me fut, par la suite, précieusement
gardée. Mais Voirol prenait le commandement, et nous
ne devions plus avoir, le détracteur et moi, que de
lointains rapports. Le 17 avril, M. Cotin, maire d'Alger, nous guide avec sa fille vers la maison de campagne
du général Brossard. Elle ne convient point à Laure.
Nous sommes rejoints par les officiers qui viennent d'inspecter la Metidja. Les propos attribués à Mme de Rovigo
font l'objet de leur blâme; et, le lendemain, le général
Trobriant vint, au nom de la duchesse, nous « prier de
croire qu'elle n'avait jamais eu l'intention de nous bles-
ser. » Voirol m'ordonne, le 7 mai, de commander trois
cent cinquante chasseurs à cheval, trente-cinq grenadiers et trente-cinq voltigeurs avec lesquels je dépassai
la Metidja. Nous reconnaissons l'embouchure de l'Hamisse; puis, en contournant les marais, nous revenons
par la Basseta et nous parcourons le pays situé entre
l'Hamisse et l'Arnatch que nous repassons au gué de
Constantine, sans avoir tiré un coup de fusil. Partis
d'Alger à six heures du matin, nous rentrons à six

heures du soir. Je vais passer une heure dans le salon
de Mme Trézel et je prends un bain maure.

Le 12 mai, M. Cotin nous trouvait enfin une maison
d'architecture mi-européenne, mi-arabe, avec un jardin
et bien des commodités. Elle est située au n° 30 de la
rue des Lotophages. Mes troupes étant installées au
camp de Delhy-Ibrahim, j'aurai ma tente à la campagne et ma maison en ville. Notre aménagemènt se fit
rapidement, et je dus assister Laure donnant à Rose,
« femme de confiance », une leçon de monnaies pour
assurer les achats nécessaires. Deux pièces d'or sont
surtout en usage : Soltani ou sequin plein d'Alger,
valant 4 Rial-Boudjou 1/2 d'argent ou, net, 8 francs
17 centimes ; Mahoub ou sequin du Caire valant 3 Rial-
Boudjou ou 5 fr. 58. Ces deux pièces se divisent en
demi-sequins. Pièces d'argent : le Rial-Boudjou, 1 fr. 86 ;
le Rebia - Boudjou, 46 centimes et demi ; le Temin-
Boudjou, 23 centimes et quart ; la Pataque-Chique,
62 centimes. Le Mouzouné vaut 7 centimes trois quarts.
Un franc vaut 12 Mouzounés et 28 Aspres ou 1 Pataque-
Chique, 4 Mouzounés et des Aspres ; 50 centimes,
6 Mouzounés et 14 Aspres ; 10 centimes, 37 Aspres
trois quarts ; 5 centimes, 18 Aspres sept huitièmes. En
argent, la piastre d'Espagne vaut 2 Boudjous, 21 Mouzounés et 19 Aspres. Français et Algériens lui donnent
la valeur de 5 fr. 40. En outre, Rose apprenait que la
viande de bœuf vaut 8 sols la livre ; le mouton, 10 ; une
volaille, entre 1 franc 4 sols et 1 fr. 50 ; les deux pigeons,
10 sols ; deux œufs, 3 sols ; l'huile, 5 sols la livre ; le pain,
1 sol ; le poisson et les gibiers, très bon marché. Ainsi
renseignée, elle pouvait se rendre au marché arabe.

Un temps sec favorisait mes inspections et les travaux de la troupe qui ouvrait des routes vers Blidah
et Koléah pour assurer notre pénétration. Il est de nouveau question d'agrandir la colonie. On me charge

d'inspecter les hôpitaux du Caractyn et Bab-Azoum. J'y trouve plus de paresseux engourdis que de malades. Le 23, le courrier de France arrive. M. le duc d'Orléans me complimente sur la nomination de mon fils, et Marbot m'écrit :

                                        Londres, le 11 mai 1833.

MON CHER AMI,

J'avais cru devoir, pour plus de sûreté, mettre sous le couvert du duc de Rovigo la réponse que j'avais faite à ta première lettre, mais mon paquet s'étant croisé avec le duc m'a été renvoyé d'Alger, et je le reçois en Angleterre, où je me trouve en ce moment avec M. le duc d'Orléans. — Je pense que tu es déjà informé de la promotion de ton fils au grade de sous-lieutenant. Il va dans le 2ᵐᵉ (chasseurs) à Oran ; nous n'avons pu faire mieux pour le moment, et l'essentiel était de lui donner les épaulettes, sauf à le faire permuter plus tard. Tu pourrais même le prendre pour officier d'ordonnance, avec l'autorisation du général Poret de Morvan, qui va faire l'intérim en attendant le retour de Rovigo. — La position de Mme Granthil est très affligeante et d'autant plus difficile à arranger que cette petite femme a une tête du diable et s'emporte comme une soupe au lait quand on veut lui tracer un plan de conduite qu'elle ne veut pas comprendre ; elle va même jusqu'à dire des choses dures aux personnes qui, voulant l'obliger, ne peuvent cependant pas lever tous les obstacles en un clin d'œil. Ainsi, elle me rudoya très fort, lorsque je la vis à Valenciennes, en me disant : « Ah ! çà, ne me donnez pas d'eau bénite de cour ! » Et lorsque, pour lui parler franchement, je lui dis que je craignais qu'elle ne se fît illusion sur ce qu'elle appelait ses *droits* aux bienfaits des princes et qu'elle n'avait tout au plus que des titres, elle me traita de haut en bas comme s'ils lui eussent dû une dette. Cependant, quels étaient les rapports du prince royal avec le major Granthil ? Aucun, car il n'était pas de son régiment, et il ne l'avait vu qu'une seule fois qu'il vint à son audience et fut présenté par moi. Pourquoi le prince ferait-il une pen-

sion à la veuve de cet officier, plutôt qu'à d'autres qui ont
laissé leur famille sans soutien? Ce serait aller prendre un
engagement qui pourrait aller loin. Certes, M. le duc de
Nemours est plus intéressé à cette affaire... mais il est à
remarquer qu'il n'a pas de liste civile et ne jouit que d'une
pension fort modeste pour une personne de son rang, ce qui
le met dans l'impossibilité de faire lui-même une pension. Le
duc de Nemours ne connaissait pas Granthil, ne l'a pas attiré
dans son régiment; c'est lui qui a demandé comme une faveur
d'y être admis, et si cette faveur amenait des droits à une
pension, les emplois du régiment du prince auraient un tel
avantage sur les autres corps qu'il en résulterait des jalousies
ou de graves dommages. On ne peut donc admettre ce droit,
ni servir une pension sur une liste civile de Nemours qui
n'existe pas. Tout ce qu'on peut faire, et qui aurait le même
résultat, c'est de demander immédiatement un secours au roi
ou à la reine pour Mme Granthil. Mais celle-ci ne veut pas
entendre parler de cela. Elle *veut*, dit-elle, une pension pour
savoir à quoi s'en tenir, et me répondit fort durement lorsque
je lui en parlai. Tu sens bien que j'attachai peu d'importance à ces brusqueries, que la douleur inspirait sans doute;
mais, de plus, Mme Granthil a embrouillé la position de son
fils. En adressant directement les pièces nécessaires à son
admission à l'École de La Flèche, elle écrivit que je l'en avais
priée. Elle envoya le tout au ministère; et ne recevant pas de
réponse, parce que son fils n'a pas encore l'âge fixé et qu'elle
n'a pas obtenu l'exemption, elle me chargea d'aller dans les
bureaux chercher tous ces papiers. Je te demande, à toi qui
connais Paris, si c'est une chose facile que d'aller au ministère compulser un tas de paperasses dont on ne connaît pas
même la date de l'envoi. Enfin, je ferai de mon mieux pour
la mémoire de ce pauvre Granthil.

Ces souvenirs, qui me rappelaient mon séjour au
1ᵉʳ de lanciers, m'attristaient. Mme Granthil était dans
un profond dénuement. Laure, toujours charitable, lui
envoya trois cents francs.

Le samedi 25, les officiers accompagnèrent jusqu'au

port Mme la duchèsse de Rovigo, qui allait rentrer en France à bord de *La Caravane*. Le même jour, à cinq heures du soir, Horace Vernet débarque, sans nous avoir prévenus. Il vient me trouver chez l'intendant civil. Nous nous embrassons et nous pleurons comme des frères qui ne se sont pas vus depuis vingt ans. Je le conduis chez moi. Il donne cent nouvelles à Laure, mais refuse d'occuper une chambre chez nous et rejoint, après dîner, à l'Hôtel de Paris, M. Delanoye, architecte, qui l'avait accompagné. Le lendemain il assiste près de moi à une razzia de fourrages dans la Metidja. Au retour, je reçois ses confidences. Le gouvernement de Louis-Philippe est en butte aux séditions. Les princes accusent l'armée d'Afrique d'être bonapartiste et prête à *jucher* l'aigle sur les drapeaux. On a fondu à Paris, le 1ᵉʳ mai, la statue de l'Empereur qui dominera la colonne Vendôme. Vernet prend, le 27, des croquis dans la Casbah. Nous avons le chagrin de le voir partir pour Oran, le 4 juin, à bord du vapeur *Le Castor*.

Mercredi 5, notre cher Olivier arrive sur *Le Crocodile*. Il est très beau en chasseur. Jugez de la joie et de la fierté de sa mère! La maison est en fête... Mais, le lendemain, une fièvre violente me condamnait à garder la chambre. J'appris, le 12, que le duc de Rovigo était mort et avait été inhumé le 5. Voirol nous commandera en attendant l'arrivée d'un nouveau gouverneur. Le 21, il m'assignait la tâche d'ouvrir des routes, avec l'aide des zouaves et des chasseurs. J'allai m'établir à Delhy-Ibrahim, sous la tente turque, pendant que mon fils, changeant de corps, prenait sa place au 1ᵉʳ régiment de chasseurs, à l'avant-garde, qui surveillait le défilé de Douïra.

Quelques mouvements dans les tribus et l'attitude d'Abd-el-Kader commandaient d'être prêts à tout événement. Le 17 juillet, je vais, avec quatre-vingts hommes d'infanterie et dix chasseurs à cheval, dans Douïra, afin de montrer quelques forces sur les hauteurs. Je reviens assez lentement par les mamelons de Ben Chaoua et Haouch-Cadi, entre des sources et des ruisseaux, longeant des forêts d'oliviers. Le 18, je fais mettre aux arrêts un officier ayant tiré deux coups de fusil dans le camp, ce qui a donné l'alarme aux postes. Le 29, je vais reconnaître la tribu des Mohamed ben Hamoud. Je trouve la population bien disposée pour nous. J'apprends là, d'un notable, que le cheik Ben Zagri amène à Alger une députation de Bougie, avec un tigre de cinq mois et des présents; il vient demander notre protection. On fête à Alger les « Trois Glorieuses » avec salves d'artillerie, revue, divertissements. D'autre part, les Hadjoutes, nos voisins, prêchent la guerre sainte. On a aussi des inquiétudes du côté de Blidah. C'est pourquoi, le mardi 10 août, le général en chef nous fait partir du poste d'Oulad-Mendelle, à minuit, avec une forte colonne. Marchant à tâtons, nous arrivons un peu avant le jour au défilé de Bouffarick. Nous faisons halte deux heures et repartons vers Blidah. Les soldats, exténués, s'arrêtent à mi-chemin. J'ordonne le retour. Le général, de mauvaise humeur, m'accable de reproches, me blâme de n'avoir pas placé de cavalerie à l'arrière-garde. Je justifie ma manœuvre. Furieux, il semble vouloir m'empêcher de commander :

« — Monsieur, lui dis-je, le ministre m'a confié un commandement; je ne cesserai de l'exercer que sur ses ordres. »

Il piqua des deux et disparut. Les troupes rentrèrent à Douïra. C'est là que nous parvint la nouvelle de la prise et de l'incendie de Koléah, effectués le 27.

Le 1er septembre, à Bouffarick, les officiers donnent une fête. On y chanta ces bouts-rimés :

« C'était jadis sans protocole; — qu'on voyait au péril s'élancer un soldat; — On se souvient encor de ce grand pont d'Arcole, — dont le brillant laurier enorgueillit l'Etat; — La victoire pour nous mettait son tournebroche, — elle suivait alors l'homme au petit chapeau; — S'il fit plus tard une brioche, — il nous reste au moins son drapeau. »

Drouet d'Erlon nous arrivait comme gouverneur. Le bouillant Trézel allait prendre Bougie. Je restais ingénieur, occupé à surveiller et à ouvrir les routes, malgré l'engagement pris de me donner une colonne d'expédition. Voirol m'accuse d'avoir fêté chez moi les anniversaires d'Austerlitz et de Kolymin. Il y a une police qui nous surveille. Il faut restreindre ses gestes et mesurer ses propos... Lamoricière, devenu mon second, manifeste son dégoût devant le maréchal Clauzel. Sa petite révolte lui vaut d'être tenu, lui aussi, en suspicion.

Nous évitons de trop paraître chez les gens à double visage. Je lis beaucoup. Laure s'est chargée de répondre aux lettres, très nombreuses, qui arrivent de France. Elle a vécu chez un homme de lettres et sait rédiger. Le 10 octobre 1834, elle écrit à son frère (par sa mère seulement) Alfred de Sevelinges, capitaine d'artillerie, attaché au service de la manufacture d'armes de Châtellerault :

MON CHER ALFRED,

J'ai reçu par ce courrier ta lettre du 19 septembre; tu es un vilain de ne t'être pas arrangé de manière à venir jusqu'à Alger; tu aurais été le bienvenu. Il te manque cette campagne pour compléter tes voyages méridionaux. Qui t'empêcherait de demander un congé pour venir nous visiter? Nous en valons bien la peine, nous autres Africains. Nous

sommes curieux à voir, je t'assure; peut-être cela te donne-
rait-il envie d'établir ta batterie parmi nous. Tu me demandes où en est la colonisation. Je te dirai que, jusqu'ici,
elle s'est bornée à l'agiotage des propriétés. On joue ici sur
les terrains, comme on joue à la Bourse sur les rentes, l'eau-
de-vie et le café. Tu seras bien étonné quand je te dirai que
Blidah est vendue à des milliers de colons, avant d'avoir été
conquise et occupée par nous. Ces messieurs ont le plaisir de
voir leurs propriétés avec des longues-vues, en prenant toutefois la peine de faire au moins trois lieues pour aller placer
leur observatoire sur les points les plus élevés des environs.
Beaucoup ne se sont même pas donné cette douceur; ils se
contentent d'aller chez les notaires et achètent sur parole.
La plaine de la Metidja, qui est un marais long à peu près
de vingt-cinq lieues sur douze de large, est également
vendue. Il ne nous reste plus qu'à nous faire casser bras et
jambes pour aller conquérir les propriétés d'un tas de va-nu-
pieds qui occupent leurs loisirs à déblatérer contre la pauvre
armée, laquelle cependant passe son temps et sa jeunesse à
leur faire de belles routes. Ce qu'il y a de plus joli là dedans,
c'est que, si la Metidja a vingt-cinq lieues de long sur douze
de large, on en a vendu au moins trois fois l'étendue, de
manière que, lorsqu'il en faudra venir à débrouiller tout cela,
on se mangera le blanc des yeux. Ces respectables colons,
qui sont pour la plupart des échappés des bagnes, ou des
gens sur le point d'y entrer, brocantent leurs terrains, au lieu
de les cultiver; ce qui fait que les terres qui entourent Alger
sont en friche à très peu d'exception. Aussi, devons-nous
payer un petit chou un franc, une petite carotte un sou et le
mauvais beurre 2 fr. 50 la livre. Ce qui prospère admirablement, ce sont les cabarets; il y en a dans tous les coins.
C'est à qui dépouillera le mieux et le plus vite le pauvre
soldat. Dernièrement, l'un d'eux en est sorti en chemise,
tant le bon cabaretier-colon avait été empressé de prendre
des nantissements. Le pauvre troupier n'est entouré que
d'embûches; je dois dire qu'il y est pris souvent. — Nous
venons de perdre, en officiers partis, les capitaine Payan et
Lamare. Je regrette infiniment le dernier, qui dessine à mer-

veille; il avait pris Olivier sous son aile. Ton neveu sera
désolé de cet éloignement à sa rentrée de congé. Je l'attends
en novembre. Le cher enfant vient d'éprouver, à Paris, de
grands chagrins. Il a vu mourir sous ses yeux la pauvre
petite femme de Louis (de La Chaume). Quinze jours après,
mon pauvre oncle Arnault est mort subitement. Notre famille
est vraiment accablée par la mauvaise fortune... J'ai eu, il y
a peu de temps, des nouvelles de notre pauvre mère. Sa
santé était fort bonne. Ses tristes idées l'avaient aban-
donnée... Olivier a été la voir et lui a porté de ma part un
panier à ouvrage venant de Tombouctou. Je suis bien aise
que tu l'aies fait abonner au *Magasin Pittoresque*. Je suis
sûre que cela l'amusera beaucoup. Je suis fâchée, mon cher
Alfred, que tu ne puisses pas aller passer quelques jours à
Paris. Tu t'assurerais par toi-même si notre mère a bien
tout ce qu'il lui faut. Si elle manquait de quelque chose qui
fût au-dessus de ses moyens, tu peux être sûr que mon mari
serait le premier à m'autoriser à partager cette charge avec
toi...

L'année 1834 va s'achever assez tranquillement.
Nous n'avons fait, en son cours, que remuer du sable et
escarmoucher, de mars à juin, contre les Hadjoutes
portés à molester les Benika, nos alliés. Je note qu'au
cours d'une expédition faite par ma brigade, il me
fallut, le dimanche 18 juin, recevoir d'un auxiliaire
étranger, et non sans répugnance, la tête fraîchement
coupée d'un ennemi et la payer dix francs. Cela se
passait au bord de la Chiffa.

Mutations le 12 décembre. Notre coléreux général
Voirol s'en va. Le général Rapatel lui succède. C'est
le frère d'un aide de camp de Moreau, qui était dans
les rangs russes à Dresde. M. Rapatel n'avait pas,
parmi les officiers, la réputation d'un bon coucheur.
Chacun allait rester, envers lui, sur ses gardes. Il fut
pourtant aimable au début, par dissimulation.

Quelles corvées à subir le 1ᵉʳ janvier 1835! Visite,

en grande tenue et mon officier d'ordonnance sur les
talons, à M. Drouet d'Erlon, qui me dit aimablement :
« Mon cher camarade de Waterloo, je vous vois encore
charger les dragons écossais de Ponsomby ! » Je vois
le général Trézel qui est inquiet : « Mon cher brigadier, me confie-t-il, il y a devant nous de grosses difficultés. » L'Intendant civil sourit. Le Procureur général est grave. Les consuls d'Angleterre, d'Espagne et
de Naples sont hautains. Je rentre à déjeuner vers
deux heures. Rose a laissé brûler la poularde et Laure
envoie au diable « ces beaux messieurs » qui m'ont
gardé trop longtemps. Il faut s'endimancher le soir et
paraître cher le gouverneur. Il me demande : « Trézel
n'a donc rien fait pour vous? Je veux vous mettre en
avant. Tenez-vous prêt à partir pour l'avancé, au premier jour. » Est-ce que le gouverneur aurait décidé de
m'envoyer devant Constantine? Hélas! cette illusion
ne devait pas être de longue durée.

Musulmans fanatiques, les Hadjoutes, après avoir
rompu la trêve, inquiétaient de nouveau nos postes et
pillaient nos protégés. De sévères mesures de police
étaient à prendre contre ces brigands. On me chargea
d'assurer les répressions. Le 5 janvier, mes troupes
cheminaient : 13ᵉ et 67ᵉ de ligne, zouaves, chasseurs à
cheval, spahis et auxiliaires, du camp de Douïra à
l'Oulad-Mendelle. On arrive à neuf heures du matin,
on fait la soupe. On repart à six heures du soir, on
passe dans la nuit à Bouffarick, et l'on fait halte vers
deux heures du matin, le 6, à Sidi-Kalifat.

Un peu plus tard, mes troupes s'arrêtent encore
entre l'Oued-Lallag et la Chiffa. A sept heures, on
passe cette rivière à gué, et mon corps forme deux
groupes chargés de châtier les habitants des villages
qui tiraient sur nous. Je dirige le groupe de gauche
dans la direction de Haouch-Mouzaïa, lieu connu sous le

nom de ferme de l'Aga. Quelques petits engagements sont livrés, quelques exécutions faites. La marche est pénible au travers d'un pays si accidenté, et le froid très vif au pied de l'Atlas. Nous rentrons à quatre heures du soir au camp de Bouroumi. Resté à l'arrière-garde, je suis allé avec mon fils et M. Ladmirault au secours d'un zouave attaqué par trois cavaliers arabes. Il en avait blessé un. Les autres tombèrent sous nos balles. Dans la nuit, deux chasseurs à cheval sont tués à la maraude; un brigadier se tue en rechargeant son fusil. Cela porte nos pertes à cinq morts et trente-cinq blessés. Les Arabes ont perdu quarante-six hommes et quatre-vingt-deux chevaux tués; ils ont emporté beaucoup de blessés, dont trois personnages impor-tants venus de Blidah.

Le lieutenant-général Rapatel nous fait continuer les reconnaissances en janvier et février, sur le front sud d'Alger. J'écrivis à Laure, le 24 de ce dernier mois :

Au camp, sur le bord de la Chiffa.

Chère bonne amie,

Je profite du départ d'une voiture chargée d'éclopés que je renvoie à Bouffarick, pour te donner signe de vie. Je t'as-sure que nous la menons *dure*, si elle n'est pas bonne. Les nuits sont froides, et ceux qui se sont mouillés les pieds dans la journée en courant dans les prés humides et quelque-fois submergés, font bien de trouver du bois pour se les réchauffer. — Je ne souffre, quant à moi, que de la priva-tion de sommeil et de repos. — Ma tâche se remplit assez bien. Hier, j'ai été parcourir un nid de brigands qu'on appelle l'Arbach. J'étais au milieu d'eux à six heures et demie du matin qu'ils ne m'avaient pas encore vu. Ce canton, situé entre l'Oued-Lallag et la Mazagran, est riche en troupeaux volés, la plupart aux tribus qui sont nos alliées.

— Je leur ai enlevé dans la journée d'hier près de cinq cents bœufs et six à sept cents moutons. Ils ont perdu, de plus, quelques hommes tués; je n'ai perdu personne. — Je n'ai qu'une minute pour te dire que je me porte bien et que je suis et serai très prudent; mes chevaux se portent à merveille... Les officiers de chasseurs que j'ai avec moi ont la plus grande amitié pour Olivier.

Il faut, le 6 mars, retourner contre les Hadjoutes et le 8 contre une troupe d'Arabes qui, vers Mouzaïa, nous ont tenu tête et blessé trois officiers et une vingtaine de soldats. Ils se retirèrent après avoir été décimés; et nous eûmes du repos jusqu'au commencement d'avril. Je reçus, vers cette époque, cette lettre de Marbot, écrite à Paris, le 4 mars :

MON BON AMI,

Lorsque j'étais proscrit et malheureux, personne ne voulait être mon parent, tandis qu'aujourd'hui il me pleut des cousins de tous côtés. — L'an passé, deux familles bretonnes et une dauphinoise, dont je n'avais entendu parler de ma vie, ont réclamé ma parenté, sans pouvoir en donner d'autres preuves qu'une ressemblance de nom. — Il y a quelque temps que le tribunal de Laon a condamné un jeune homme qui, ayant servi dans la marine lors de la prise d'Alger et se disant mon neveu, s'affublait de la décoration de la Légion d'honneur, et allait, empruntant de l'argent aux préfets, sous-préfets et principaux fonctionnaires, auxquels il faisait cent contes sur les motifs qui l'avaient momentanément brouillé avec son oncle, le général Marbot; et comme ce jeune homme avait été bien élevé et s'exprimait très bien, il était cru sur parole. — Je reçois aujourd'hui une lettre du bon général d'Uzer, qui m'annonce que M. Marbot *mon parent*, directeur de l'enregistrement à Bône, vient de mourir et que sa veuve réclame mes bons offices. Or, tu sauras que je n'ai jamais ni vu ni connu ce M. Marbot, et que j'ignorais même qu'il existât un employé de ce nom à Bône. — Cependant, ce déluge de cousins commence à me

lasser et ayant appris qu'il y avait dans la Légion étrangère
servant à Alger un officier qui se dit mon parent, je viens te
prier de prendre adroitement des renseignements sur ce farceur, de me faire savoir son nom et de lui demander sur quoi
il base notre cousinage. — Je regrette vivement que les circonstances aient empêché le duc d'Orléans d'exécuter son
projet de voyage en Afrique, car j'aurais eu beaucoup de
plaisir à visiter ces contrées et surtout à t'embrasser. — Je
te recommande vivement M. Leturc Domon, sous-officier
dans les spahis. Il est parent du général Domon et fils d'un
de mes meilleurs amis.

Je retrouvai, en effet, l'officier de la Légion étrangère dont il vient d'être question. Savoyard, il était
réellement parent du général, par sa mère; mais il n'en
cherchait pour cela nulle protection.

Un incident très regrettable troubla la journée du
3 avril. A huit heures du matin, j'allais prendre le
café avec mes colonels, quand une très vive fusillade
se fit entendre. Le tambour battit aussitôt le rappel.
Une sentinelle avait cru voir « des milliers de bur-
nous descendre les pentes de l'Atlas. » De son côté, un
poste couvrant Koléah, apercevant notre ami, le cheik
Meliany de Dekechua, qui s'avançait avec ses domestiques, les avait pris pour des ennemis. A la sommation de la sentinelle, le cheik avait répondu : « Ami! »
mais il essuya tout de même un coup de feu. Son
cheval, effrayé, au lieu de rebrousser chemin, fonça
dans le camp. De tous côtés, on tire sur lui. Après un
parcours de trois cents pas, il tomba, tué raide. J'allai
sur place faire une enquête, et j'écrivis un rapport au
général Rapatel qui eût voulu me rendre responsable
de l'événement. Il était assurément très grave pour
nous, parce que, dans les tribus voisines, les notables
allaient en profiter pour prêcher que nous assassinions
nos amis; et on surprit à Alger une vive et longue sen-

sation. J'eus le devoir de remettre, aux gens de
Dekechua, le corps de leur chef et trois douros pour
l'ensevelir. Et sa famille devait recevoir une indemnité
de mille francs. L'aga vint et osa me dire de dures
paroles « sur cet assassinat. » Il m'enjoignit, sous
peine de déconsidération parmi les Arabes, d'afficher
des regrets et de recevoir, tête nue, les parents du
mort, qui ne vinrent que le 6. Son frère, caïd de Sou-
kali, son fils, un cousin et le plus ancien de la tribu se
présentèrent devant ma tente. Je leur fis des politesses
et présentai les regrets du Gouverneur. Enfin, quatre
indigènes (qui reçurent 17 francs pour le transport et
l'enterrement) emportèrent le corps et s'éloignèrent à
petits pas, suivis de gens qui psalmodiaient des versets
du Coran.

J'étais rentré à Alger le 15 avril. Laure m'entretenait des nouvelles arrivées de France, quand M. D...,
attaché au procureur général, se présenta à notre
domicile. Son visage révélait un homme embarrassé.
Je le priai de me dire le but de sa mission. « Elle est
délicate, monsieur le général, me répondit-il. Un rapport secret, envoyé d'ici à Paris, a retenu l'attention
du ministre de la Justice. Nous voulons croire qu'il
est exagéré ou faux. Il s'agit d'une mascarade faite le
mardi-gras 3 février, à Mustapha, devant M. le Gouverneur. Un officier se serait fait le masque du roi et
aurait crié au milieu du bal : « Assez de Philippe.
Place à Napoléon! » M. le Procureur, qui vous estime
tout particulièrement, vous prie de bien vouloir le ren-
seigner sur cet incident.

« — Je n'ai pas le droit de parler contre le Gouverneur, répliquai-je. Mon rôle, dans cette affaire, est
bien insignifiant, d'ailleurs, comme vous le prouvera
ce que j'en ai noté à l'époque sur mon carnet, dont
l'authenticité n'est pas douteuse. »

J'allai, en effet, chercher aussitôt ce carnet et j'y lus : « Revue du 13ᵉ de ligne, à Mustapha, par le lieutenant-général Rapatel. A six heures du soir, la réunion est chez lui, pour un dîner officiel. Y vinrent : le gouverneur, le prince Muskau, M. Laurence, l'amiral, le général Trézel, d'autres généraux et des colonels. On porta à la fin du repas à la santé du roi. Au moment de prendre le café, dans le jardin, sont arrivés, avec deux violons en tête, comme une noce de village, des officiers donnant le bras aux dames qui ont déjeuné à la maison de campagne de M. Laurence. On a bu du champagne et dansé. »

« — Mais, ajoutai-je, je réponds qu'il n'y eut ni masques, ni déguisements. »

M. D... s'éloigna satisfait, et aucun bruit nouveau de cette affaire ne nous parvint depuis.

On avait formé, près de Bouffarick, le camp d'Erlon. Les approvisionnements y abondaient en vue d'une expédition à travers l'Atlas. Lamoricière vint m'y donner des nouvelles. Le Gouverneur préparait, disait-on, la prise des villes de Bougie, Constantine et Mascara. Pourtant, le 25, deux lettres arabes, traduites par l'interprète Geoffroy, annoncent « que le noble chérif Abd-el-Kader a vaincu et pris le marabout qui venait du sud faire la guerre aux Français, qu'il a coupé trois cents têtes. » Donc, l'émir n'est pas notre ennemi, ainsi qu'on le prétendait ; mais il sort de cette terre d'Afrique tant de nouvelles étranges. Le 28, à trois heures du soir, je reçois au camp le hakem de Blidah ; il se dit porteur d'une lettre d'Abd-el-Kader pour le Gouverneur. Ce commissaire accepte à peine de prendre chez moi du café, dans lequel il refuse de verser du rhum ; puis il va avec l'interprète manger à la cantine un plat de macaroni qu'il arrose de quatre bouteilles de vin rouge et d'une de blanc ; ensuite il se rend au café Gotfriorme, où il boit encore du café avec beaucoup de rhum. Que signifie cette attitude?

Le Gouverneur me dit, deux jours plus tard, que je commanderai la première expédition. Mais je crois que Rapatel parlera contre moi. Je cède, le dimanche 7 juin, aux prières de Laure, qui veut m'accompagner d'Alger à Douïra. Nous prenons au camp d'Ibrahim une escorte de trois chasseurs et de quatorze zouaves. Nous déjeunons sous les palmiers, à Douïra, où ma femme reste à se reposer, tandis que je vais, avec Lamoricière et cinq jeunes officiers armés de carabines, au marabout de Sidi Oued El-Agar. Il y a là une roche escarpée contenant des grottes habitables, des baignoires, des piscines. En bas, nous trouvons un large escalier taillé dans le roc pour monter à une vigie qui a dû servir souvent d'observation aux brigands qui passent par le gué de la barre du Mazafran. De cette vigie, par un raide sentier bordé de cactus, on peut gagner facilement la vieille tour de Sidi-el-Ferruch, que les Espagnols nomment Turetta-Chica. C'est un site très sauvage, très curieux, un point militaire important où durent s'arrêter les Romains, car l'eau y est en abondance. Nous n'en partons qu'à regret, pour rentrer à Douïra alors que le soleil se couchait derrière la masse du majestueux Atlas.

A Alger, le 23, je vois arriver les généraux Reubell et d'Arlanges. Le premier a été officier d'ordonnance de Jérôme Napoléon, roi de Westphalie, et connaît, sur les intrigues du prince, à Cassel, les histoires les plus curieuses. Il vient m'embrasser et me rappeler notre séjour à Francfort, en 1806, et certaine aventure qui faillit, chez une dame de la colonie juive, lui coûter la vie... Il croise, en sortant, le colonel Guyot, pressé de m'informer qu'Abd-el-Kader adresse les plaintes les plus vives contre le lieutenant-général Trézel. Ce dernier avait dirigé, d'Oran, une colonne chargée de soutenir un chef de tribu dont lui, Emir, avait à se plaindre. Le consul anglais (qui nous était si hostile) s'empresse de faire annoncer en ville que les Français viennent d'être battus à la Macta et que leur retraite s'est changée en désastre.

Rapatel me confirmait ces nouvelles le lendemain en m'annonçant la prochaine arrivée du maréchal Clauzel comme gouverneur. Le lieutenant-général Damrémont commanderait les troupes, et il m'ordonnait de rentrer au camp d'Erlon afin de tenir la Légion étrangère prête à marcher.

J'étais rappelé le 9 juillet. A six heures et demie du matin, je vais à la Santé ou quarantaine voir l'amiral Baudin. Je ne peux serrer les mains de mon ami, à cause du choléra. Il me dit : « Mauvaises nouvelles, partout. » L'épouvante, en effet, règne en ville, à cause du fléau. Dans la Casbah, les Arabes jettent les cadavres tout noirs à la voierie. Drouet d'Erlon me demande si je suis disposé à me rendre à Oran pour réorganiser les troupes. J'accepte. Mais le lendemain, il se répand en récriminations sur les malheurs du général Trézel qui est renvoyé en France. Je tente de défendre Trézel. Le soir, on envoie à Oran, à ma place, le général d'Arlanges. Je reconnais là les agissements du bon Rapatel, accusé pourtant, lui, d'avoir envoyé de la poudre à Abd-el-Kader... Rapatel me fait présider le conseil de révision des conseils de guerre. Le 23, nous avons confirmé le jugement qui condamne à mort les nommés Sindert et Mary, du bataillon d'Afrique, pour désobéissance combinée et à main armée. Le 24, à midi, ils sont exécutés au champ de manœuvres, devant une foule de curieux.

Pendant l'anniversaire des « Trois Glorieuses », je

suis resté cinq heures à cheval, sous un soleil ardent.
Le 30, après dîner, me promenant entre Rapatel et
Guyot, je me sens étourdi. On m'assied sur un banc.
C'est une congestion cérébrale incomplète. On avait
craint d'abord le choléra. Arrivé chez moi, on me
saigne, et je garde la chambre jusqu'au 30 août.

Que d'événements au cours de ce mois! Ce pauvre
Drouet d'Erlon, vieillard de soixante-quinze ans, débarqué à Alger le 26 septembre 1834, à trois heures du
soir, s'est rembarqué le 8 août 1835, à six heures
après-midi. Il a exercé durant trois cent seize jours le
gouvernement, dont soixante-dix-huit avec l'aide de
Voirol, qui le faisait assister à des soirées chez une
fille. Il allait à Paris rendre ses comptes. Le 10, à une
heure du soir, le maréchal Clauzel arrivait sur *Le
Ramier*. Accompagné de deux aides de camp, le commandant Sol et le lieutenant Clauzel, on lui fait vingt
discours au débarcadère. Le 11, Olivier opère contre
les Hadjoutes. Nous perdons le maréchal des logis Rei-
chart et deux spahis. On coupe onze têtes. Le butin
ramené est considérable. Le 21, la nouvelle de ma
mort ayant été répandue, un commissaire de police se
présente pour me faire enterrer rapidement. Je l'invite
à boire un verre de Bordeaux. Il se retire, un peu
confus, pour aller exercer ailleurs ses fonctions, car le
choléra fait, chaque jour, de nombreuses victimes. En
quelques jours, ont disparu : le colonel Guyot, le docteur Marie, M. Oury. On met tout le monde à l'eau
de Seltz. Le docteur Stephanopoli vient m'annoncer la
prochaine arrivée du célèbre médecin Larrey, chargé
d'enrayer l'épidémie. Je lui offre un logement chez
moi, et nous reparlons de la Grande Armée.

Marbot ne me laisse point chômer de nouvelles. Il
m'envoyait, de Paris, le 13 août, cette intéressante
lettre :

Depuis longtemps, je voulais t'écrire, mais je viens de passer près de deux mois en voyage avec le prince, qui a visité la Suisse et les Alpes, et tu connais l'événement (attentat de Fieschi) qui a suivi de près notre retour et nous a donné beaucoup d'occupation. Lorsque je t'ai engagé à aller en Afrique, je pensais, ou qu'on y ferait la guerre, ou que tu pourrais profiter de la paix pour y faire un bon établissement. Je te verrais avec plaisir placé à Oran ou à Bône, où tu pourrais montrer ce que tu sais faire. On est ici fort courroucé contre le général Trézel ; et, pour mon compte, j'avoue que, si on le mettait en conseil de guerre et que je fusse juge, je le condamnerais à mort et à la dégradation ; car, selon moi, autant on doit plaindre l'officier qui est battu parce qu'il a donné sur des forces supérieures par ordre de ses chefs, autant on doit être sévère envers un ambitieux qui, malgré la défense de son supérieur, s'en va livrer un combat parce qu'il espère gagner à ce jeu un grade de plus... ce qui est le cas de M. Trézel. Il n'a tenu compte ni de ses instructions, ni du sang français qu'il allait faire verser. Il voulait une troisième étoile, et, pour la gagner, il a engagé la partie dont les cadavres de soldats français devaient être les jetons. Mais ce qui révolte le plus dans cette affaire, c'est l'adresse que MM. les habitants d'Alger ont faite au général Trézel, qui a eu la stupidité de ne pas la leur renvoyer. Et depuis quand les habitants d'une ville se permettent-ils de délibérer sur les opérations militaires pour louer ou blâmer un officier général ? Que chacun dise ce qu'il pense d'un fait de guerre, rien de mieux ! Mais faire des adresses à ce sujet, c'est le beau idéal de l'extravagance et placer l'armée en tutelle du commis marchand. Tu me dis que tu irais avec plaisir à Saumur (commander la place). Mais M. de Morel y est retourné. Cette place était convoitée par plusieurs personnes ; entre autres, dit-on, par ton camarade de Brack. Je fais tout ce que je peux pour faire nommer (officier) M. Leturc Domon, mais cela n'est pas facile. Vous avez un nouveau gouverneur, qui réparera, je le pense, l'échec éprouvé en avant d'Oran. On va augmenter les trois régiments de chasseurs d'Afrique. On a demandé

16

pour cela des hommes à tous les corps de cavalerie. Quatre
régiments d'infanterie s'embarquent à Port-Vendres et sont
destinés pour Oran. Je ne sais vraiment que te conseiller,
mais, si tu te déplais trop en Afrique, il faut demander à
revenir en France, où tu serais promptement casé dans le
commandement d'un département. Il est vrai que ce poste
n'est pas très récréatif et que le général bâille souvent entre
le capitaine de gendarmerie et le capitaine de recrutement.
Adolphe (de la Woestine) est en garnison à Verdun et crie
comme un brûlé de ce qu'il n'est pas encore maréchal de
camp. C'est la monomanie de tous nos colonels, qui, ayant
reçu, quoique en pleine paix, deux ou trois grades et décorations, depuis 1830, veulent qu'on les plaigne de ce qu'ils
n'ont pas les étoiles. Ainsi, de Brack, de Lantonnet et cent
autres crient à qui mieux mieux pour être généraux ! On
n'allait pas si vite de notre temps, et les grades coûtaient
plus cher...

C'est Laure qui désire notre rentrée en France. Je la
prie de patienter. Elle s'effraye en apprenant la mort de
nos amis : Perroud, sous-intendant militaire, emporté
le 2 septembre ; le colonel Picard, décédé le 4. Le choléra fauche. Je vais le 25 septembre au camp d'Erlon.
Il est question de nous porter sur Milianah. On apprend
le 1er octobre la brouille survenue entre le maréchal
Clauzel et son aide de camp Sol. Il paraît que, depuis
longtemps, il y avait différend entre celui-ci et les
dames de la famille. Sol a fait, en outre, des remarques
verbales sur le retard apporté à l'expédition de
quelques affaires et a déplu. Un mouvement de vivacité a amené une rupture. Sol devient, par intérim,
chef de l'état-major général. Je le rencontre dans le
salon de Mme Schulz ; il me dit :

« — Général, ne vous laissez jamais gouverner par
les femmes qui veulent être militaires. »

Le 3 octobre, on procède à l'investiture du nouveau

bey de Titery. J'accompagne le maréchal, à midi et demi, au milieu des troupes assemblées. Cette cérémonie a de l'originalité. Ma femme y assiste, et mon fils en fait un dessin. M. Clauzel part le 5 en inspection et me donne, Rapatel le suivant, à commander toutes les troupes restées aux camps. Il nous vient, le 7, la nouvelle que Rapatel s'est engagé contre les Arabes.

Je revenais de l'état-major, le 8 octobre, à cinq heures du soir, lorsque le sous-intendant militaire Laffitte vint m'annoncer, avec tous les ménagements possibles, qu'Olivier était blessé aux deux cuisses et que son cheval, *Moussa,* avait été tué. Je voulus avoir un rapport détaillé sur cet événement qui me touchait de si près. En voici la copie :

Le 7 octobre 1835, une colonne expéditionnaire, commandée par M. le général Rapatel, revenait de Médéah, après y avoir installé Mohammed-ben-Hussein, bey de Titery. A la descente des pentes de Mouzaïa, près d'une ancienne ferme ruinée (Haouch-Mouzaïa), un sous-lieutenant du 1er chasseurs d'Afrique, M. Olivier Bro, qui commandait le détachement de service, chargea des cavaliers arabes embusqués sur l'emplacement occupé par la tribu de Mouzaïa, et dont les haies de cactus et d'aloès formaient la clôture et les enceintes particulières. Au milieu de cette espèce de labyrinthe, un brigadier tombe, blessé d'un coup de feu à la poitrine, sans être aperçu de ses camarades. La charge achevée, son cheval passe au galop, sans cavalier, à côté de M. Bro, qui, pour ne pas laisser un de ses hommes au pouvoir de l'ennemi, habitué à massacrer impitoyablement tout prisonnier, s'écrie :

« Demi-tour et chargeons! Il y a un blessé en arrière! »

En même temps, il pique des deux. Mais sa voix n'avait pas été entendue. Il arrive seul sur un groupe de cavaliers hadjoutes qu'il charge résolument, et tombe presque aussitôt lui-même, frappé d'un coup de fusil, qui lui traverse les deux cuisses pendant que son cheval est abattu. Malgré cette

chute, M. Bro se dégage instantanément, va s'adosser à l'un
des angles de l'enceinte de cactus, pare avec son sabre et
donne des coups. Atteint par le poitrail d'un cheval, renversé de nouveau, foulé aux pieds, l'officier se relève, brisé,
couvert de sang, et il aperçoit tout à coup devant lui, comme
un sauveur, au moment où tout espoir de salut semblait
perdu, le commandant de Lamoricière, arrivant ventre à
terre, mais seul, et qui, sans hésiter, se jette au milieu des
trente ou quarante cavaliers acharnés sur une proie d'autant
plus précieuse qu'ils n'avaient encore pris aucun officier. Le
commandant de Lamoricière profite de la stupeur causée par
son apparition inattendue, saisit M. Bro par le collet de son
spencer de chasseur d'Afrique et l'entraîne au galop pour
rejoindre l'arrière-garde. Mais, embarrassé de ce poids et
rejoint par les Arabes, le commandant est obligé de lâcher
son fardeau et de se défendre lui-même contre les cavaliers
qui l'entourent de toutes parts. Pendant qu'il lutte à cheval,
le sous-lieutenant, relevé, combat à pied à ses côtés. En ce
moment accourent à fond de train un interprète des zouaves,
Abd-el-Ali, et un capitaine du génie, M. Grand. Lamoricière ressaisit Bro par un bras, le capitaine Grand l'enlève
par l'autre, et tous deux, partant au galop, emportent le
blessé de toute la vitesse de leurs chevaux. Le petit groupe
est pour la troisième fois entouré par les Arabes et va sans
doute succomber sous le nombre des assaillants, lorsque, par
un bonheur providentiel, M. le général Rapatel, revenu à
l'arrière-garde, l'aperçoit et le fait dégager par les vingt-
cinq chasseurs de son escorte, conduits par le brave Guil-
lard. Le commandant de Lamoricière met pied à terre au
milieu de la fusillade, place le blessé sur son propre cheval
dont il confie la bride au capitaine Grand ; puis, faisant donner l'arrière-garde, il fatigue bientôt l'ennemi de suivre la
colonne.

Ce qui m'énervait le plus dans la circonstance, c'était
de ne pouvoir quitter la place et me rapprocher de
mon fils avant le retour de Rapatel. Celui-ci arriva,
enfin, le 9, à midi, et me rassura :

« Grave blessure, mais point mortelle », m'affirmat-il. Dès une heure, néanmoins, je galopais déjà vers la Metidja. Deux pourvoyeurs, rencontrés, me disent qu'Olivier n'est pas parti de Douïra par le courrier du matin. A quatre heures, j'apprends qu'il est en route. Je vais au-devant de lui jusqu'aux Tagarins. Je le trouve très souffrant, mais courageux et gai. Il a été porté de Mouzaïa au camp d'Erlon par les zouaves; de là à Douïra par le 10ᵉ léger; de Douïra à Ibrahim par des soldats du 13ᵉ, même arme, ceux de mon ami Gachot; enfin, d'Ibrahim à Alger par 20 disciplinaires de la 7ᵉ compagnie. Il restera chez nous. Laure veut être la garde-malade de son fils. Notre ami, le docteur Baudens, sera son médecin... et j'aurai ma tâche : arroser les bandelettes. La fièvre étant très forte nous cause quelques inquiétudes dans les premiers jours. On ne put extraire la balle, restée dans la cuisse gauche, que le 7 novembre, et c'est seulement le 26 décembre qu'Olivier put recommencer à marcher en s'aidant de béquilles.

Des témoignages de sympathie nous vinrent en grand nombre. Je veux citer celui du général Trézel, suivi de considérations personnelles :

Paris, le 17 octobre 1835.

MON CHER GÉNÉRAL,

Je viens de lire dans les journaux le récit des dangers qu'a courus votre fils, et me réjouis bien qu'il y ait échappé avec tant de bonheur et si honorablement pour lui. Il aspirait à un engagement, même à une blessure. Le voilà au complet, et j'espère qu'il ne sera pas longtemps retenu par cette blessure. Je suis tout heureux aussi que ce soit le brave de Lamoricière et Grand qui, les premiers, lui aient été en aide, après Dieu s'entend. C'était une chose qui m'étonnait que l'on fût assez sûr des bonnes dispositions des tribus pour

envoyer deux mille hommes seulement installer le nouveau
bey de Médéah, mais l'arrivée du maréchal me rendait la
chose moins improbable et aussi l'impression que devaient
produire les préparatifs de l'expédition contre Abd-el-Kader.
Vous devez avoir appris déjà que je n'aurai pas l'honneur de
la faire. Le maréchal n'a pas voulu de moi, et, ici, le comte
d'Erlon ne cesse de dire publiquement que mon renvoi en
Afrique serait un nouveau soufflet sur ma joue. En vain, j'ai
itérativement demandé que l'enquête eût lieu. J'ai vu le
ministre, le Roi et le duc d'Orléans, pour leur témoigner
combien j'étais affligé qu'on revînt de la généreuse et publique résolution que l'on avait prise d'abord à mon égard.
C'était un parti pris et il n'a pas été changé. Le Prince a eu
la bonté et la franchise d'entrer avec moi dans quelques
détails. On a insisté sur le fait de désobéissance au général
en chef. J'ai réduit ce grief à sa juste valeur, et vous savez
ce qu'il en est, et vous savez aussi si j'ai mis du scrupule
dans mes rapports publics et privés avec le comte d'Erlon.
Si j'eusse été moins esclave de la discipline militaire, qu'on
m'accuse d'avoir violée, je serais passé à Alger. J'aurais
même attendu à Oran l'arrivée du maréchal Clauzel, puisque,
le matin même de mon départ, *La Lionne* arriva à Alger
avec la nouvelle de sa nomination. Alors, j'eusse reçu les
ordres que le ministre m'avait expédiés d'abord, et j'y serais
encore. J'ai aussi été travaillé sur les détails de l'affaire de
la Macta, mais il ne m'appartient pas d'empêcher chacun
d'en juger à sa guise, et je m'en rapporterai toujours aux
gens de cœur et de tête qui y étaient présents. Ils diront si la
première chose à faire n'était pas de se jeter avec la première
troupe que je pus réunir au-devant des Arabes, qui étaient
déjà sur nos voitures de blessés et auraient pu massacrer
tout ce qui était alors en désordre avant que les fuyards eussent pu se rallier, comme ils le firent à moins d'un quart de
lieue de là. Je suis resté constamment à l'arrière-garde, pour
recueillir et mettre à cheval les blessés et les éclopés. Nous
avons sauvé ainsi plusieurs voitures de blessés, et notamment
celle qui portait le brave Claparède. J'eus assez de peine à
empêcher ceux qui avaient perdu la tête de passer la Macta

qui n'était pas guéable, et au delà de laquelle tous eussent été infailliblement perdus. A Arzew, il m'a fallu résister à bien d'autres idées de gens qui se sont fait depuis des accusateurs et ont osé écrire à Paris qu'ils avaient sauvé la division. Apparemment parce que, après avoir quitté, au moment du danger, l'arrière-garde où ils devaient être, ils se sont tenus, jusqu'à Arzew, à la tête de ceux qui marchaient les premiers en retraite et sans regarder derrière eux. J'ai eu un grand tort, sans doute, c'est de n'avoir pas supposé qu'il y avait danger dans ce passage, mais, en vérité, j'y étais autorisé par tout ce que j'avais vu jusqu'alors en Afrique, et particulièrement par l'affaire du 26 juin, où l'ennemi était plus nombreux et incomparablement mieux posté. Le comte d'Erlon a dit partout que j'avais agi par ambition, mais, dans la position où j'étais, commandant une division après quatre ans de services en Afrique et l'expédition de Bougie, nommé général après Waterloo, n'était-ce pas, au contraire, un jeu sûr de se tenir bien tranquille, d'éviter toute chance, de laisser le gouverneur assumer sur lui toute la responsabilité, d'imiter, enfin, l'exemple qu'ils me donnent, de tout souffrir pour éviter de se compromettre, mais j'ai préféré lui offrir de résigner mon commandement si les ordres du gouvernement étaient tels que je dusse partager la honte d'une telle faiblesse devant un marabout qui attentait si ouvertement à l'honneur et aux intérêts de la France. Je ne m'en repens point, bien que je ne me dissimule pas tout le tort que souffre ma réputation militaire, et de l'exclusion que m'a donnée le maréchal Clauzel, et des plaintes du comte d'Erlon. On ne croira pas que c'est sur des motifs de simple convenance à leur égard que les premiers ordres pour mon retour en Afrique ont été révoqués. Je dois subir ce malheur comme une suite de celui de la Macta, et laisser au temps et à mes amis le soin de ma justification. N'obtenant point l'enquête publique, je me suis rabattu à demander d'aller attendre à Mers-el-Kebir le moment de l'expédition, de la faire en volontaire et de revenir à Paris, indisponible, immédiatement après; le ministre et le Prince n'y ont vu que des inconvénients...

Voilà le plaidoyer sincère, loyal, de l'homme, un moment malheureux, que Marbot eût voulu voir fusiller.

Marbot m'écrivait de Paris, le 20 octobre, pour m'annoncer l'arrivée prochaine, parmi nous, du duc d'Orléans, qui voulait conduire l'expédition contre Abd-el-Kader. Le prince arriva, en effet, le mardi 10 novembre, sur *Le Ramier*. Je le reçus à deux heures et demie du soir, au débarcadère. Il me parut très nerveux. La ville lui avait envoyé une mauvaise rosse pour monture. Les généraux Marbot et Baudrand montèrent mes chevaux. L'aide de camp, duc d'Elchingen, vint loger chez moi. J'eus l'honneur d'introduire Son Altesse chez le maréchal. Je fus du dîner. Le duc me parla d'Olivier. Il nous donna un bal le 11. Je l'accompagnai les 12 et 13 aux camps. Le 14, comme je me plaignais de n'avoir été qu'un auxiliaire, à Alger, il me dit :

« — On vous regarde comme un homme de guerre trop hardi. A Oran, vous auriez aussi voulu charger; il faut des officiers prudents à l'avancé. »

Le 16, le prince se rendit à bord du *Castor* à neuf heures et demie. Son départ s'effectua à onze heures, après qu'il eût passé sur *Le Ramier*. La tempête força les bâtiments de rentrer à deux heures du soir. Alors, l'expédition de Mascara fut ajournée. Le prince partit le 19 pour Oran; de là, il rentra à Alger, après la prise de Mascara, qui eut lieu le 5 décembre, et s'embarqua le 14 pour la France. Il était venu auparavant féliciter mon fils, nommé chevalier de la Légion d'honneur, et nous avait fait le plaisir de lui promettre, à une date peu éloignée, son brevet de lieutenant.

Dans les six premiers mois de l'année 1836, notre situation militaire ne se modifia point aux environs d'Alger. Quelques combats livrés aux Hadjoutes nous

firent avancer vers Blidah. L'épidémie de choléra
décrut. Le maréchal Clauzel voulut bien alors, pour
me permettre de régler d'importantes affaires de
famille, m'accorder un congé. Quant à Olivier, plus
ingambe déjà, nous avions convenu avec sa mère,
qu'accompagné de celle-ci, il irait en Corse, aux eaux
de Guagno, souveraines, disait-on, pour les blessures.

CHAPITRE X

Le vendredi 8 juillet, Rapatel, qui me sait très protégé par le duc d'Orléans, insinue au frère de Laure, Alfred de Sevelinges, en service à Alger depuis le 19 novembre 1835 :

« Ce bon Bro va intriguer à Paris pour ne pas réapparaître parmi nous. Il fait moins chaud aux Tuileries qu'ici. Il a assez vu les Hadjoutes. »

Le maréchal Clauzel semblait avoir la même opinion, en me disant :

« Je vous remets avec plaisir un congé de voyage et d'agrément ; il sera sans doute prolongé. »

Mme Schulz, chez laquelle nous passions la soirée des adieux, ne me désigna elle-même que sous le titre de « fuyard » et me força de jouer au piano une marche funèbre de Reicha, ce qui n'était pas très gai pour les jeunes officiers qui nous entouraient.

Mon bagage de permissionnaire fut porté par Matz à bord du *Styx*. Le capitaine de ce vapeur, M. Allier, m'installa *passablement,* suivant sa propre expression. Au départ, à deux heures et demie du soir, les passagers éprouvaient cette émotion inséparable des séparations prolongées, lors même qu'on ne les croit pas éternelles. Pour nous, l'idée de revoir sous peu la terre de France, mêlait une douce consolation au regret de laisser des êtres chers en terre africaine. Les

voyageurs, des soldats pour la plupart, sitôt que les
roues commencèrent à battre la vague, tournaient
leurs yeux vers le sud pour contempler le merveilleux
panorama d'Alger la Blanche, qui apparaissait aux
trois cents spectateurs formant la garnison de notre
maison flottante, comme un tableau unique au monde.
La chaleur, torride à terre, était tempérée par une
bonne brise de mer, ce qui m'engagea à rester sur la
passerelle en compagnie de quelques voyageurs de
première classe qui m'avaient été présentés par
M. Allier. Ce bon capitaine me fit ensuite présider la
table, assez bien servie. J'éprouvais, néanmoins, le
soir, une noire mélancolie de n'avoir pas auprès de moi
ma bonne Laure et mon cher Olivier. J'allai m'enfermer dans ma cabine, bercé dans une rêverie par le
rythme des flots. Longtemps, j'entendis· la chanson
d'un matelot placé à l'arrière... chanson de guerre qui
me rappelait de lointains souvenirs. Enfin, je me com-
mandai à moi-même, tout comme le fait un officier
au dernier de ses subordonnés : « Dors ! » Et je
tombai, presque aussitôt, dans l'assoupissement pré-
curseur du sommeil.

Dimanche 10, un beau temps favorise notre marche.
Je reste plein d'admiration devant l'immensité du ciel
et de l'eau. En approchant de Minorque, des milliers
de grèbes nagent ou voltigent sous nos yeux. Quelques voiles défilent à l'horizon. Le service divin, les
repas et les jeux se suivent tout comme à terre. Je lis,
dans l'après-midi, un roman de Mme de Genlis : *Les
Souvenirs de Félicien*. Un coup de vent passe le soir;
il dure peu. Je m'attarde, la nuit venue, penché sur
une barrière de poupe, à suivre dans le sillage blanc
du navire l'évolution étrange de millions de globules
lumineux phosphorescents. Il est onze heures quand
je me couche; et je crois entendre, réveillé en sursaut,

le bruit du tonnerre qui gronde au-dessus du navire.
Cet orage, très violent, a changé le temps si favorable
pour nous jusque-là. Un affreux roulis fait sauter *Le
Styx* dans la matinée du 11. Je connais alors les affres
du mal de mer. Cela dure pendant quinze heures.
L'accalmie revient dans la nuit du 11 au 12. Mais
nous n'arrivons en vue de Toulon que le 14, à cinq
heures du matin.

Nous venons d'un pays où sévit le choléra. Un
décès, dit suspect, s'étant produit à bord, les passagers
sont conduits au lazaret et isolés. Cette quarantaine
dura jusqu'au 22. Un médecin ouvrit, enfin, les portes
de la prison et nous tâta le pouls. Je fus me récon-
forter à l'auberge et voir quelques amis. Je partis de
Toulon le 24, en diligence. Un cheik arabe, qui s'y
trouvait, m'entretint des affaires de Bougie dans sa
langue, que je parlais; mais un brave épicier, fâché de
ne comprendre mot à notre conversation, crut devoir
nous interpeller ainsi :

« Eh ! les Mokos, parlez donc en français ! »

Nous le priâmes de retourner à son sucre et de nous
laisser en paix. Alors, il éclata :

« — Je suis un vieux soldat de Napoléon, moi,
s'écria-t-il en colère, et deux arbis ne me font pas
peur »

Je lui mis la main sur l'épaule en lui disant :

« — Mon ami, j'ai, moi aussi, servi l'Empereur ;
au nom de cette confraternité d'armes, restons bons
amis ! »

Il voulut bien y consentir, à la condition qu'au premier relais nous boirions « au souvenir du glorieux
martyr de Sainte-Hélène. »

A Marseille, installé à l'hôtel de Beauvau, j'apprends que le maréchal Clauzel se rend à Paris. Je le
suivrai, sans hâte, puisque j'ai quatre mois à prendre.

Je ferai même le garçon en allant voir, à la Canebière, chez Noceda, les lanternes et les bombes de cristal. Le mistral souffle. J'en suis incommodé, et cela me décide à partir le 27, à deux heures du matin. Un coche, assez bon, me porte à Avignon. Départ, le vendredi 29, pour Carpentras. De là, j'excursionne autour d'Arigas et de Nîmes, flânant comme un rentier, mangeant bien et buvant du bon vin. Je repris ma route, le 5 août, à Clermont, pour passer à Nevers, Gien, Fontainebleau—où j'allai revoir la Cour des Adieux—, Saint-Denis, où je visitai la cathédrale. J'étais le 20 à Paris, chez ma sœur Adélaïde, 9, rue d'Antin.

Des lettres de Laure y étaient parvenues, datées d'Ajaccio et de Guagno. Mon beau-frère, de Sevelinges, m'avait écrit également d'Alger, le 6 :

Je te préviens, mon cher Bro, que le général Rapatel m'ayant demandé une chambre chez toi pour le général Bugeaud, j'ai cru bien faire en l'accordant. Il ne doit séjourner que peu de jours ici. Il repart pour la province d'Oran, où il est chargé de continuer les opérations. *Le Castor*, qui lui apportait l'ordre de rester à Oran, n'est pas arrivé assez tôt; il ne l'a rencontré qu'en mer. On lui fait un lit dans ta chambre; le salon est à sa disposition pour recevoir. Il n'a pas d'aide de camp avec lui. Il se fait acheter à déjeuner, mais il dîne toujours dehors. En lui faisant, en ton nom, les honneurs de la maison, je lui ai rappelé qu'il se trouvait dans un logis dont la maîtresse, absente, avait mis sous clef presque tout. J'ai renouvelé à Matz la consigne de ne prêter aucun cheval. Je crois, au reste, que ton hôte ne tentera en rien d'abuser de l'hospitalité. — J'ai parlé longtemps avec lui. Il est très opposé à toute culture dans la province d'Oran. Il l'a dit positivement devant moi au baron Vialard. D'après ce qu'il raconte, ce pays ne vaut pas la province d'Alger. Il dit qu'il ne se remettra en campagne qu'autant qu'il pourra réunir cinq mille hommes, et il doute qu'il puisse le faire à cause du départ du 66ᵉ et du bataillon d'Afrique dont

presque tous les hommes ont accepté la proposition d'aller en
Espagne servir la reine Isabelle, dont les affaires vont mal.
Je lui ai entendu raconter son affaire de la Sicca. Il était,
dit-il, prévenu dès la veille, par les conversations des douars
avec l'ennemi, qu'il serait attaqué le lendemain. Il avait prévenu son monde et tout disposé en conséquence, de sorte que
l'action a été préparée comme une partie d'échecs. C'est
avec trois bataillons d'infanterie, l'artillerie de montagne et
les chasseurs qu'il a culbuté le corps principal d'Abd-el-
Kader. Les chasseurs, après une première charge dans
laquelle ils tuèrent beaucoup d'Arabes, furent débordés et
ramenés; il y avait deux mille chevaux devant eux; ils se
reformèrent derrière l'infanterie qui marcha en bataille, soutenue par l'artillerie. Cette immense cavalerie attendait nos
bataillons et fit sur eux un feu très nourri; mais le nôtre, tiré
de près, fut bien plus meurtrier, et elle fut culbutée. Les
chasseurs se lancèrent alors à sa poursuite; on tomba sur
l'infanterie régulière qui était derrière; elle lâcha pied après
une décharge. On poursuivit tout cela pendant trois lieues,
et le hasard voulut que la masse des fuyards remontât le ravin de la Sicca dans l'endroit le plus impraticable. Il fallait
être tué ou sauter quarante pieds de rocher à pic. Les Douars
arrivèrent là pour s'en donner; on finit par faire des prisonniers. Le général Bugeaud est dans l'admiration des Douars
(Arabes auxiliaires) et surtout du vieux Mustapha, qui charge
à soixante-douze ans comme un jeune homme; il se loue
beaucoup des troupes. Il m'a montré une lettre autographe
d'Abd-el-Kader, avec la traduction. L'Emir insiste sur la convenance qu'il y aurait de répondre à ses lettres et sur le prix
des femmes aux yeux des peuples civilisés, attendu qu'il a
quatre prisonnières qu'il voudrait échanger contre tous ses
Arabes. Il cite Racal, personnage célèbre de l'antiquité, qui
a vendu ses biens immenses pour racheter sa fille. — Des
prisonniers qu'on a envoyés en France disent qu'ils auraient
préféré qu'on leur coupât la tête. Ils disaient cela avant
l'embarquement. L'un d'eux s'est noyé volontairement en
route. On les enferma à fond de cale. — J'ai reçu en ton
nom les remercîments du général Bugeaud. — Tu sais que

mon avis est de faire peu d'attention aux bavardages. Cependant, je crois qu'il est bon que tu saches s'il y a lieu ou non à leur répondre. M. Salles m'a prévenu qu'un article du *Sémaphore* de Marseille annonçait ton absence ou ton départ d'Alger avec cette réflexion : « que les colons pourraient désormais respirer, surtout ceux de Douïra. » C'est là le sens, sinon les termes. M. Salles devait me procurer le numéro du journal, mais il était chez M. Lacrouts; je l'y ai envoyé chercher deux fois, et M. Lacrouts dit maintenant qu'il ne le retrouve plus. Tu pourras le trouver à Paris dans les cabinets de lecture ou au bureau d'un journal. Je crois que, s'il n'y a que cette note, cela ne mérite pas l'honneur d'une polémique. C'est ce journal qui avait publié le rapport si chargé sur notre expédition au col de Téniah, où M. Lelièvre est porté aux nues pour avoir « transporté tous les blessés sur ses épaules pendant l'espace de deux lieues. » On aurait bien souhaité que Baichis (le rédacteur) en fît autant. On voit que le correspondant du *Sémaphore* n'a pas dégénéré. — Je n'ai pas reçu de nouvelles de Corse; j'en attends par le prochain courrier. — Ici, les chaleurs n'ont pas été excessives. A la Marine, je n'ai jamais vu plus de 26 degrés à l'ombre. Pendant deux semaines, un vent d'est très vif nous maintenait à 20 degrés. Hier soir, nous avions un peu de vent du désert, et à minuit le thermomètre marquait 22 degrés. Ainsi, c'est plutôt par leur permanence que par leur intensité que les chaleurs de ce pays sont remarquables. Je vois dans *le Temps* qu'à Paris vous sautez en deux jours de 25 degrés à 14 degrés. Gare les rhumes et les douleurs pour ceux qui rentrent d'Afrique. Le maréchal Clauzel revient-il ou non?

J'admirais le général Bugeaud. Je méprisais les attaques du *Sémaphore*. Je savais que le maréchal retournait à Alger pour y préparer une expédition contre Constantine. Le lundi 22 août, M. Maison, ministre de la guerre, m'accueillait fort civilement. Et M. Thiers, président du conseil, que je voyais le 26, me posait des questions sur l'état d'esprit des troupes.

Mes visites officielles une fois faites, j'allais prendre

du repos. Péan de Saint-Gilles m'en vint arracher pour chasser chez lui le 4 septembre. Je tuai quatre perdrix et une caille, mais quels quolibets j'essuyai ensuite pour avoir manqué un lièvre! Le jeudi 22, du même mois, il me fallut chasser à courre, en forêt de Compiègne, avec le duc d'Orléans. Marbot ne me quitte pas et recommence ses accusations contre Trézel.

« — C'est entendu, répondis-je... je consens à t'accorder sa tête, mais je veux quand même lui garder mon estime. Car tu ignores, mon cher ami, ce qui s'est passé à la Macta. Et toi, n'aurait-on pas dû te fusiller pour avoir abandonné, le soir, à Waterloo, ta position devant les Prussiens? »'

Mon interlocuteur se fâcha :

« — Gascon contre Parisien, répliqua-t-il, j'abandonne la partie ; elle n'est plus égale. »

Nous rentrâmes au château, presque fâchés. Le lendemain, il vint dans ma chambre et me dit :

« — Ne parlons jamais plus de Trézel. »

Et Marbot ne cessa de me donner, par la suite, de nombreux témoignages d'affection, notamment au cours des parades et manœuvres militaires auxquelles nous eûmes l'occasion d'assister ensemble.

Rentré à Paris le jeudi 1ᵉʳ octobre, par un temps très froid, je trouvai des lettres de Laure. A Florence, elle avait visité les princes Napoléon, qui subissaient là un exil forcé. Elle relatait leur simplicité et leur politesse. J'allai passer la soirée chez le général Oudinot, rue de Bourgogne, 34. Blessé à la Macta, il rendait justice à Trézel et traitait durement Rapatel, « qui bousculait tout le monde, mais guère les Arabes Hadjoutes. » Le 3, j'allai au ministère de la guerre, voir le général Schramm, chargé des mouvements de troupes pour l'Algérie.

Alsacien têtu et quelque peu brutal, il m'interrogea

sur les moyens de communication de ce pays, et il me
fallut faire l'éducation de ce chef, qui eût dû être déjà
parfaitement renseigné.

« — On compte d'Alger à Constantine, lui expliquai-
je, environ quatre-vingts lieues par terre, divisées en
huit fortes étapes, en traversant la plaine de la Metidja
et un défilé du Petit Atlas, passage assez pénible, qui
demande six heures. Dans les montagnes du Djurjura,
second obstacle nommé les Portes de fer. Ensuite, les
plaines se succèdent. Il n'y a pas de routes, mais de
mauvais chemins...

« — Alors, il faudra partir de Bône, interrompit-il :
trente lieues de plaines ; une seule rivière à traverser :
la Seïbouse. Le maréchal Clauzel voyait juste en me
donnant cet itinéraire. Monsieur le général Bro, je
crois bien que vous commanderez une brigade dans
l'expédition de Constantine. Ne cherchez plus à recevoir un commandement en France. Nous avons besoin
de vous là-bas... Vous n'avez pas, en vérité, de plus
sûr moyen d'arriver lieutenant-général. »

L'audience était terminée. Schramm ne m'avait pas
offert un siège. Il me poussait presque dehors.

Mon aide de camp passé aux chasseurs, le duc
d'Orléans me fit dire, par Marbot, tout le plaisir qu'il
aurait à me voir prendre M. de Mac-Mahon, qui avait
rempli un emploi auprès du général Achard. Le vendredi 14 octobre, j'allai le voir — car il s'était présenté
chez moi en mon absence — à l'hôtel de l'Europe, rue
de Rivoli. Je me trouvai en présence d'un jeune homme
d'assez haute taille, aux manières très distinguées, dont
la voix métallique faisait bien sonner les mots. Il me
dit tout le plaisir qu'il aurait à me seconder. En conséquence, le ministre fut avisé d'avoir à le mettre à mes
ordres, et il fut convenu qu'il irait rejoindre isolément
à Alger.

Le mercredi 19, Marbot vint me signifier à brûle-pourpoint :

« — Mon vieux, la famille royale ayant appris que ton fils, élève d'Horace Vernet, est un bon dessinateur, et qu'il a reproduit des vues et des scènes pittoresques d'Afrique, te prie de lui apporter demain ce album, car tu dois passer la soirée aux Tuileries. Un conseil : dis aux princes que tu es content de retourner auprès du maréchal Clauzel. Tiens-toi sur tes gardes avec le nouveau ministre de la guerre. Bernard n'aime pas les gens qui ont servi *l'Autre;* et nous avons la réputation de le porter dans notre cœur. »

J'allai, en effet, au château, le jeudi, à neuf heures du soir. La reine, les princesses Marie et Mathilde, les ducs d'Aumale et de Montpensier se plurent à me combler d'attentions. Le roi me tint cinq minutes et me pria de lui laisser les dessins d'Olivier, qu'il examinerait à loisir le lendemain. Il se rappelait que mon fils avait, en 1829, fait sa silhouette, en présence de Béranger.

Le samedi 22, je me rendis au grand bureau des Messageries. Laure et Olivier arrivaient à six heures du matin, Olivier tout fiévreux, ma femme très fatiguée. Je les conduisis chez ma sœur Adélaïde. Le chocolat et les lits étaient prêts.

Je dus assister, le soir, à un « dîner de garçons » chez Horace Vernet. La *Nouvelle Athènes* s'était changée en quartier bourgeois. Ma petite maison et mon jardin, vendus en 1831, étaient devenus propriétés de rapport. Vernet avait gardé son vaste atelier. Il réunissait, chaque samedi, les vieux camarades. La compagnie de 1820 se trouvait réduite à dix personnes. Quelques revenants, comme moi, se plaisaient à raconter des histoires en fumant des pipes devant le perchoir où le vieux perroquet, Justin, répétait quand il lui plaisait, son vieux cri : « Garde à vous ! Voilà le soleil d'Austerlitz ! »

Le dimanche, à une heure du soir, je rendis visite au roi Léopold de Belgique. Il m'assura de sa protection, comme tous les princes qui se plaisent à promettre des faveurs. Le lundi, à midi, je conduisis Olivier chez le duc d'Orléans. L'entretien dura longtemps et roula principalement sur Alger et ses environs. Nous fûmes invités à assister, le mardi 25, à l'érection de l'obélisque de Louqsor. D'une estrade, nous assistâmes avec curiosité au travail ingénieux qui permit de mettre en place, sans accident, à trois heures vingt du soir, ce magnifique monolithe.

Cependant, mon congé ne pouvait se prolonger davantage. Laure et Olivier, seuls, devaient encore quelque temps demeurer à Paris. Je les quittai le dimanche 30 octobre, pour la poste, qui me fit payer en transport, jusqu'à Marseille, 151 fr. 70. Il est vrai que j'emportais une grosse malle de cuir, une collection d'armes, une boîte à chapeaux, une boîte à pistolets, mon portefeuille et mon nécessaire. Nous allâmes vite. Il faisait très froid.

Le 31, je soupe à Moulins, vers sept heures du soir. Au dessert, le capitaine de Bouillé vient me voir avec les officiers de la garnison. Le 1er novembre, je dîne à Valence. Arrivé le 2 à Marseille, à trois heures et demie, je n'ai mis que soixante-neuf heures et demie pour venir de Paris. Le même jour, à sept heures du soir, je monte dans la diligence de Toulon. J'y touche le 3, à six heures du matin. Je déjeune chez le docteur Auban et je dîne chez l'amiral Gallois, puis j'envoie à Laure mon journal de voyage, qui contient, d'ailleurs, peu d'incidents.

J'étais le 4, dans la matinée, au cabinet de lecture, quand fut publiée la nouvelle que le prince Louis-Napo

léon, fils de la reine Hortense, s'était présenté à la
garnison de Strasbourg, voulant substituer son autorité à celle du roi. Les artilleurs du 4ᵉ régiment étaient
ses auxiliaires, mais le 46ᵉ d'infanterie, obéissant au
colorel Taillandier, avait désarmé le prince et ses
amis. Cette nouvelle, bien inattendue, devait causer
dans l'armée une profonde sensation... et préparer des
troubles parmi le peuple.

Le Brasier allait partir incessamment pour Alger.
Les domestiques d'Auban embarquèrent mes bagages
le 6 novembre. Je me rendis à bord le 7 à quatre heures
du soir. Une accalmie se produisit après trois jours de
tempête. A cinq heures, nous sortions du port. Mais, à
trois milles des côtes, le vent nous prend, devient terrible, au point que les vagues sautent par-dessus le
navire, paralysant les manœuvres de l'équipage. Prudent, le capitaine Mélier nous fait rentrer à Toulon.
. Nous accostons au quai à trois heures et demie du
matin, le 8, pendant que la pluie tombe à torrents ;
nous apprenons alors que trois hommes sont tombés à
la mer et perdus. Je reste dans ma cabine jusqu'au
jour. Finalement, *Le Brasier* passe au dock des réparations, sa coque étant déchirée.

Le mardi 15, *Le Crocodile* nous emporte. Nous
quittons le port de Toulon à onze heures du matin,
sous un ciel couvert, les vagues de fond ne causant
qu'un léger roulis. On longe d'abord les côtes, si bien
que le 16, au point du jour, nous sommes au mouillage
derrière Porquerolles, l'une des îles d'Hyères. De là,
nous piquons vers le large. La journée et la soirée sont
mauvaises; on file moins de quatre nœuds. Même
temps, même lenteur le 17. Enfin, nous gagnons l'abri
de Minorque, car les vents sont d'ouest. Le 19, à
huit heures et demie du matin, nous mouillons à
Mahon, à côté du stationnaire français. Cette ville est

en liesse, célébrant la fête de la reine Isabelle. On nous associe à ces réjouissances, du moins les passagers qui aiment à boire et à danser. Elles furent malheureusement attristées par un accident : nos canonniers s'étant amusés à tirer la salve, un matelot eut accidentellement le bras emporté. Beau lever de soleil le 20. Nous levons l'ancre à ce moment. La tempête nous reprend le soir. Le 21, à midi, on mouille sous Cabrera, afin de réparer les avaries. Cette île est noire et sinistre. Elle fut l'horrible geôle et le tombeau de nos malheureux soldats faits prisonniers en Espagne. A chaque pas, dans le vallon du centre, nous dit un chevrier venu vendre du lait, le pied du voyageur foule des ossements. Une curiosité envahit les soldats ; tous désirent accomplir un pèlerinage aux lieux où les cruautés des Anglais et des Espagnols se sont impunément exercées. Mais le capitaine Savary s'oppose au débarquement, craignant des manifestations ou des désertions. Je puis néanmoins aller dans l'isle avec deux capitaines de zouaves. Un berger nous indique où furent parqués les soldats de Dupont; l'ossuaire est à côté, immense. Et les trois Français se découvrent pieusement devant les restes des hommes condamnés par la perfide Albion à la plus triste fin. Au retour, dans la soirée du 21, je trouvai tous les militaires assemblés sur le pont :

« Mes camarades, leur dis-je, nous avons, en votre nom, déposé des fleurs sur les tombeaux de vos aînés. Leur gloire est immortelle. La durée du temps ne suffira pas, même pendant vingt siècles, à effacer la honte de leurs bourreaux. Allons, faites retentir les échos de ce rivage du cri qu'ils ont mille fois jeté au cours de leur détresse : Vive la France! »

L'immense acclamation roula pendant quelques minutes dans les parages sinistres de l'isle Cabrera, au grand dépit de M. Savary qui était plus royaliste que le roi. Le capitaine nous remit en route le 22, à huit heures du matin. Trois heures plus tard, nous perdions Cabrera de vue. Le soir, la terre d'Afrique fut aperçue, car nous avions filé huit nœuds tout le jour. Le 23, vers trois heures du matin, nous étions assez près d'Alger pour tenter de nous faire apercevoir de la Marine en tirant trois coups de canon. Nous fûmes reconnus à cinq heures; nous prenions les amarres à quai une heure plus tard, et à huit heures, je débarquai pour me rendre vite à ma maison, que de Sevelinges avait bien gardée.

Quelle fut ma surprise en apprenant alors qu'une expédition chargée de prendre Constantine était partie de Bône, le 8 novembre, sous la direction du maréchal Clauzel! Je n'en ferais donc pas partie. Ainsi s'évanouissaient les promesses qu'on m'avait faites à Paris. Quelle personne avait pu me desservir, ou bien devais-je au retard mis à rentrer ici cette exclusion qui m'était pénible au point de me décourager un moment? Une diversion m'arriva au moment de me mettre à table. Sans souci des fatigues éprouvées pendant une assez longue et dure traversée, M. Rapatel me fit appeler pour le service :

« — Je vous salue, me dit-il froidement. Vous rentrez à propos. L'insurrection nous menace sur tous nos fronts et nos contingents sont fort réduits autour d'Alger. Vous voudrez bien inspecter les camps et les défenses avancées dès cet après-midi. J'aurai votre rapport, très détaillé, à onze heures du soir. »

Mes résolutions étaient bientôt prises. Après m'être allégé de mes fatigues au moyen d'un bain maure, après avoir rapidement déjeuné au restaurant, dès trois heures, monté à cheval, j'entraînais les six spahis de mon escorte dans la direction du sud. On me signalait dans Bouffarick les mouvements des partisans d'Abd-el-Kader, au pied de l'Atlas. Leurs manœuvres indiquaient qu'ils voulaient intercepter la route de Constantine. A mon avis, la chute de cette ville les ferait rentrer dans leurs douars, surtout si le mauvais temps survenait, et il n'est pas rare de voir tomber la neige, en cette région, vers la fin de l'automne. A Delhy-Ibrahim, j'écrivis le cahier demandé par le lieutenant-général. Je le lui portai. Il travaillait dans son bureau. Sa réception était cette fois amicale, puisqu'il m'invita à partager le thé qu'on allait lui servir. Je le trouvai assez libre dans ses propos contre la désorganisation de l'armée :

« — Le roi prend de bonnes mesures, me confia-t-il, mais il ne les fait pas toujours exécuter, par crainte d'être attaqué par les journaux et par quelques braillards de la Chambre des députés. Napoléon avait raison de brider ces gens-là. On ne peut gouverner sagement quand des esprits malfaisants sont autorisés à conseiller le peuple toujours insatiable dans ses désirs. »

Il alluma un cigare et reprit :

« — On vous a imposé comme officier d'ordonnance M. de Mac-Mahon. C'est un jeune homme très fier et qui se donne beaucoup d'importance en raison des relations qu'il possède. Prenez garde qu'il ne cherche à vous dominer. Je suis prévenu contre lui, et point décidé à souffrir qu'il n'accomplisse pas vis-à-vis de moi tous ses devoirs. Leurs officiers de salon ne réussissent pas à l'armée d'Afrique. Il est, m'a-t-on dit, au mieux avec le duc de Nemours. »

Mandé le 27, à dix heures du matin, chez le général Rapatel, j'apprends de sa bouche la nouvelle que le télégraphe vient d'apporter, qu'un gros corps de cavalerie arabe marche sur nos postes de l'ouest. C'est nous donner l'alerte. A une heure, je monte à cheval. Le lieutenant-général me rejoint à Mustapha et me

donne le commandement de sept cents hommes du
2ᵉ de ligne, de deux cent quarante chasseurs à cheval
et d'une compagnie du génie. Nous allons prendre
position au camp de Delhy-Ibrahim. A neuf heures et
demie, une lettre du général Brossard nous informe
qu'à la suite d'une affaire assez chaude dans l'Ouled-
Sahel, l'ennemi s'est retiré précipitamment; mais on
prévoit que, renforcé, il fera au premier moment un
retour offensif. Cette menace me porte, le 28, à éche-
lonner mes troupes de réserve derrière les grand'-
gardes. Le 28, la maréchale Clauzel vient en voiture
visiter nos bivouacs. Cette curiosité déplaît aux officiers, qui sont obligés de prodiguer des politesses et de
contribuer à l'escorte. Nous étions restés, le 29, en
expectative, lorsque, à quatre heures du soir, une
lettre du colonel Fammas me fut remise. Fammas me
mandait qu'un courrier arrivé de Bougie avait apporté
la nouvelle de la prise de Constantine, qui avait eu
lieu le 21 ou le 22. La regardant comme officielle,
nous ordonnons les réjouissances. Le 30, à neuf heures
du matin, nos reconnaissances, poussées très loin,
reviennent sur le front sans avoir aperçu l'ennemi.
Rassuré, le lieutenant-général partait à dix heures
pour Alger. Je passai l'après-midi à chasser entre les
buissons de lentisques. Je tuai cinq perdrix et un
renard. Le 1ᵉʳ décembre, j'étais appelé au chef-lieu. On
y était sans nouvelles de Bône. J'allai inspecter les
hôpitaux et rendre visite à Mme Clauzel, qui éprouvait
au sujet de son mari de grandes inquiétudes, mais qui
s'efforçait de n'en rien laisser paraître. Sevelinges me
dit :

« — Il doit se passer quelque sombre tragédie, là-
bas. »

Enfin, le mardi 6, le duc de Nemours et le maréchal
arrivent de Bône à deux heures de l'après-midi. Ils

font dire « que, en raison du mauvais temps et de la force des défenses, l'expédition a échoué. » Ce laconisme nous cache un désastre. On ne perd pourtant pas courage. Il faut montrer aux Arabes, qui nous observent, que nous sommes prêts à consentir à tous les sacrifices pour atteindre notre but, et que nous saurons lasser les résistances d'Abd-el-Kader et du bey Achmet. Les troupes revenues de Delhy-Ibrahim sont passées en revue, le 7, par le prince, qui m'invite à dîner et me remercie de lui avoir prêté Mac-Mahon. Celui-ci prendra bientôt son service auprès de moi. Je le vois paraître le 12, tout affligé des spectacles auxquels il a dû assister. Et il me renseigne :

L'armée d'expédition, qui comptait sept mille cinq cents hommes de troupes françaises et mille trois cent cinquante indigènes, était partie de Bône le 8 novembre. Elle formait cinq brigades. Passant par Dréan, sa concentration avait eu lieu au camp de Guelma, le 15. Le 21, après avoir fait trente lieues, lentement et péniblement, les troupes étaient arrivées devant Constantine, ville de vingt mille habitants, bâtie sur un rocher isolé par des gorges qui ressemblent à des précipices. Des trois portes qui donnent accès dans la cité, Clauzel avait fait canonner, le 22, celle d'El-Cantara, mais sans résultat. Le 23, le général Trézel — enfin rentré en faveur — avait tenté un assaut avec les 53ᵉ et 69ᵉ. Il était repoussé. Le 23, les vivres et les munitions épuisées, il fallut se retirer vers Souma, le général de Rigny conduisant l'arrière-garde, bientôt enveloppée par des milliers de cavaliers arabes. On ne leur avait arraché qu'à grand'peine les voitures remplies de blessés. Des soldats étaient morts en route de froid et de faim. Les tristes débris de l'armée avaient pu enfin regagner Bône, le 1ᵉʳ décembre.

J'avais été chargé d'accompagner, le 8, le duc de

Nemours dans les camps. Il se plaignait amèrement devant moi de la situation :

« — Mon cher général, me déclara-t-il, je prends ma part de notre échec. On nous a envoyés contre une citadelle avec les moyens insuffisants pour la réduire. De Paris, le ministre ne voit pas les difficultés qui entravent, à chaque pas, notre marche dans ce pays. Je n'ai aujourd'hui qu'une satisfaction : celle que vous n'ayez point pris part à cette affreuse affaire. Les généraux qui allaient chercher de la gloire seront pour longtemps privés de faveurs. C'est à recommencer. Vous en serez peut-être cette fois. Non, Constantine n'est pas imprenable, mais il faudra employer vingt mille hommes et soixante pièces de gros calibre. »

Je restai à Bouffarick pendant que le prince regagnait Alger. Une surveillance continuelle exigeait ma présence aux avant-postes, où la pluie et la grêle nous forçaient malheureusement à rester inactifs. Le lundi 26 décembre, je résolus cependant d'aller explorer les environs. Un lieutenant d'Abd-el-Kader vint peu de temps après me remettre, contre quinze prisonniers appartenant à l'Émir, M. Defrance, lieutenant de frégate, Mme Laurent et son enfant, et le nommé Bastia. Alsacien, ex-fusilier au 5ᵉ de ligne et domestique de M. Pic, un colon.

Le 31, j'étais autorisé à rentrer à Alger pour y passer les fêtes. Deux lettres de Laure vinrent à propos apporter quelque joie à mon foyer solitaire. Mais quelle triste journée que celle du 1ᵉʳ janvier 1837 ! Le soleil ne se montra pas. De ses lames furieuses, la grosse mer battait les quais. Nous allions, courbés par le vent, faire des visites. Et partout l'on ne parlait que de la retraite de Constantine !

Le 5, arrivée de M. Wagner, naturaliste bavarois. Étant recommandé par Mme Arnault, je dois bien accueillir cet Allemand, malgré ma répugnance à servir les gens de cette nation qui nous a si odieusement trahis à Leipzig. Cet élève d'Humboldt sait quelques mots de français. Matz, qui est Alsacien, lui servira de guide et d'interprète; il va dans le Petit Atlas herboriser et rechercher les antiquités. Il paraît que son roi Louis, notre adversaire à Hanau, raffole des statuettes... et des danseuses. Le bateau qui a transporté le buveur de bière m'a apporté en même temps une bonne nouvelle. Olivier est lieutenant depuis le 25 décembre et reste attaché au 1ᵉʳ régiment de chasseurs. Ainsi l'a voulu le duc d'Orléans. On nous communique, le soir, la nouvelle que Louis-Philippe a été l'objet d'une tentative d'assassinat, le jour de la séance royale. Un nommé Meunier a tiré sur lui; mais la balle, sans l'atteindre, a touché légèrement ses deux fils. Complot bonapartiste, disent les journaux qui soutiennent le parti au pouvoir. Lamoricière est accusé, le 11, d'avoir tenu, au café, ce propos : « L'affaire de Constantine a été menée par des ânes. » Ce brave officier n'a point de peine à se disculper devant Rapatel.

Clauzel, voulant justifier sa conduite, s'embarque le 12, à huit heures et demie du matin, sur *Le Papin*, commandé par le capitaine Lelieur. Défense est faite de l'accompagner au port. L'estime des officiers lui reste acquise. Le gouvernement a nommé à sa place le comte Damrémont, qui avait déjà, sur cette terre, fait la campagne de 1830.

Sa ferme direction devait porter des fruits. Le 29 avril, nos postes s'avançaient devant Blidah. Bugeaud, qui manœuvrait dans la province d'Oran, signait à la Tafna un traité qui désarmait Abd-el-Kader. Laure, qui m'avait enfin rejoint avec son fils, se liait avec Mme Damrémont et lui soignait les yeux atteints d'une grave ophtalmie, au moyen d'un collyre que j'avais préparé et qui m'avait guéri. Le gouverneur nous donna un grand bal, le samedi 15 juillet. On dansa jusqu'à trois heures du matin. Le 23, *L'Achéron* portait M. Damrémont à Bône. Investi du commandement des forces, je fis célébrer l'anniversaire du 29 juillet.

Chargé d'inspecter les troupes du Levant, j'arrivais à Bône le 5 août, à une heure et demie du soir. Le gouverneur me dit :

« — J'ai grande confiance en vous pour nous faire du bon travail. »

Le soir, je dîne chez Mme Trézel. Les troupes de la garnison se sont bien renforcées. L'examen de plusieurs régiments m'occupe pendant huit jours. Quelques officiers osent fêter la Saint-Napoléon, le 15. Prudent, Mac-Mahon s'abstient. A la remarque que je lui faisais en riant :

« — Le héros n'est plus à craindre ! » il me répondit avec une certaine vivacité :

« — Non, mais son neveu conspire ! »

Ma mission m'imposa ensuite l'examen des troupes occupant le camp avancé de Hammam-Bardah. M. Damrémont se décida à m'accompagner. Nous partîmes le 24, à cinq heures du matin, sous la garde de cinquante cavaliers indigènes. Arrivés à destination, vers huit heures et demie, nous pénétrâmes dans les ruines d'une ancienne ville romaine, ayant bains d'eaux chaudes, ombrages de cèdres et population misérable. Des deux cents hommes de la garnison, cinquante étaient malades. J'allai de là à Mjez-Ammar, pour rentrer le lendemain en ville.

J'y revis le gouverneur, le 6. Il reçut mes notes et un assez long rapport verbal. Son éloge de Mac-Mahon me prouva à quel point il s'intéressait à mon aide de camp qui, je le reconnais, accomplissait strictement ses devoirs. Mais une fierté rare — qu'il nommait dignité —

l'éloignait des autres officiers. Sa conversation était toujours sérieuse. Il avait peu de connaissances militaires, mais il prétendait les acquérir rapidement, en vue d'arriver vite aux plus hauts grades.

M. Damrémont, occupé à l'organisation d'une forte colonne, m'écrivait le 14 août, du camp de Mjez-Ammar :

MON CHER GÉNÉRAL,

Pendant mon séjour au camp de Compiègne, j'ai promis à M. de Mac-Mahon de le prendre comme aide de camp si je faisais la campagne de Constantine. Je lui ai renouvelé cette promesse lorsque je reçus la mission de me rendre en Afrique. Le moment est venu de l'accomplir, et, ainsi que nous en sommes convenus dernièrement, je vais adresser ma demande au ministre par le courrier que je vais expédier. M. de Mac-Mahon, qui est extrêmement reconnaissant de vos bontés pour lui, qui me disait encore à Bône qu'il était impossible de servir plus agréablement et d'une manière plus instructive qu'avec vous, vous regrettera beaucoup, mon cher général, mais vous devez comprendre qu'ayant la passion de son métier, il désire faire cette expédition. Il tient surtout, mon cher général, et je lui ai promis d'être son interprète près de vous, à ce que vous soyez bien convaincu de tous les regrets qu'il éprouve en se séparant de vous. Écrivez de votre côté au minist. , mon cher général, car ma demande resterait sans effet si vous ne donniez pas votre consentement.

J'accordai, en effet, immédiate satisfaction à mon aide de camp, qui m'assura de sa profonde reconnaissance, quand j'eus écrit en sa faveur, à Paris, le 18.

Étant retourné le 23 au camp de Mjez-Ammar, je demandai au gouverneur « quelles raisons spéciales l'avaient porté à ne pas me comprendre dans l'état-major de l'expédition. » Ses explications embarrassées dénonçaient sa confusion. Il se retrancha derrière les ordres du ministre de la guerre, qui voyait en moi un excellent inspecteur. On verrait plus tard, car le jour de la mise en marche n'était pas fixé. Je devais rentrer à Bône sans tarder. Le 3 septembre, je recevais une lettre fort dure du général Perrégaux, chef de l'état-major général. M. de Damrémont ne s'expliquait pas que je ne fusse point parti par le dernier paquebot. Il m'ordonnait de partir le 9. Mis en quelque sorte à pied, je devais vendre mes chevaux. Sans les bons conseils de ma femme, j'aurais écrit au gouverneur en des termes qui l'eussent certainement piqué. Je ne lui envoyai que ces trois mots :

« Monsieur,

« J'obéis.

« BRO. »

Au moment d'embarquer pour Alger, sur *Le Papin*, le 9 septembre, à huit heures du matin, le colonel Brice, qui commandait la place de Bône, vint m'annoncer que le duc d'Orléans arriverait bientôt. Je me promis de lui adresser une requête pour aller à Constantine.

Nous quittons le port à neuf heures et demie. Le temps est beau. A naviguer le long des côtes, le spectacle des golfes et des promontoires retient notre attention pendant la journée. Laure ne veut pas occuper, le soir, la cabine qui lui a été réservée. Après dîner, elle bivouaque sur le pont, abritée par le pavillon français qui claque au vent, et éclairée par le plus beau clair de lune qui se puisse voir en mer. Le lendemain, à dix heures et demie du soir, nous étions à Alger auprès d'Olivier et de Sevelinges, venus au débarcadère.

Il me restait à inspecter la cavalerie du corps de Bugeaud. Un mot du duc de Nemours me dit « de me plier à ces exigences et qu'il sera tenu compte de mon activité. » Laure veut voir ce que les indigènes nomment « le pays espagnol d'Oran. » Nous réintégrons *Le Papin* à dix heures du matin, le 19 septembre. La mer est houleuse. Nous dansons terriblement. On passe à quatre heures du soir devant Cherchell. Le 20, dans l'après-midi, nous sommes à destination. Laure installée à l'hôtel, je vais chez Bugeaud, qui me reçoit très bien et me dit :

« — Alors, nous n'en sommes pas ? (de l'expédition) Savez-vous que l'on veut désavouer mon traité avec Abd-el-Kader? Ces imbéciles (de députés) croyaient que j'allais leur donner toute l'Afrique sur un bout de papier. Le roi a peur de ces braillards. »

Bugeaud avait chargé son premier aide de camp de me seconder. La discipline régnait dans les escadrons, auxquels il ne manquait que quelques chevaux pour être au complet.

Le samedi 30, Bugeaud m'invita à dîner. Nous eûmes, au dessert, une longue conversation qui porta sur les diverses théories de l'art de la guerre. Il a les mêmes idées que moi sur l'action de la cavalerie et sur celle de l'infanterie. Il m'a confié deux planches de dessins représentant sa colonne défensive en marche et en halte, pour les faire copier. C'est un rude travailleur. Nous avons fini par causer religion :

— Une des causes du mépris des Mahométans pour nous est, dit-il, notre absence de religion. Quand ils se recueillent et prient, nous buvons ou dansons. Nous n'accordons ici au culte aucun apparat. Vous verrez demain. »

Le dimanche 1er octobre, je l'accompagnai, en effet, à la messe qui se célébrait dans un bâtiment sans caractère. Le service divin était confié à un prêtre sans prestige, assisté d'un savetier comme répondant. La céré-

monie fut triviale et me convainquit de la justesse des
observations de Bugeaud.

Le 6, mon inspection terminée, nous embarquons
sur *Le Papin* pour être à Alger le 7 à neuf heures et
demie du soir. Nous y trouvons Olivier en proie à la
fièvre bilieuse. Une application de sangsues le soula-
geait bientôt. Le 9, ordre du duc de Nemours :

« — Venez vite auprès de nous. Votre fils vous servira d'aide de camp. »

Vais-je enfin pouvoir, moi aussi, aller à Constantine ?

Le 10 octobre, à quatre heures du soir, *Le Cerbère*
part pour Bône. Mme Bro, un peu souffrante, doit
demeurer à Alger. Un très mauvais temps contrarie
notre navigation. Il faut relâcher à Bougie, le 11, à
cinq heures et demie du soir, et y passer une nuit traversée par les coups de vent. On repart le 12, au point
du jour. Rencontre faite, vers neuf heures, du *Sphinx*
venant de Bône ; on cause un moment, bord à bord.
Les passagers ne savaient rien de l'expédition de Constantine. Nous essuyons, de midi à trois heures, une
trombe d'eau. L'arrivée à Bône se fait dans la nuit ; et
le débarquement n'est possible que le 14, à sept heures
et demie du matin.

Je cours chez le commandant de la place, et j'y reçois
cet ordre :

« Rassemblez les cavaliers disponibles et portez-
vous au camp de Mjez-Hammar, où vous attendrez des
instructions. — Perrégaux. »

Le chef d'escadron Zaragoza avait réuni 75 chasseurs, spahis, goumiers. J'en pris le commandement et
me mis en mesure de les renforcer. Le 16, j'avais
114 cavaliers bien armés et bien pourvus. M. Jullien,
mon interprète, vint m'annoncer, à huit heures du
matin, la prise de Constantine d'après une nouvelle
écrite par un caïd du Sahel. Brice me prie de rester en

attendant les nouvelles officielles. Le 17, il n'arrive pas de lettres. Je me rends au camp de Mjez-Hammar. Un poste de 70 spahis renforce ma troupe. Enfin, le 19, nous savons que la fameuse forteresse est prise, que le comte de Damrémont a été tué le 12 par un boulet, la veille du jour où a été donné l'assaut, et que tous les contingents du bey sont en fuite. Je rentre à Bône le 24.

Mme Trézel reçoit, le 26 octobre, une lettre de son mari. Elle est datée du 19. Trézel dit que le général Valée valait mieux que son devancier pour mener à bien une difficile entreprise ; que la place ne serait pas tombée en notre pouvoir si le commandement n'avait pas changé de main, que Damrémont avait demandé au ministre de la guerre de remplacer Trézel et Bro — trop âgés pour faire une guerre active.

Le 3 novembre, le général Valée, les princes de Nemours et de Joinville arrivaient à Bône. Vainqueurs, ils furent accueillis par des acclamations. Rulhière, qui les accompagnait, portait un bandeau sur le front : au moment où cet officier avait reçu dans ses bras le comte de Damrémont tué raide, une balle l'avait aussi atteint, et on l'avait même placé un moment parmi les morts. Mac-Mahon avait vu cette scène affreuse et me la raconta d'une façon très impressionnante.

Le duc de Nemours donne à dîner à tous les officiers supérieurs. J'ai pour voisin l'héroïque Lamoricière, qui a eu la barbe, les sourcils et les cheveux brûlés au milieu d'une explosion, pendant l'assaut. Au salon M. Valée me dit que je dois rentrer tout de suite à Alger pour y continuer les inspections. Le duc intervient :

« — Avec moi, si cela ne vous déplaît pas, monsieur le général. »

Valée s'inclina, sans répondre un mot.

Le dimanche 5, j'accompagnai Mgr le duc de

Nemours à l'église. On chanta le *Te Deum*. Il faut, le
6, renoncer à s'embarquer, à cause du mauvais temps.
Malade, le prince de Joinville va mieux le 7. Le 10, il
peut s'embarquer avec nous sur *Le Sphinx*. Le 11,
escale à Bougie. Arrivée à Alger le 12, à huit heures
du matin. Une revue doit être passée. Je laisse au général Négrier, nommé commandant supérieur de la province de Constantine, l'honneur de présenter les troupes. Le soir, grand dîner chez les princes, suivi de
concert et de bal maure. Olivier danse avec une princesse arabe, parente d'Abd-el-Kader, qui est restée
voilée. Le lendemain, j'accompagne le duc de Nemours
dans les camps. Il distribue de l'argent aux malades.
Le 14, à neuf heures du matin, les deux princes se
rendent à bord de *L'Hercule*, courrier de France. Enfin,
le 20, M. Valée arrive à huit heures du matin.

Gouverneur de la place d'Alger, Bugeaud m'écrivait
d'Oran, le 20 :

MON CHER GÉNÉRAL,

M. Durand va à Alger pour se préparer à partir pour la
France, où il va accompagner les cadeaux que l'Émir envoie
à la famille royale. Il m'a été utile; il peut vous l'être aussi
dans les relations que vous allez avoir avec l'Émir ou que
vous avez déjà. Facilitez-le pour son voyage en France, avec
les envoyés de l'Émir, Ben Arrach, etc. Il était naturel que
vous prissiez le commandement, lors même que Négrier serait resté. Je suis convaincu que vous vous en tirerez bien, et
je vous loue de vouloir vous aider des avis de Brisson, qui
est un homme sage et intelligent. Je me proposais de me
trouver à Alger pendant que l'Émir sera à Médéah; je voulais uniquement m'occuper de ce qui regarde l'exécution du
traité; mais, puisque le général Valée est nommé gouverneur
par intérim, je m'abstiens. Comme il est possible que le général Valée tarde beaucoup à se rendre à Alger, vous aurez
à vous entendre avec l'Émir pour l'occupation de Blidah et

Goléah. Je pense qu'il ne faut plus retarder cette occupation
et qu'il faut être à Blidah en force respectable. Dès lors, les
postes en arrière peuvent être évacués ou affaiblis sans inconvénients, puisqu'il ne s'agit plus que de faire la police des
voleurs. Je vous conseille bien de ne pas respecter la routine
et les exigences des colons. Ayez avant tout une bonne colonne à Blidah qui impose du respect. Cela assurera mieux la
sécurité de la plaine que l'éparpillement de vos forces. Il faut
toujours se méfier de la foi punique. Un petit détachement à
Blidah pourrait tenter le diable et ne produirait pas un bon
effet moral.

Deuxième lettre, le 21 :

Je donne ordre à M. Alegro de se rendre à Paris pour
accompagner les envoyés de l'Émir qui vont apporter des
présents à la famille royale. Il se peut que l'Émir fasse des
mander Alegro à Médéah pour s'entendre avec lui sur cette
mission, car c'est l'Émir qui m'a prié d'envoyer Alegro avec
ses agents ; dans ce cas, je vous prie de permettre à Alegro
d'aller près de l'Émir. Il pourra d'ailleurs vous être utile
dans vos premières relations. Je pense que la douane d'Alger
prendra des mesures pour que les cadeaux de l'Émir ne
soient, en France, ni saisis, ni imposés. J'enverrai d'ici 25 ou
26 chevaux.

Valée a été nommé maréchal. Sera-t-il gouverneur?
Nous crûmes voir arriver le successeur du comte de
Damrémont, le 29 décembre, dans la personne du général Castellane, pour lequel on tirait une salve de
21 coups de canon. Mais, après une grande inspection
passée les 30 et 31, Castellane, qui est d'une insolence
et d'une brutalité révoltantes, repart, à notre grande joie.
Rulhière, de retour, prend mes fonctions. Je vais
installer la garnison de Blidah et me mettre en rapport
avec Abd-el-Kader. Nous nous rencontrons, le 27 janvier 1838, à l'entrée du col de Mouzaïa, pour régler
quelques affaires d'administration. Je trouve un chef

très distingué et porté aux politesses, sans obséquio-
sité. Il ne me dit pas : « Je veux », mais : « Je désire
pour la justice. » Une razzia, injustement faite, par
exemple, devait être payée. L'Émir me quitte en disant solennellement : « Que Dieu te garde! »

Ma nomination de lieutenant-général étant ajournée,
le roi m'avait donné, le 24 décembre 1837 (au retour du
duc de Nemours), la croix de grand'officier de la Légion
d'honneur, pour bien marquer que mes services étaient
appréciés. J'en fus officiellement avisé par lettre du
Grand Chancelier écrite à Paris le 6 février 1838; et, le
18 du même mois, M. Valée me fit rendre les honneurs
par la garnison d'Alger. M. de Salles, chef d'état-
major du gouverneur, ajusta la plaque devant les
troupes, mais le maréchal *oublia* de m'embrasser, selon
la tradition en pareil cas, et, le même jour, il laissa
éclater sa rancune dans ce propos qui me fut répété :

« — J'espère que Bro ira bientôt porter son joujou
en France. Son ancienneté lui vaut, ici, des attentions
qui me déplaisent. »

J'allais reprendre, en attendant, à Bouffarick, un
commandement qui ressemblait assez à un exil. Laure
m'y suivit et s'initia à la vie arabe qui a tant de côtés
curieux. Elle passait son temps, quand je courais les
chemins, faisant édifier des blockhaus ou inspectant les
postes, à faire l'éducation des enfants, colons et indigènes mêlés. Rose débarbouillait les plus malpropres,
Matz menaçait d'une bonne correction les indociles. Ce
fut dans une retraite ombragée de palmiers géants que
me parvint cette lettre, écrite à Paris, le 6 mai, par
Michel d'Yermolof, que j'avais vu quelques mois avant
à Alger :

Je me permets de profiter du voyage de mon beau-frère,
Oscar de Lasalle, qu'une destination nouvelle conduit dans

votre beau pays, pour me rappeler à votre bienveillant souvenir. Ce n'est point pour vous le recommander que je prends
la liberté de vous écrire, car je connais assez combien est
intense le souvenir que vous conservez au général Lasalle, et
affectueux les sentiments que vous voulez bien nous accorder
à tous, pour ne pas douter de la bienveillance de l'accueil
que vous réservez à mon frère et n'être pas sûr qu'il trouvera
auprès de vous une famille, ainsi que je l'ai trouvé moi-
même. Malheureusement, son poste ne le destine point au
séjour même d'Alger, mais j'espère néanmoins qu'appartenant à une même armée, il sera assez heureux pour avoir
avec vous de fréquents rapports. J'exprime en même temps
le besoin de vous exprimer combien la reconnaissance des
bontés que vous avez eues pour moi est vivante dans mon
cœur, et le souvenir qui se lie inséparablement pour moi à
celui de mon séjour d'Afrique est un de ceux que j'aime le
plus à me rappeler. Veuillez offrir pour moi à Mme Bro
l'hommage de ces sentiments, ainsi que celui de mon dévouement respectueux ; et à Monsieur votre fils mes compliments
les plus sincères et les plus affectueux. Je désirerais aussi être
rappelé au souvenir de M. de Sevelinges et de M. Gauthier,
et j'oserai vous demander de bien vouloir leur parler de moi.
Enfin, je vous prie d'agréer vous-même l'expression réitérée
de la haute estime et de l'attachement sincère que je vous
porte, et qui dureront autant que ma vie.

Nous allions rentrer à Alger pour y recevoir, en
notre maison, M. Lasalle. Je lui parlai longuement de
son père, sous lequel j'avais servi avant la terrible bataille de Wagram. Je le recommandai chaudement au
général Bugeaud, qui le prit bientôt en affection.

Ma santé fort éprouvée, l'hostilité que me témoignait
le maréchal Valée, des affaires à régler commandaient
notre retour en France. Le samedi 4 août 1838, les
plus touchants adieux faits à nos amis, nous montions à
bord du *Tartare*. Partis à midi, vers deux heures, la
côte d'Afrique disparut ; et après quarante-neuf heures
de voyage, nous arrivions au port de Toulon.

CHAPITRE XI

MONTPELLIER ET PÉRIGUEUX

Arrivé à Marseille le 9 août 1838, j'y reçois, hôtel
Beauveau, une lettre du général Marbot. Ses premiers
renseignements se résument en ceci : « Il est question
de te donner à commander le département de la
Drôme. » Valence, où nous arrivons le 12, paraît un
séjour si agréable à Laure qu'elle décide d'y rester en
attendant ma nomination. Une simple pension de
famille, chez Mme Ducuing, lui convient. Quant à moi,
je reprends le coche pour Paris. Mme de Sevelinges
me garde chez elle, et plaisantant :

« Monsieur mon gendre, me dit-elle, si vous vous per-
mettiez de faire le garçon, je préviendrais Mme Bro. »

Ma première visite militaire fut pour le général
Schramm. Ce bourru me déclara :

« Valence est donné..., M. le Député de l'endroit
avait son homme ; mais Versailles, qui vaut mieux, est
à prendre... Oui, une brigade de cavalerie. Vous qui
êtes de cette arme, voyez donc M. le Ministre. »

Au lieu d'aller chez le général Bernard, je me rendis
au Palais-Royal. Le duc d'Orléans ne devait rentrer
que le 3 septembre. Muni de quelque courage, je me
présentai devant Son Altesse, dont l'accueil, d'ailleurs, m'indiqua immédiatement que j'étais toujours en
faveur.

« — Monseigneur, dis-je, j'ai voulu causer avec vous

de ma situation. Le ministre désire m'envoyer à Montpellier; il me plairait mieux de commander à Versailles. Je crains fort, pardonnez-moi cette franchise, d'être oublié quand je me trouverai à deux cents lieues de Paris.

« — Général Bro, me répondit-il, il est des époques inoubliables et des hommes dont le nom s'y rattache qui ne peuvent davantage être oubliés. La période de juillet 1830 est de celles-là; et vous, mon cher général, bien que vous ne vous soyez jamais fait valoir, comme l'ont fait tant d'autres, vous avez rendu de tels services à la chose publique et vous avez montré un tel dévouement à ma famille en cette circonstance que moi et les miens nous ne pourrons jamais vous oublier.

« — Monseigneur, de telles paroles sont déjà une récompense. J'y trouve pour mon avenir une garantie de l'intérêt que Votre Altesse prendra pour moi comme pour mon fils.

« — Faites-moi le plaisir d'accepter Montpellier », conclut le prince.

Il n'y avait plus à refuser. Ma nomination fut datée du 15 septembre.

Je courus Paris pendant quelques jours. Il fallait bien voir les parents et les amis. Vernet est toujours vert; mais notre bon Béranger est vieilli, triste. Je crois qu'il devient républicain sous la royauté. Des femmes qui dépensaient naguère leur esprit dans la « Nouvelle Athènes », plusieurs ont disparu. Les autres portent des voiles de deuil, égrènent des souvenirs. Il faut pleurer, avec elles, sur de chers disparus.

Le jeudi 4 octobre, je pars de Paris à six heures du soir. La diligence va vite. Vendredi 5, à dix heures du matin, j'arrive à Limoges; le 6, à quatre heures de l'après-midi, à Cahors; et le même jour, vers onze heures du soir, à Toulouse. Sur le seuil de l'hôtel, un

agent de police me demande mes papiers. Quand je
décline mon nom et ma qualité, il répond : « Connu,
mon bonhomme! Vous n'êtes autre que l'Espagnol
Guizoza. » Là-dessus, furieux, je l'entraîne au bureau
de l'hôtel, et, ma justification faite, je l'oblige à me
présenter des excuses. Le dimanche matin, je fais
retenir une place à la malle-poste qui partira pour Montpellier à quatre heures du soir le lendemain. Qu'aller
voir, dans la ville des Capitouls? Le dimanche, les
monuments. Le lundi, je vais visiter le baron de Comères, 107, rue des Récollets. Mon beau-père est un
vieillard tout courbé. Il me reçoit affectueusement et
me rappelle qu'il est aussi « maréchal de camp et pen-
sionné par ordre de Louis XVIII. » Son plus vif désir
est de voir sa fille et son petit-fils dès que les circonstances le permettront. Il veut favoriser Olivier. Je le
quitte après deux heures d'entretien, pour aller déjeuner; et je cours dans l'après-midi vers ma nouvelle garnison pour y arriver le mardi 9, à dix heures du matin.
Le voyage m'avait coûté 263 francs, — sans les frais
de nourriture et d'hôtel; et j'oubliai mes fatigues en
trouvant au quartier général ma bonne Laure et mon
cher Olivier, venu en congé de trois mois. Le déjeuner
vite expédié, je vais faire les visites officielles : au
lieutenant-général Meynadier, au préfet, à l'évêque, au
procureur du roi. Je dîne à huit heures du soir, pendant
que la musique du 17ᵉ de ligne joue dans ma
cour.

Nous sommes à peine installés que M. de Comères,
très malade, fait demander sa fille; Laure sera une
excellente infirmière. Mon beau-père se remet et il
décide, le 3 novembre, « de donner à Olivier un tiers de
ses biens — car il a un autre enfant de son second mariage — et de lui transmettre le titre de baron », acte
que les référendaires au Sceau de France sanctionne-

ront en 1841, pour régulariser l'appellation patronymique de Bro de Comères.

Un triste événement vint, sur ces entrefaites, affliger la population de Montpellier. M. le divisionnaire Meynadier, qui se plaisait à fatiguer inutilement les soldats, voulut passer, le dimanche 25 novembre, l'inspection du 2ᵉ bataillon du 17ᵉ. Réuni sur l'Esplanade, le lieutenant-général fit exécuter un feu de régiment en carré. Une balle, qui lui était destinée sans doute, atteignit un soldat, de ceux qui tenaient les curieux à distance, et blessa mortellement à la tête un enfant de quinze ans, Henri Saurel, fils d'une boulangère. Les étudiants et le peuple manifestèrent le soir. Des officiers furent insultés devant un café, et *le Courrier du Midi* traita fort durement M. Meynadier, qui fut contraint d'accepter, le 11 février 1839, sa mise en disponibilité.

Ce bon Marbot nous envoya ses souhaits de bonne année et nous informa qu'Olivier serait nommé capitaine le 2 janvier et maintenu à son régiment d'Afrique. On fêta la double épaulette, et la vie heureuse de famille continua jusqu'au 9 février, au départ de notre Zitoun (surnom que lui avait donné de Sevelinges). Le 11, M. le général Thilorion, remplaçant Meynadier, arrivait et se montrait fier. Laure repartait pour Toulouse le 22. Je devais lui écrire tous les jours et tenir un journal pour Olivier. Je mandais à ce dernier, le jeudi 28 :

« Ma lettre du 23-28 a été affranchie ce matin à dix heures, parce que, à onze heures précises, il fallait me trouver au dernier domicile occupé par le pauvre général Bellangé, pour faire partie de son cortège funèbre. Cette triste cérémonie s'est accomplie bien pauvrement. Nul ami, nul représentant de la famille ne s'est trouvé pour nous recevoir à la maison mortuaire, aux

« Bains du Pérou. » Il nous a fallu nous recevoir les uns les autres. Le colonel du génie Guillemin, le colonel du 17° et le lieutenant-colonel Morin ont tenu avec moi les quatre cordons du poële funèbre. A la messe, personne n'a figuré la famille. Au cimetière, quand les prières ecclésiastiques ont été terminées, j'ai demandé : « Est-ce qu'un parent se trouve parmi l'assistance? » On ne répond pas. C'est à moi, le plus vieux des officiers présents, à jeter la première pelletée de terre sur le cercueil, à rendre ce dernier honneur au vieux soldat qui, toute sa vie, a dignement servi son pays. Après, ce fut le défilé du bataillon commandé pour cette cérémonie, les soldats passant tour à tour en déchargeant leurs armes. Une demi-heure après, allant chez moi, j'y rencontrai le maître de l'établissement des « Bains du Pérou. » Il venait me rapporter les insignes que j'avais prêtés pour la cérémonie : chapeau, uniforme, épée, croix de commandeur, etc. Et il me dit : « Ce monsieur, qui est venu pour emmener la nièce du général Bellangé et qui s'est chargé de le faire enterrer, m'a prié de vous faire ses remerciements. » Conçoit-on un butor pareil?

Autre fragment de mon journal à Olivier, daté du 2 mars :

« C'est aujourd'hui la grande bataille des élections. Il y a un remue-ménage d'enfer dans toute la gent électorale; mais jusqu'ici cela ne paraît pas se communiquer à la masse du populaire. Le populaire me fera grand plaisir en se tenant coi. J'aurais un vrai chagrin si, pour le peu de temps que j'ai à passer à Montpellier, j'étais forcé d'agir de rigueur envers les citoyens qui me font bon visage lorsqu'ils me voient passer à cheval. Demain dimanche, jour du vote, en cas de manifestation à disperser, je réunirai les trois bataillons du 17° sur l'Esplanade. »

Journal du 3 mars :

« Notre journée s'est bien passée. M. Zoé Garnier a été nommé député par trois cent quatre-vingts électeurs sur environ cinq cents au collège de Montpellier *intra muros*. Dans les deux sections du collège *extra muros*, il y a eu moins d'accord ; trois à quatre candidats se sont partagé les voix des cinq à six cents électeurs de l'arrondissement. Ces deux sections s'assemblent, l'une au local de la Bourse, dans la Grande-Rue, l'autre à la Faculté des Sciences. » Mais, dans le même temps, il fallut réprimer des troubles à Lodève.

Le 30 mai, le duc de Nemours arrive à six heures du soir. Il loge chez moi. Sa revue est passée le 31. Ensuite, il va s'embarquer pour Alger. Amédée de Cubières me prévient, le 10 juin, que le général Bernelle me remplacera prochainement à Montpellier.

Le 16 juillet, je suis nommé commandant du département de la Dordogne. C'est de l'avancement. J'arrive à Périgueux le 1ᵉʳ août. On me fait un accueil chaleureux, surtout le préfet, M. Mérilhou, administrateur zélé qui aura bientôt pour successeur A. Romieu, homme célèbre par ses farces, souvent de mauvais goût. Il me causa quelques difficultés en écrivant sournoisement au ministre que j'avais fait réformer un nommé Dujarric, à la revue de départ des conscrits, après avoir forcé, au conseil de révision, la commission à le prendre. J'écrivis au préfet, de ma bonne encre, pour le sommer d'établir la vérité ; il ne put s'y dérober et chargea, des fautes à moi imputées, un conseiller de préfecture. Il s'accusa même d'avoir fait incorporer un *sourd*, en vue de me le faire reprocher. Sa nouvelle mystification n'eut pas le succès qu'il en attendait. Et quelqu'un de mon entourage le fit aviser, par le télégraphe, de Toulouse, que le roi, voyageant incognito sous le nom de comte de Bari, arriverait le

9 mai, à dix heures du soir, à la préfecture. Romieu y
crut, fit préparer un souper et les chambres et, naturellement, ne vit rien paraître, étant mystifié à son
tour.

Alfred de Sevelinges continuait à me tenir, par un
journal rédigé au jour le jour, au grand courant des
affaires de la colonie. Je suivais nos travaux de pénétration. Je connaissais les manœuvres d'Abd-el-Kader.
Je voyais la plaine de Staouëli cultivée et Blidah
fortifié.

Nous avons perdu M. de Comères le 12 juin 1840.
Laure avait veillé ses dernières nuits. J'obtins un
congé pour régler nos affaires à Toulouse. Avant de
partir, j'avais été occupé d'un projet intéressant. J'en
écrivais à mon fils le 1ᵉʳ juillet :

« Je dois te dire la proposition que me fait l'amiral
Baudin. Chargé d'aller obtenir de la République argen-
tine des satisfactions convenables, en raison de graves
atteintes à la dignité du pavillon français, Baudin avait
désiré une brigade de troupes de terre : infanterie, artillerie et génie, commandée par un maréchal de camp.
Mais le conseil des ministres a voulu que l'expédition
fût purement navale. Seulement, Baudin emporte la
promesse formelle que si, à son arrivée à Buenos-Aires,
il juge l'état de choses tel qu'une brigade de débarquement soit nécessaire, elle lui sera envoyée. Il me
demande : « Dites-moi, dès à présent, cher Bro, si je
« puis vous demander pour la commander. Je serais
« heureux de faire avec vous quelque chose de bon et
« d'honorable, quelque chose d'utile pour mon pays. »
J'ai répondu à Baudin que je me ferais honneur et
plaisir d'aller, sous lui, faire rendre encore raison à
notre pavillon des outrages qu'il a reçus. Je ne pouvais,
toutefois, manquer d'émettre quelques restrictions dans
le cas où, d'ici à l'époque où je pouvais être appelé, il se

produirait des circonstances de nature à créer des impossibilités à mon acceptation. »

Je voulais, à ce moment, obtenir le retour de mon fils en France et la promesse de recevoir ma troisième étoile. En attendant les événements qui nous permettraient d'atteindre ce double but, nous passâmes deux mois, juillet et août, aux eaux de Cauterets.

Rentré à Périgueux, je retrouvai M. Romieu agressif. Ce farceur avait fait répandre le bruit que j'avais passé mon temps, devant Alger, à apprivoiser des serpents et que ces reptiles me suivaient dans tous mes déplacements. Il me vint des naïfs demander comment je les préservais du froid. Ce fut, je crois, à son instigation que je reçus cette assignation :

L'an mil huit cent quarante, et le vingt-trois décembre, à la requête de M. le commissaire de police de la ville de Périgueux, exerçant les fonctions du ministère public dans cette cause, Je, Jean Bonnefou aîné, huissier-audiencier reçu au tribunal civil séant à Périgueux et y demeurant rue Taillefer, n° 15, patenté le 2 mars dernier, 3ᵉ classe, n° 208, Ai donné citation à M. Bro, maréchal de camp, demeurant à Périgueux, place du Marché, à comparaître le vingt-six du courant devant M. le juge de paix du canton de Périgueux, jugeant en matière de simple police, au lieu d'audience, sis place de la Mairie, audit Périgueux, maison n° 8, pour là étant s'entendre condamner aux peines portées en l'article 472 du Code pénal et aux frais, comme contrevenant au règlement de la police de la mairie de Périgueux du 24 septembre 1830, article 20, pour avoir, le 14 du courant, sur les trois heures de l'après-midi, entré dans la promenade Michel-Montaigne, monté sur un cheval et l'y avoir fait caracoler pendant quelques minutes, et cela sans nécessité. Dont acte duquel j'ai remis la présente copie pour mondit sieur Bro, en son domicile, parlant à sa personne. Coût : 2 fr. 80.

En effet, mon cheval arabe, Ali, s'était livré à un

petit galop dans l'avenue. Mais, général et grand-offi- .
cier de la Légion d'honneur, je n'étais justiciable que du
ministre de la guerre, ce que je fis remarquer au maire
de la ville. Ce monsieur m'envoya le 24 son adjoint,
M. Aumossip, qui me demanda d'écrire au magistrat
« que si j'avais commis un délit, c'était sans le savoir. »
Une pareille soumission me parut indigne de la situation que j'occupais. J'informai mon lieutenant-général
à Bordeaux. Il ne daigna prendre ma défense qu'une
fois la chose jugée. Mon officier d'ordonnance alla dire
au juge de paix « que s'il croyait devoir retenir la cause
et se déclarer compétent, je le priais de bien vouloir
remettre à huitaine. » Ce qu'il fit de très bonne grâce.
Et, le 2 janvier 1841, M. Bardault, avocat, demanda la
suppression pure et simple de l'action intentée par le
commissaire de police. Le juge mit à néant la citation.
Romieu en fut, dit-on, tout contrit, et le commissaire
essuya des quolibets.

Olivier avait, le 29 octobre 1840, reçu une affectation
au 7ᵉ de hussards, mon ancien régiment, en garnison à
Versailles. Appelé à Paris le 10 février 1841, j'allais '
rendre compte au maréchal Soult d'une inspection de
cavalerie. Le duc de Dalmatie me dit alors :

« Il ne faut pas retourner auprès d'une administration hostile à un brave militaire comme vous. Je vais
vous envoyer en service dans le Nord. »

Le roi me confirmait cette mutation en me recevant
à dîner quelque temps après. Et ma nouvelle nomination prit date du 17 mars.

CHAPITRE XII

MA MISSION DANS LE NORD

La mauvaise santé de Laure m'obligea de la laisser à Paris. Nous avions loué un appartement au numéro 13 du faubourg Montmartre. Parents et amis y venaient chaque jour. On évoquait les plus chers souvenirs. A un dîner, je réunis Béranger, Horace Vernet, Regnault de Saint-Jean-d'Angély, Trézel, Lamoricière, Marbot, Amédée de Cubières, aide de camp du ministre de la guerre, dont la plupart avaient vu et servi le Grand Homme. Regnault nous y fit l'historique de la translation des cendres de Napoléon ; et il me conduisit, le lendemain, dans la chapelle des Invalides, devant le cénotaphe ! En voyant les larmes qui m'échappaient, il me serra longuement les mains et ne prononça qu'un seul mot : « Souvenir. » Je traversai à pas lents la chapelle où flottaient les drapeaux que nous avions arrachés à l'ennemi. Et lorsque je fus devant ceux qui avaient été pris en 1807, je ne pus m'empêcher de dire : « Ceux-là, je les connais... J'y étais ! » J'allai voir ensuite, dans la cour, les canons, autres glorieux trophées rapportés de l'étranger. Au soleil printanier, un invalide se chauffait. Ancien cavalier des chasseurs de la Garde, amputé de la jambe, il me reconnut :

« Général Bro? c'est un ancien ! » me dit-il. Puis, désignant l'immense rotonde : « Soyez tranquille. Nous veillons sur lui. Il a tous les jours son piquet ! »

Je voulus embrasser le vétéran, et je crois bien que nous nous mîmes à pleurer tous les deux...

Mon départ avait été fixé au 17 mai et j'arrivai à Lille le 19. Inscrit dans la 16ᵉ division militaire, j'avais pour chef le comte de Corbineau, aide de camp de Napoléon en 1812. Il me rappela qu'il m'avait donné de l'eau-de-vie à boire au bivouac établi derrière la Bérézina. Chargé d'inspecter les 1ᵉʳ régiment de carabiniers, 4ᵉ de cuirassiers, 6ᵉ lanciers et 16ᵉ chasseurs, je dus procéder à des réformes nécessaires et m'aliéner quelques officiers de salon, qui pensaient davantage à assurer leurs plaisirs que leurs services. Cela me prit, à Lille, Valenciennes et Maubeuge, les six derniers mois de l'année 1841. J'y vécus alors en garçon.

Je dus retourner à Paris, au décès de Mme de Sevelinges, le 19 mai 1842. Je fus chargé de régler la succession de ma belle-mère. J'envoyai, à Alfred de Sevelinges, sa part et lui mandai, sur des nouvelles que les journaux publiaient à Paris, le 17 juin :

On fait courir le bruit d'une insurrection assez sérieuse à Constantine. Est-ce vrai ? Le gouvernement devrait démentir ce bruit-là, s'il est faux, ou dire ce qu'il en est. Je ne trouverais rien que de très naturel dans cette insurrection, car les Anglais ne nous laisseront jamais jouir tranquillement de nos possessions en Afrique ; tous les moyens, même les plus inusités parmi les nations civilisées, leur seront bons pour nous y troubler. Puisque Abd-el-Kaber veut toujours faire la guerre en Arabe, en brigand, il me semble que tous les moyens sont légitimes, pour s'emparer de sa personne ou pour s'en débarrasser ; tout aussi légitimes que cette guerre impitoyable qu'on est forcé de lui faire. Quant à l'humanité des Anglais, c'est plus que bête aujourd'hui d'en parler, après toutes les horreurs qu'ils ont commises dans l'Inde pour y établir leur puissance. Actuellement, on fait tout passer avec une phrase sonore, une niaiserie sentimentale. C'est moi qui ai tous les petits objets de ta mère, ton portrait,

celui de ta sœur, de Mme Arnault, de Mme de Goise, plus
un parapluie tout neuf et deux coffrets en acajou...

D'autres affaires personnelles que je devais traiter à
Dijon et à Orléans me portèrent à demander au ministre
une permission d'un mois. Elle me fut refusée. Nous
rentrâmes donc à Lille, Laure m'y suivant, le 23 juin.
Corbineau me chargea immédiatement de divers services, sur un ton assez impérieux.

Du 30 juin au 2 juillet, j'inspectais Valenciennes
et Lille. M. le duc de Nemours arrivait dans cette
ville à onze heures du soir. Sévignon, le chasseur, mon
ordonnance, me prévint. Le 3, à six heures du matin,
j'étais auprès du prince, qui se montra très aimable.
Il me dit, relativement à mon avancement : « Le duc
d'Orléans et moi ne perdons pas cette affaire de vue. »
Les réceptions, la manœuvre et le bal se passèrent très
bien.

Rentré à Lille, on m'apporte la nouvelle, le 9, que
Lamoricière et Mustapha viennent d'être pris par les
partisans d'Abd-el-Kader. Cela me chagrine, au point
de ne pas dîner. Le 10, j'écris à Olivier :

J'ai toute la nuit rêvé Afrique. J'étais chargé du commandement de la division de l'ouest, dans un pays nouveau pour moi, puisque je ne connais qu'Oran, Messergin et
quelques points de la côte. J'étais fort préoccupé et fort
animé du désir de prendre une revanche des deux succès de
l'ennemi (Mustapha et Lamoricière à venger). Plusieurs fois,
le rêve a été interrompu et a repris au bout de quelques
minutes de réveil. C'était un vrai cauchemar. Ta pauvre
mère (toujours malade) dormait assez bien. Heureusement,
je ne l'ai pas réveillée. J'attends, avec quelle anxiété, l'arrivée du courrier de Paris. J'espère encore que cette fatale
nouvelle, recueillie par *la Gazette de France* dans *la Sentinelle de Toulon*, sera démentie. Lamoricière connaît si bien
l'Afrique et les hommes auxquels il a affaire que j'ai peine à

croire qu'il soit possible de le surprendre. Le tuer est facile ; une balle peut l'atteindre ; mais le saisir, dépourvu d'appuis suffisants à le préserver, je n'admets pas cela. J'espère encore. Pauvre Lamoricière ! Je n'oublie pas le 7 octobre 1835 (Olivier sauvé par lui). Je suis bien sûr que tu souffres comme moi à l'idée d'une aussi fatale circonstance. *Deux heures après-midi.* Je rentre et je trouve mes journaux, mais pas une lettre de Paris. Anatole sera parti sans m'écrire le résultat de sa conversation avec le duc de Nemours. Dans *l'Estafette,* une dépêche télégraphique annonce que la nouvelle de la prise de Lamoricière est dénuée de fondement. *Vivat !* — Voilà Monseigneur le duc d'Aumale lieutenant-général, imprime *le Moniteur de l'Armée.* Heureusement que cette nomination ne prend pas un rang aux dépens de l'armée. La nomination de Naudet est aussi annoncée. Cela va me donner un prétexte pour en écrire de nouveau au duc de Nemours. Ta mère veut absolument que je le saisisse, et que j'écrive au Prince, et de la bonne encre...

J'écris donc au duc que si, en considération de nos services, nons n'obtenions pas, moi et mon fils, les avancements dus, nous quitterions l'armée. Je plaide ma cause le 9 octobre, chez M. Bigot, maire de Lille, auprès de M. Thiers, venu présider le cinquantenaire de la levée du siège (1792) par les Autrichiens. On me répond invariablement : « Patientez. » Muni d'un congé, je quitte Lille le 8 décembre. J'arrive à Paris le vendredi 9, à six heures du soir. De Cubières m'indique les personnes qui peuvent me recommander au maréchal Soult. Vendredi 16, le roi me reçoit aux Tuileries, à onze heures du soir. J'attendais depuis neuf heures et quart. Sa Majesté se montre aimable :

« — Eh ! bien général Bro, où servez-vous à présent ?

« — Sire, je suis toujours à Lille où Votre Majesté m'a donné le commandement d'une brigade de quatre régiments, que je commande depuis deux ans bientôt.

« — Vous êtes content de cette destination?

« — Oui, Sire, je lui dois d'avoir eu deux fois cette année l'occasion d'être en rapport direct avec Son Altesse Royale le Duc de Nemours, qui a été parfait pour moi et qui a bien voulu me promettre son inter-vention pour me faire arriver à l'avancement que j'attends avec quelque anxiété, je l'avoue, en raison de l'approche du terme fatal aux maréchaux de camp. Sire, je suis de l'année 1781, et au mois d'août pro-chain j'entre dans la réserve.

« — Que voulez-vous, mon cher général, le temps est notre ennemi à tous ! Quel remède y a-t-il à cela?

« — Il y a un remède efficace, Sire, c'est de me faire lieutenant-général.

« — Oui, mais vous avez bien des concurrents.

« — Sire, je n'en ai pas un seul qui ait, comme moi, commandé pendant six ans une brigade devant l'ennemi, pas un qui ait reçu, comme moi, cette plaque de grand-officier pour reconnaître la manière dont j'ai conduit les diverses expéditions qui m'ont été confiées.

« — Général Bro, nous tâcherons d'être juste.

« — C'est en l'équité du Roi que je mets tout mon espoir... »

Là-dessus, le roi fit un quart à droite et adressa la parole à mon voisin de gauche.

Rentré à Lille le 2 janvier 1843, je trouvais Laure écrivant les plus gentilles choses à ses amies. Est-ce que sa belle santé d'autrefois lui serait revenue? Hélas non, car une maladie de cœur la minait sourdement. Elle se portait bien pendant huit jours et retournait ensuite au lit, me désespérant et me forçant à veiller sur ses insomnies. On lui avait ordonné des douches, du repos, voire de l'isolement. Cela ne suffisait pas encore et il fallut aller la confier, à Paris, aux soins d'un spécialiste.

Corbineau ayant pris un congé, j'eus à exercer le commandement de la 16ᵉ division militaire. Mes subordonnés ne furent pas toujours dociles. Le colonel Roux, du 6ᵉ lanciers, chargé de mettre les chevaux au vert, me causa des ennuis. La discipline se relâchait dans le Nord, au point que des officiers allaient passer huit ou dix jours à Bruxelles ou à Douvres sans permission. Plusieurs passaient des dentelles en contrebande pour satisfaire la coquetterie de leurs femmes. Répugnant à punir (ce que je n'ai fait qu'une fois, dans un cas très grave, depuis que je suis général), je leur envoyais toutefois de sévères admonestations.

Le 9 avril, Soult nomma Drouet d'Erlon, doyen des lieutenants-généraux, maréchal de France, ce qui dut indigner Marbot. Lamoricière et Changarnier étaient lieutenants-généraux dans l'infanterie. Il n'y en eut qu'un seul pour la cavalerie, à l'ancienneté : Eugène d'Astorg, maréchal de camp du 22 mai 1825. Il avait pris ma place. Villemain, ministre de l'instruction publique, qui s'était juré d'obtenir ma nomination, ainsi que le roi des Belges n'avaient rien fait. Les instances, pourtant vives, de l'amiral Baudin étaient restées inutiles. Quant à l'intervention des princes... J'écrivis une lettre très rude au duc de Nemours. Laure m'empêcha de l'envoyer. Je voulais vendre mes deux chevaux, en vue de ma prochaine retraite.

Olivier était rentré à Versailles avec *notre* 7ᵉ de hussards. Il m'envoyait, deux fois par semaine, des nouvelles de la Cour et de la ville. On enregistrait des conspirations contre la vie du roi. Légitimistes et républicains s'alliaient pour renverser le gouvernement.

Olivier me mandait, en juillet 1834, qu'il était allé passer « un petit congé », obtenu malgré Sébastiani, son général, qui le détestait, chez son cousin, le bon et brave Trutat Saint-Ange, mari de la fille d'Angélique

Bro (Mme Péan de Saint-Gilles), au petit château
d'Hardencourt. Il avait pris le chemin de fer jusqu'à
Vernon. De là, une voiture l'avait transporté à la résidence, qui est charmante, paraît-il, édifiée au-dessus
d'un gros village de laboureurs. On l'avait promené à
travers la belle vallée d'Eure, sur le champ de bataille
de Cocherel, où Du Guesclin vainquit les Anglais. Il
s'était donné le plaisir de pêcher les écrevisses, près
de Cocherel, dans un petit bras de la rivière qui appartient à M. Legaye. Au retour, Olivier avait croisé
M. le duc de Nemours, en villégiature au château de
Bizy. Le prince était descendu de cheval, avait serré
les mains du capitaine, en lui disant : « L'affaire du
général Bro va bon train. » Que signifiait cela?

J'écrivis aussitôt au prince. J'en reçus cette lettre,
datée du 28 juillet, à onze heures du soir :

MON CHER GÉNÉRAL,

Au moment où j'allais partir, le Roi m'annonce que le
maréchal Soult vient de lui envoyer la proposition de vous
élever au grade de lieutenant-général, proposition que le
Roi accepte avec autant d'empressement que de satisfaction.
Vous savez, mon cher général, combien je désirais voir
récompenser vos bons, anciens et loyaux services. Je n'ai
donc pas besoin de vous dire combien j'en suis heureux, et
je me réjouis de penser que c'est par moi que vous l'appren-
drez. Aussi, je ne perds pas une minute pour vous l'annoncer
et vous renouveler l'assurance des sentiments, pour vous, de
votre affectionné et ancien camarade.

Le roi avait profité de l'anniversaire des « Trois
Glorieuses » pour accomplir cet acte de justice. Mais
qui avait pu décider le maréchal Soult à faire la proposition?

Je dus attendre à Lille ma destination. Obtenir l'inspection générale du Nord m'eût bien convenu. Cu-

bières y travaillait. L'hostilité des bureaux de la guerre ajournait la décision attendue. Le duc de Nemours m'écrivait encore : « Patientez. » Mon temps se passait à relire mes *Souvenirs* et à donner des nouvelles.

Olivier et de Sevelinges vinrent passer huit jours auprès de nous. Ils apportèrent la joie à notre foyer. Cubières me fit dire, vers cette époque, que le maréchal Soult proposait de me nommer à Strasbourg. J'écrivis aussitôt au colonel de Koenigseg pour lui demander des détails sur cette place et sur son commandant. Sa réponse, très intéressante, datée du 12 février 1844, me parvint le 15 :

MON GÉNÉRAL,

Le jour où je reçus votre lettre, le 30 janvier, j'entrais à peine en convalescence d'une fluxion de poitrine qui, ma foi, a peu manqué de me jouer un mauvais tour. Grâce à ma bonne constitution et à une douzaine de livres du plus pur de mon sang, aux vésicatoires et autres agréments de ce genre, je suis hors d'affaire, quoique encore faible ; aussi, m'aurait-il été impossible de vous répondre plus tôt. Maintenant que les forces me sont assez revenues, je vais vous donner tous les renseignements. L'hôtel, dit du commandement, occupé par le lieutenant-général commandant la division, est parfaitement situé sur la promenade du Broglie, à deux pas du théâtre. Cet hôtel a été bâti par le prince Max, devenu sous l'Empire roi de Bavière. Sans être vaste, il y a appartement de réception et petits appartements. On pourrait encore loger une ou deux familles, mais il faudrait des réparations. Comme cet hôtel appartient à la Guerre et est par conséquent dans la dépendance du génie, on obtient, comme partout ailleurs, difficilement de la dépense. Cependant, comme le commandant du génie est un brave et accommodant garçon, il y a moyen de le prendre. L'hôtel contient de bonnes remises et écuries ; le jardin est tout d'agrément, à l'exception de quelques arbres fruitiers ; il n'est pas très vaste, mais

bien entretenu; il est entre l'hôtel et le Broglie; de l'autre
côté, l'hôtel est entre cour et la rue Brutié où est l'entrée. —
Vous vous étonnez de la modicité des appointements qui sont,
nets, de 2 336 francs par mois; je ne pense pas que le général
Buchet les trouve trop faibles, car il a le talent d'économiser
au moins 20 000 francs. Il vit, non retiré, car il va partout
où l'on s'amuse gratis, mais il vit très mesquinement, à l'exception d'un bal donné l'année passée, le seul depuis qu'il est
à Strasbourg, quelques dîners rares et une réunion d'hiver où
sept ou huit officiers supérieurs vont faire un whist, les sa-
medis où l'on sert quelques verres d'eau sucrée et de bière.
C'est à quoi se borne sa représensation, il est d'ailleurs *mari-
garçon*. Sa femme vit à Toulon, et il a, de temps à autre,
l'un de ses fils auprès de lui. — Je sais bien, mon général,
qu'un système de lésinerie pareille n'entre pas dans vos
goûts; mais je pense que personne n'y trouverait à redire si
vous vous contentiez de donner chaque année un bal. Six à
sept cents francs en feraient les frais. Vous donneriez trois ou
quatre grands dîners, non compris les petits dîners de six à
huit personnes aux passants ou arrivants. Quant à votre
écurie, les chevaux sont chers ici; mais il vient souvent
d'outre-Rhin des marchands qui en ont de toutes sortes et
façons, depuis 600 jusqu'à 3 200, comme j'en ai vu vendre
deux l'année passée. Quant aux fourrages, ils sont de bonne
qualité et à bon compte; vous pourriez, du reste, en prendre
au magasin; cela ne souffre aucune difficulté. Le général
Buchet n'a point d'équipage; il a deux chevaux de selle, un
pour lui, l'autre pour son domestique; il monte à cheval à
peu près quatre fois par an : le 1er mai, le 28 juillet et quand
il passe une grande revue sur la place d'armes. — Il y a à
Strasbourg de très bons selliers, entre autres Zizig, qui a une
réputation européenne; je pense que moyennant 2 400 francs
on a tout ce que l'on peut désirer. — La vie est moins chère
qu'à Lille, je pense. La viande de boucherie coûte : bœuf,
1 fr. 30 le kilo de première qualité; bon veau et bon cochon
à 1 fr. 20; mouton, idem. La volaille est assez chère, mais
on peut en faire venir de Lyon facilement. Le poisson est
quelquefois très cher, et d'autres fois à assez bon compte. Le

beurre, de 0 fr. 80 à 1 franc la livre. Les œufs, en été, un
sou pièce; l'hiver, plus cher. Les légumes sont à très bon
compte; un article que vous avez oublié est celui du gibier;
dans la saison de la chasse, il est souvent très commun et à
bon compte; on a un beau lièvre pour 1 fr. 50 à 2 francs. On
a chevreuil, faisan, bécasses et autres à bon marché. Le bois
de chauffage coûte, première qualité, de 12 à 13 francs le
stère; le charbon de cuisine, 11, 12 et 13 francs la mesure
contenant 5 hectolitres; le charbon de terre, 1 fr. 95, 2 fr. 05
et 2 fr. 10 les 50 kilogs. — Reste une seule réponse à vous
faire, mon général; c'est sur l'ameublement de l'hôtel; il est
assez mesquinement meublé, mais j'ignore complètement si
c'est la propriété de l'hôtel ou du général; je pourrai vous
dire cela plus tard. Quant à la vacance de la division, je n'ai
pas pu apprendre au juste l'époque fixée à cet égard. L'année
passée, le lieutenant-général a fait un voyage à Toulon. L'on
disait que, devant quitter Strasbourg en 1844, il allait prendre
des dispositions de départ; mais aujourd'hui, l'on m'a dit qu'il
n'aurait l'oreille fendue qu'au mois de mars 1845. Vous pourriez savoir cela au juste par vos amis du ministère; il serait
d'ailleurs nécessaire, si le cœur vous en dit, de vous mettre
en mesure d'avance. L'année passée, quelqu'un du ministère,
bien instruit des choses nouvelles, me disait : « On ne sait,
en vérité, qui pourra remplacer le général Buchet. Le général Schramm seul conviendrait (parce qu'il parle allemand),
mais il ne veut pas de ce poste. » On me disait cela avant
votre nomination de lieutenant-général. — Je crois, mon
général, avoir répondu à toutes vos questions. Nous avons
appris avec un vif chagrin la continuation de la maladie de
l'excellente et aimable Mme Bro. Si elle était ici, nous l'entou-
rerions de tant de soins et de dévouement que nous parvien-
drions peut-être à alléger ses maux. Le climat de Strasbourg
est à peu près celui de Lille; un peu plus humide, peut-être,
mais moins froid. Mais Baden, séjour divin, rend la santé
par son climat seul et ses charmantes distractions. Nous y
avons séjourné un mois, l'année passée, et nous avons été
tout étonnés de n'y avoir pas dépensé davantage qu'à Strasbourg. Si vous étiez ici, nous aurions au moins le plaisir de

voir votre cher Olivier. Faites-lui agréer l'expression de notre bien sincère amitié à tous. Dites bien à Mme Bro combien nous prenons part à ses souffrances et les vœux sincères que nous formons pour son prompt rétablissement. Quant à vous, mon général, ces dames vous embrassent, et moi je vous prie de croire au respectueux attachement du plus dévoué de vos serviteurs.

Strasbourg nous eût convenu... mais le ministre avait déjà un candidat. J'espérais donc obtenir l'arrondissement du Nord, qui eût eu au moins cet avantage de m'éviter un déplacement, toujours onéreux. Cette fois, le ministre avait deux candidats. Leur nomination en aurait attristé et découragé d'autres que moi. J'écrivis, de Lille, le 7 juin 1844, à Naudet, passé général et toujours l'homme de confiance — et quelquefois la tête de Turc — de Soult :

MON CHER NAUDET,

Je reçois votre bonne lettre répondant à la mienne du 5 et je vous remercie de ce que vous me dites d'amical. C'est sans aucun sentiment amer, c'est sans colère, que je prends mon parti sur un fait auquel je ne devais pas m'attendre, puisque, le 24 avril, j'avais reçu du lieutenant-général comte Durocher une lettre dans laquelle il me promettait de présenter, avec un appui favorable, à M. le Maréchal, ministre de la guerre (quand celui-ci s'occuperait de la répartition des arrondissements d'inspection générale pour 1844), la simple et claire exposition que je lui avais faite de mes motifs pour désirer d'être chargé d'un arrondissement d'inspection comprenant les régiments en garnison à Lille, Cambrai, Arras, Valenciennes et Maubeuge, afin de ne pas m'éloigner cette année de la ville de Lille où j'étais forcé de rester par la maladie de ma femme. Je devais compter sur l'appui très positif du duc de Nemours. — Cependant, tout en restant très calme après un désappointement qui, par compensation, me laisse la liberté de me consacrer exclusivement aux soins qu'exige

la position de mon excellente femme, malade depuis quinze
mois, je n'en remarque pas moins deux circonstances peu
faites pour me satisfaire. — La première, c'est que je me
vois préférer pour trois des cinq régiments que je devais
avoir, M. le lieutenant-général Desmichels, bon et brave
officier qui a été en Afrique ainsi que moi, mais moins longtemps et dans d'autres conditions. Je n'ai pas, moi, sur la
conscience, le fait d'être la cause première de la grandeur à
laquelle est arrivé Abd-el-Kader, qui, grâce à l'aide que lui
a donnée le général Desmichels, pendant son commandement de la province d'Oran, en lui fournissant les moyens
de se créer des forces régulières, a pu, de mince et simple
chef d'une tribu, de marabout sans consistance politique,
devenir peu à peu le dominateur de tous ses rivaux et le
plus redoutable adversaire de la puissance française en
Afrique. — Je n'ai jamais eu de pareils rapports avec Abd-
el-Kader. Je n'ai cessé, pendant six années consécutives, de
1833 à 1838, de guerroyer contre Abd-el-Kader et ses adhé-
rents, et toujours avec succès. Si je n'ai pas marqué, de
·mon propre sang, ma route militaire en Afrique, le sang de
mon fils y a noblement coulé. — Il n'en est pas de même
dans les circonstances qui se rattachent au parallèle à établir
entre moi et le deuxième lieutenant-général. Celui-ci reçoit,
à mon détriment, l'inspection des deux autres régiments
(2ᵉ de cuirassiers, 10ᵉ chasseurs) qui, avec les trois régiments (6ᵉ et 8ᵉ de cuirassiers et 6ᵉ lanciers) auraient composé
l'arrondissement que je demandais. Quand, à Waterloo, le
18 juin 1815, à la tête de mon brave 4ᵉ lanciers, vers une
heure après-midi, j'écharpais la brigade de cavalerie anglaise
(*scoth-greys et Euniskillen*) commandée par le général Ponsomby, qui fut tué dans la belle charge exécutée par mon
régiment, qui dégagea la division d'infanterie commandée
par le général Durutte... quand je me faisais couper à moitié
le bras droit et presque fracasser la tête par le sabre des
Anglais, était-ce un sabre qui chargeait la main du lieutenant-général Eugène d'Astorg, pair de France, qui m'est
préféré pour l'inspection? Non, ce que portait la main de
M. le colonel d'Astorg, le 18 juin 1815, c'était la canne

d'ébène, à pomme d'ivoire, insigne de l'officier de service des Gardes du corps de Sa Majesté Louis XVIII, à Gand !

Ma situation de « lieutenant-général sans commandement » était pénible à un vieux soldat. De plus, elle *servait de prétexte au maréchal de camp Magnan*, commandant le département du Nord, pour me susciter les persécutions les plus désagréables. On me l'avait représenté fort mauvais sujet, et j'en trouvai la preuve dans sa conduite. Il prétendait m'imposer, lui inférieur, le respect de son grade. Dans deux salons où je le rencontrai, il évita de me saluer. Un jour, Corbineau, outré des faits et gestes de Magnan, m'appela chez lui. Je m'arrachai avec peine du chevet de ma pauvre malade, pour me rendre auprès du général, qui voulait m'engager à mettre aux arrêts mon adversaire coupable d'insolence publique à mon égard. La générosité me commandait de ne pas user de mes pouvoirs. J'allai faire part de ma résolution à Laure, qui m'embrassa longuement et me dit :

« Tu as raison, mon bon ami, le pardon des injures honore un homme tel que toi. »

CONCLUSION

C'est sur cette action généreuse que se terminent
les *Mémoires* du général Bro. Les fatigues subies au
cours de tant de campagnes, de récentes déceptions,
aussi le surmenage causé par les veilles accomplies
auprès de sa femme malade — qui devait le suivre de
près dans la tombe, en 1845 — minaient sa santé. Il
était, lui, homme d'action, frappé avant l'âge. En
vain, sa famille et ses amis prodiguèrent-ils à l'héroïque
officier soins et consolations. Négrier, qui avait remplacé Corbineau à Lille, mandait, le dimanche 8 décembre 1844, au ministre de la guerre :

Monsieur le Ministre,

J'ai l'honneur de vous rendre compte que M. le lieutenant-
général Bro est décédé aujourd'hui, à huit heures du matin,
à Armentières. Le corps de cet officier général devant être
conduit dans la place de Lille, je donne des ordres pour que
les honneurs funèbres lui soient rendus.

Bro avait demandé qu'on lui fît les plus simples obsèques. Elles eurent lieu le 12. Ses dernières volontés,
« ni fleurs ni discours », avaient été respectées. Olivier
et de Sevelinges conduisirent le deuil, auquel s'asso-
cièrent l'armée et la population. On remarquait, dans
le cortège, deux ex-grenadiers de la Garde impériale

qui, ayant revêtu l'uniforme porté aux champs d'Iéna,
représentaient les survivants de l'Épopée derrière le
convoi de l'ancien capitaine de hussards.

Le général Négrier écrivit un *Bulletin* sur la carrière de son aîné. C'est la plus belle oraison funèbre
dont on puisse honorer la mémoire d'un officier qui,
sans peur et sans reproches, avait traversé tant d'événements. Nous en reproduisons la teneur exacte,
comme la plus digne conclusion de ce livre :

« Né à Paris, le 17 août 1781, Louis Bro fut l'un
« des types de cette généreuse jeunesse de France qui,
« admirablement téméraire, est allée mourir sur tous les
« champs de bataille de l'Europe pour le triomphe de
« la nationalité française et des idées de la Révolution.
« Naturellement enthousiaste et courageux à une
« époque où les plus froids, les plus timides se mon-
« traient souvent passionnés et audacieux, ce fut à
« Saint-Domingue qu'il alla faire ses premières armes;
« ce fut si loin de son pays, de sa famille, sous un
« autre climat, qu'il affronta pour la première fois les
« dangers et les fatigues de la guerre. Loin de se
« laisser abattre par la résistance des noirs, il se dis-
« tingua tout d'abord par sa bravoure et sa présence
« d'esprit, par un héroïsme bouillant, par toutes ces
« qualités enfin qui, dans une armée, désignent les
« hommes nés pour commander. Il obtint le grade de
« sous-lieutenant et, par une distinction spéciale, il
« suivit en qualité d'aide de camp le colonel d'Alvi-
« mare, chargé d'une mission politique importante
« dans les colonies espagnoles. Cette première cam-
« pagne faillit lui être fatale. Grièvement blessé lors
« de l'évacuation de Saint-Domingue par nos troupes,
« il tomba au pouvoir des Anglais qui le transportè-
« rent avec d'autres prisonniers à la Jamaïque, puis le

« renvoyèrent bientôt en France, comme infirme et
« incapable de jamais porter les armes.

« Cet officier blessé qu'ils rendaient à la France
« comme un homme inutile, presque comme un ca-
« davre, les Anglais ne s'attendaient guère à retrouver
« en lui un de leurs plus terribles adversaires sur un
« plus vaste champ de bataille, à Waterloo. Aide de
« camp du maréchal Augereau, en 1806, il ne cessa,
« dès lors, de suivre la fortune de Napoléon. Il porta
« successivement en Prusse, en Pologne, en Autriche,
« en Russie, les aigles devenues invincibles. Il était à
« Iéna, à Wagram, à Eylau, à Friedland, à la Mos-
« cowa. Il faisait partie de ces glorieuses légions qui
« portèrent jusqu'à Berlin, à Vienne, à Moscou, la
« terreur de nos armes.

« Il dut à son énergie indomptable de ne pas rester
« enseveli avec notre malheureuse armée dans les
« neiges de la Russie. Il put prendre part à la funeste
« campagne de 1813. Napoléon le retrouva à ses côtés
« en 1814. Soldat digne d'un tel capitaine, Bro fut
« aussi admirable dans ces jours malheureux que dans
« l'enivrement des triomphes, non moins brave et non
« moins fidèle dans les plaines de la Champagne et de
« la Picardie que sous les murs des capitales étran-
« gères. Il se trouva encore dans les rangs de cette
« petite armée qui sut se multiplier et tenir si long-
« temps en suspens les hordes innombrables de l'Eu-
« rope coalisée. Un instant, il posa son épée, la
« croyant à jamais condamnée au repos; mais à la vue
« des aigles de la Grande Armée, revenues de leur exil,
« il la reprit et courut à Waterloo tenter une dernière
« fois la fortune des combats. A la tête de son régi-
« ment, le 4ᵉ lanciers, il écrasa une brigade anglaise.
« Mais ses invincibles compagnons d'armes étaient
« morts en Russie, et lui, épargné par la mitraille,

« tomba, frappé de coups de sabre à la tête et aux
« bras. Si, dans un tel désastre et sur les ruines de la
« France, le colonel Bro eût pu être consolé, il l'eût
« été par les bulletins de l'armée anglaise; ses ennemis
« prenaient soin de sa gloire.

« Sous la Restauration, pendant quinze ans, le colo-
« nel Bro resta constamment fidèle à ses souvenirs et à
« des affections qu'il savait difficilement contenir. Son
« drapeau, pour avoir été vaincu, ne lui était pas moins
« cher. N'était-ce pas lui qu'il avait vu flotter dans
« l'Europe entière? N'était-ce pas pour lui qu'il avait
« tart de fois exposé sa vie, vu couler son sang? Quel
« ne fut pas son enthousiasme quand il vit reparaître,
« dans quelques mains intrépides, le 27 juillet 1830,
« les couleurs nationales! On le vit des premiers, sur
« les débris des barricades, leur apporter le secours de
« son épée, on le vit au péril de sa vie, plusieurs fois
« exposée, soumettre au joug de la discipline une mul-
« titude armée et victorieuse.

« Sur les champs de bataille de l'Empire, Bro avait
« conquis tous ses grades avec son épée. C'étaient,
« pour de tels travaux, de bien modestes récompenses.
« Il aurait dû être fait comte ou baron, comme tant
« d'autres. Il ne rechercha point cette faveur. Enfin, à
« Waterloo, il était colonel. Ce grade ne lui fut rendu
« qu'en 1830. D'abord, il eut le commandement de la
« deuxième légion de la garde nationale de Paris; puis
« l'ordre rétabli, il prit celui du régiment des chasseurs
« de Nemours. C'est à la tête de ce régiment qu'il prit
« part à la première campagne de Belgique, en 1831-
« 1832; ce qui lui valut d'être nommé maréchal de
« camp.

« Un commandement lui fut confié en Afrique, et
« pendant six ans de guerre avec les Arabes, il se
« montra capitaine non moins expérimenté qu'intré-

« pide. Rentré en France en 1838, il commanda suc-
« cessivement les départements de l'Hérault et de la
« Dordogne. Il vint, en 1841, inspecter la cavalerie du
« Nord. C'est dans cette position qu'il reçut sa promo-
« tion au grade de lieutenant-général. Il nous donnait
« des espérances que la mort a brutalement anéanties.

« Il est de la phalange des héros. Ne prononçons
« qu'avec admiration et respect ces noms héroïques
« qui se mêlent à celui de Napoléon et aux grands
« souvenirs d'une époque unique dans l'histoire. Que
« leur mémoire se perpétue et soit toujours rappelée
« aux générations nouvelles! Courage indomptable,
« désintéressement, amour de la patrie, telles étaient
« les vertus de ces hommes que nous devons opposer
« à cette accusation de scepticisme et de décourage-
« ment si souvent portée contre notre époque. Non, la
« France qui a produit de tels hommes à la fin du dix-
« huitième siècle n'est point déchue. La mémoire des
« guerriers de l'Empire fait rayonner encore dans le
« monde le nom de la France. Nos malheurs n'en ont
« point obscurci l'éclat, et ses enfants sauraient le
« soutenir.

« Ajoutons que le général Bro avait transporté dans
« les habitudes de la vie privée les qualités qui l'avaient
« distingué dans sa carrière militaire. Nous avons pu
« apprécier en lui une grande noblesse de sentiments,
« une loyauté, une franchise qui ne s'est jamais dé-
« mentie; en un mot, tous les dons d'une âme bien
« née. Il aimait à servir ses anciens compagnons
« d'armes. Jamais on n'implorait en vain son appui, et
« sa bonté était inépuisable. »

TABLE DES MATIÈRES

PARIS

TYPOGRAPHIE PLON-NOURRIT ET Cie

Rue Garancière, 8

A LA MÊME LIBRAIRIE

Mémoires du général baron de Marbot.
Tome I : *Gênes, Austerlitz, Eylau.* 88ᵉ édition. Un vol. in-16.   3 fr. 50
Tome II : *Madrid, Essling, Torres-Vedras.* 88ᵉ édition. Un vol. in-16.
Prix . . . . 3 fr. 50
Tome III : *Polotsk, la Bérésina, Leipzig, Waterloo.* 86ᵉ édition. Un vol.
in-16. . . . . 3 fr. 50

Mes Souvenirs, par le général DU BARAIL. Nouvelle édition dans le
format in-8° écu, avec un portrait. Trois volumes se vendant sépa-
rément. Prix de chaque volume. . . . . 3 fr. 50

Mémoires du colonel Combe sur les campagnes de Russie 1812, de
Saxe 1813, de France 1814 et 1815. Nouv. édit. Un vol. in-18.   3 fr. 50

Mémoires du général Griois (1792-1822), avec introduction et
notes, par Arthur CHUQUET, membre de l'Institut. Deux volumes in-8°
avec un portrait en héliogravure. Chaque volume. . . . . . . 7 fr. 50

Souvenirs de guerre du général baron Pouget (1767-1851),
publiés par Mᵐᵉ DE BOISDEFFRE, née POUGET. Un vol. in-18.   3 fr. 50

Souvenirs militaires du baron de Bourgoing (1791-1815),
publiés par le baron Pierre DE BOURGOING. Un volume in-18 avec un
portrait. . . . . 3 fr. 50

Récits de guerre et de foyer. **Le Maréchal Oudinot, duc de Reggio,**
d'après les Souvenirs inédits de la maréchale, par Gaston STIEGLER.
Préface de M. le marquis COSTA DE BEAUREGARD. 10ᵉ édition. Un vol.
in-16. . . . . 3 fr. 50

Mémoires d'un grenadier anglais (1791-1867), par William
LAWRENCE. Traduits par Henry GAUTHIER-VILLARS. 2ᵉ édition. Un
volume in-18. . . . . 3 fr. 50

Mémoires sur les guerres de Napoléon (1806-1813), par le
général Désiré CHLAPOWSKI, baron de l'Empire, publiés par ses fils.
Traduits par MM. Jan V. Chelminski et le commandant A. MALIBRAN.
3ᵉ édition. Un volume in-18. . . . . 3 fr. 50

Journal du général Fantin des Odoards. *Étapes d'un officier de*
la Grande Armée (1800-1830), par le général FANTIN DES ODOARDS. Un
vol. in-8°. . . . .

Journal des campagnes du baron Percy, chirurgien en chef de
la Grande Armée (1754-1825). Publié d'après les manuscrits inédits
avec une introduction par M. Émile Longin . . . .
avec un portrait et un fac-simile. . . . .

Les Souvenirs du général [illegible] Pentin [illegible]
par le capitaine du génie [illegible] . . . .
in-18. . . . .

Mémoires militaires [illegible]
major impérial [illegible]
GASIOROWSKI, [illegible]
commandant A. M[illegible]

Souvenirs [illegible]
colonel Ch. [illegible]

PARIS. TYP. PLON-NOURRIT ET Cᵉ, 8, RUE GARANCIÈRE. — 1912.